技术经理人
高级教材

中国科技评估与成果管理研究会
科技部科技评估中心 —— 编著

中国科学技术出版社
·北京·

图书在版编目（CIP）数据

技术经理人高级教材 / 中国科技评估与成果管理研究会, 科技部科技评估中心编著 . -- 北京 : 中国科学技术出版社, 2025.1（2025.6重印）. --（技术经理人系列教材）.
ISBN 978-7-5236-1228-6

Ⅰ. F113.3

中国国家版本馆 CIP 数据核字第 2024E08H46 号

责任编辑	韩 颖
封面设计	北京潜龙
正文设计	中文天地
责任校对	吕传新
责任印制	徐 飞

出 版	中国科学技术出版社
发 行	中国科学技术出版社有限公司
地 址	北京市海淀区中关村南大街 16 号
邮 编	100081
发行电话	010-62173865
传 真	010-62173081
网 址	http://www.cspbooks.com.cn

开 本	787mm×1092mm 1/16
字 数	362 千字
印 张	22
版 次	2025 年 1 月第 1 版
印 次	2025 年 6 月第 2 次印刷
印 刷	北京顶佳世纪印刷有限公司
书 号	ISBN 978-7-5236-1228-6 / F·1347
定 价	128.00 元

（凡购买本社图书，如有缺页、倒页、脱页者，本社销售中心负责调换）

技术经理人系列教材编委会

顾　　　问：孟庆海　贺德方
主　　　任：刘兴平　聂　飙
副 主 任：王书瑞　霍　竹
执行副主任：杨　云
编　　　委：（按姓氏笔画排序）

马毓昭　王　文　王晓津　王　琪　王　燕　吕荣波　刘碧波
安　明　李飞龙　李沐谦　杨晓非　吴寿仁　宋河发　张春鹏
张　璋　张　燕　陈荣根　陈柏强　武思宏　姚卫浩　秦海鸥
高　静　郭书贵　陶　鹏　黄胜忠　喻　玲　鲁　露

《技术经理人高级教材》编写组

主　　编：武思宏　鲁　露
成　　员：（按姓氏笔画排序）

于　薇　王　凯　王　健　王海栋　尹晓雪　邢战雷　刘　乾
刘斯达　安　明　孙慧娄　李沐谦　李思敏　杨　川　佘雨来
张　丁　张　昊　张思芮　张冠峰　张静园　张黎群　陈华雄
孟　浩　秦　晴　陶　鹏　梁玲玲　梁琴琴　程　凡　曾津国
楼仙英

序　言

技术经理人是在科技成果转移、转化和产业化过程中，发挥组织、协调、管理、咨询等作用，从事成果挖掘、培育、孵化、熟化、评价、推广、交易，并提供金融、法律、知识产权等相关服务的专业人员。作为促进创新链、产业链、资金链、人才链四链深度融合的关键人才，技术经理人在推动科技成果从实验室走向市场、实现技术转移和转化过程中发挥着至关重要的作用。

党的十八大以来，党中央高度重视专业化技术转移人才队伍建设，立足经济社会高质量发展的重大需求，对统筹推动技术转移人才队伍建设作出一系列战略部署。党的二十届三中全会通过的《中共中央关于进一步全面深化改革、推进中国式现代化的决定》对"深化科技成果转化机制改革"作出部署，指出要加强国家技术转移体系建设，并专门提出"加强技术经理人队伍建设"。技术经理人队伍建设对于促进科技成果产业化、加快培育新质生产力、提升国家创新体系整体效能具有重要意义。

近年来，中国科协履行"为创新驱动发展服务"的职责使命，立足于当好产学研融通"立交桥"，建设"科创中国"服务品牌，并将"培育技术经理人队伍"作为"科创中国"建设的重要内容，推动构建技术转移转化的人才工作体系。开展技术转移转化人才高级研修，累计培训1万余名具有专业知识的技术经理人，入驻"科创中国"平台开展需求解析和成果对接。通过"科创中国"平台开设"技术经理人"专栏，汇聚一批优质培训课程，提供"技术经理人直播""揭榜挂帅"项目需求、"技术路演"项目资源、"金融投资"项目对接等科技服务。发布"技术经理人先锋榜"，组织7家省级技术经理人协会共同签署《技术经理人自律规则服务宣言》，推动形成技术经理人行业规范。

当前，我国技术经理人队伍建设依旧处于发展初期，规模、质量远远无法满足科技成果转化的现实需要。社会上对技术经理人的培训和评价方式方法多样、手段不一、成效不均，因此建设体系化、标准化、规范化、专业化的技术经理人培养体系成为迫切需要。2024年，中国科协联合科技部共同推进技术经理人培养体系建设，从教材与课程、标准与评价、培养与使用、人才梯队与实践实训等方面，构建系统、科学、实用的技术经理人培养体系。围绕技术经理人服务成果转化的知识体系和市场需求，首次系统性组织编写初、中、高三级技术经理人培训专用教材，内容涵盖技术转移体系构建、技术转移模式与路径、产学研合作、知识产权保护与运营、政策法规、科技金融等，并融入相关技术转移典型案例，具有较高的权威性、系统性和实用性。教材设计和编写过程中，得到了中国科技评估与成果管理研究会名誉理事长，科技部原党组成员、驻部纪检组原组长郭向远等多位领导的大力支持，在此一并致谢。

下一步，我们将进一步推动系列教材在技术经理人队伍培育、实践、体系建设等方面的应用，希望能够帮助广大技术经理人完善知识体系、提升职业技能、提高专业素养。希望广大技术经理人与科学界、产业界充分协作，更好地完善科技成果转移转化链条，共同为国家技术转移体系建设、推动经济高质量发展作出更大贡献。

技术经理人系列教材编写委员会

2024年10月

前　言

高级技术经理人处于职业生涯高级阶段，除了具备初级和中级技术经理人的能力素质，还需具备卓越的战略规划、业务洞察和管理能力，制订整个部门或组织机构的科技成果转化战略发展方向，领导重大科技成果转化项目或业务路线，并负责制订整体规划和目标任务。由此，技术经理人高级教材侧重技术转移转化投后管理，篇幅重点集中在"科技金融"和"企业发展"两个专题。

《技术经理人高级教材》分为上、下篇，共 10 章。上篇：知识水平部分分为 3 章。第 1 章科技成果转化政策运用，主要探讨了科技成果转化政策中职务科技成果权属改革政策、作价投资中所需政策和科技成果转化过程中的激励政策；通过案例解读赋权改革、资产评估、税收优惠、兼职创业、技术合同、收益分配等政策运用。第 2 章知识产权资本化与证券化，介绍了知识产权证券化、知识产权信托、知识产权保险、知识产权运营基金和知识产权融资的常见模式及相关交易流程；围绕知识产权证券化的融资租赁模式、供应链模式、知识产权反向许可模式、质押融资创新模式等进行案例分析。第 3 章未来产业技术发展态势，主要对脑机接口、量子信息、人形机器人、新型储能、生成式人工智能、生物制造和未来显示等未来产业技术发展态势进行分析阐述。

下篇：实践技能部分分为 7 章。第 4 章尽职调查，介绍了尽职调查的必要性、尽职调查的类型以及流程，并以企业未来上市融资视角介绍了从业务、法律、财务角度开展尽职调查工作需要关注的重点问题。第 5 章科技型初创企业管理，通过对科技型初创企业的管理基础介绍，从治理模式、公司治理、运营模式等方面总结了初创企业管理流程和管理方法，探讨了初创企业的管理基础对领导力与团队建设、产品开发与市场定位、财务管理与资金筹集、客户关系与售后服务的深入理解和实践。第 6 章科技型企业股权架构设计与激励，介绍了企业法律主体的一般概念以及公司制、有限合伙制两种常见形式；并结合 A 股上市对公司股权架构的审核要求，阐述了股权架构设计的一般原则和实践考量，讨论了实控人认定、代持、红筹架构、突击入股等特殊问题。在此基础上讨论了首次公开发行（Initial Public Offering，IPO）关注要点和国有企业股权激励的特殊要求等问题。第 7 章科技成果转化项目投后管理，剖析了科技成果转化投后项目管理的特点，梳理了投后管理的主要内容以及在项目成长不同阶段投后管理的侧重点。第 8 章基于知识产权的技术并购，介绍了技术并购相关的法律基础、基本流程和专利许可转让的技术并购要点，同时结合知识产权的特殊性，重点介绍技术并购中的常见风险问题。第 9 章股权融资与估值，通过结合科技型企业的自身特点及案例，分析了科技型企业在不同阶段的融资特点，以及市场行情、业务模式等对企业融资需求的影响；并介绍了股权融资的一般流程、操作注意事项以及在融资过程中中介机构的作用，探讨了企业融资估值的实务方法，重点介绍了基于盈利能力的市盈率法、基于资本效率的市净率法、基于现金流的 DCF 法和 IRR 法。第 10 章企业的商业模式及上市规划，分析了不同资本市场的特点与优势，并结合企业商业模式特点以及上市审核理念，梳理上市关注要点，探讨如何制订合适的上市策略。

本系列教材在中国科协科学技术创新部的指导下，在科技部科技评估中心的总体统筹下，由中国科技评估与成果管理研究会组织编写。除《技术经理人高级教材》，本系列教材还包含《技术经理人初级教材》和《技术经理人中级教材》。系列教材的编写与发布，旨在打造全国首套兼具科学性、实用性、前沿性和贯通性的高质量技术经理人专用系列教材，为我国技术经理人培养体系建设贡献智慧和力量。

系列教材编写逻辑主要基于 T/CASTEM 1007—2022《技术经理人能力评价规范》团体标准中对初级、中级、高级技术经理人的能力和分级评价要求，以基础知识与成果转化流程作为教材主线，以适应不同级别技术经理人定位和从业工作需求。教材以技术经理人视角切入，内容由浅入深，面向不同职业阶段和水平能力的受众。初级、中级、高级教材皆分为上、下篇，上篇为知识水平，下篇为实践技能。上篇分为五大知识体系，涉及技术经理人与科技成果转化基本概念、技术经理人的创新思维、科技成果转化发展历程与政策法规、技术转移相关知识以及技术发展态势；下篇涵盖八大实践技能，包括技术挖掘识别、发明披露、科技成果评估、技术交易策划、知识产权布局与保护、商业谈判、孵化培育、企业发展与公司治理，贯穿科技成果转化过程中从 PI 到

IP、再到 IPO 全流程全链条。初级、中级、高级教材篇目设计主要以贯通性、衔接性、实操性为基本原则，初级教材全面介绍技术经理人相关基础知识，使技术经理人通过学习具备科技成果转化基本操作能力；中级教材侧重实操与案例分析，使技术经理人通过学习具备管理技术转移团队或机构的能力；高级教材重点关注技术转移项目管理中后期阶段，使技术经理人通过学习具备战略层面规划、管理技术转移事务综合能力。

技术经理人系列教材内容分布情况

	涉及相关内容	涉及教材
上篇：五大知识体系	技术经理人与科技成果转化基本概念	初级
	技术经理人的创新思维	中级
	科技成果转化发展历程与政策法规	初级 / 中级 / 高级
	技术转移相关知识	初级 / 中级 / 高级
	技术发展态势	初级 / 中级 / 高级
下篇：八大实践技能	技术挖掘识别	初级 / 中级
	发明披露	初级
	科技成果评估	初级 / 中级
	技术交易策划	初级
	知识产权布局与保护	初级 / 中级 / 高级
	商业谈判	中级
	孵化培育	中级
	企业发展与公司治理	高级

《技术经理人高级教材》作为全国首部高级技术经理人专用教材，虽然编写组几易其稿，不断优化完善，但囿于时间和水平所限，不免存在疏漏和不足之处，恳请各位读者批评指正！

本书编写组
2024 年 11 月

目　录

上篇　知识水平

第1章　科技成果转化政策运用　003

1.1　赋权改革政策解读与运用　004
1.2　作价投资所需政策解析　015
1.3　科技成果转化激励政策梳理　028
1.4　科技成果转化政策运用案例　036
1.5　本章小结　041

第2章　知识产权资本化与证券化　043

2.1　知识产权的资本价值　044
2.2　知识产权资本化与证券化的主要模式　044
2.3　知识产权资本化与证券化的程序　053
2.4　典型案例　055
2.5　本章小结　064

第3章　未来产业技术发展态势　066

3.1　未来产业发展概述　067
3.2　脑机接口技术　067
3.3　量子信息技术　075

3.4 人形机器人技术 084
3.5 新型储能技术 093
3.6 生成式人工智能技术 104
3.7 生物制造技术 112
3.8 未来显示技术 120
3.9 本章小结 128

下篇　实践技能

第 4 章　尽职调查　131

4.1 尽职调查概述 132
4.2 业务、法律和财务尽职调查关注要点 136
4.3 技术尽职调查的方法与实务 156
4.4 本章小结 162

第 5 章　科技型初创企业管理　164

5.1 科技型初创企业概述 165
5.2 科技型初创企业治理与运营模式 167
5.3 科技型初创企业管理流程 175
5.4 科技型初创企业管理方法 176
5.5 本章小结 194

第 6 章　科技型企业股权架构设计与激励　196

6.1 股权架构设计概述 197
6.2 基于上市的股权架构设计 199
6.3 非上市公司股权激励 209

6.4	本章小结	214

第7章 科技成果转化项目投后管理 　　216

7.1	投后管理的概念与作用	217
7.2	投后管理的主要工作内容	224
7.3	科技成果转化项目投后运作与内容	225
7.4	科技成果转化项目投后管理实施	234
7.5	本章小结	249

第8章 基于知识产权的技术并购 　　251

8.1	技术并购的模式及相关法律法规	252
8.2	技术并购交易的基本流程	255
8.3	涉及专利许可转让的技术并购要点	256
8.4	技术并购目标筛选	260
8.5	技术并购的风险和常见问题	263
8.6	典型案例分析	268
8.7	本章小结	283

第9章 股权融资与估值 　　285

9.1	科技型企业股权融资的特点	286
9.2	科技型企业股权融资的流程和方法	292
9.3	科技型企业股权融资的估值方法	295
9.4	本章小结	313

第10章 企业的商业模式及上市规划 　　315

10.1	境内外上市的路径选择及考虑因素	316

10.2　基于上市的业务模式关注要点　　320
10.3　上市发行审核流程及关注要点　　323
10.4　本章小结　　329

参考文献　　330
后　记　　335

上篇 知识水平

第 1 章
科技成果转化政策运用

科技成果转化政策涉及法律、财务、税收、国资管理多个领域,尤其是针对赋权改革、作价投资、激励机制等方面,在实际操作过程中需要综合运用多种政策。本章主要介绍科技成果转化过程中需要重点关注的三个方面政策:职务科技成果权属改革政策、作价投资中所需政策和科技成果转化过程中的激励政策。首先,阐述赋权改革的政策背景和重要意义,解析其试点内涵、适用范围、操作流程以及注意事项,并结合案例分析赋权试点过程中的经验模式和典型做法。其次,探讨科技成果作价投资的政策要求、税收优惠政策以及需注意的政策要点,并分析了不同主体在作价投资中的税收优惠政策,然后梳理了国家在科技成果转化激励机制方面的法律制度、绩效工资分配激励、科技人才分类评价等政策要点。最后,通过案例解读科技成果转化的赋权改革、资产评估、税收优惠、兼职创业、技术合同、收益分配等政策运用,旨在帮助技术经理人更好地理解和运用科技成果转化政策,促进科技成果转化,推动科技创新和经济发展。

1.1 赋权改革政策解读与运用

本节主要阐述赋予科技人员职务科技成果所有权或长期使用权改革试点政策（以下简称赋权改革政策）的内涵以及如何用好赋权改革政策。

1.1.1 赋权改革政策解读

1.1.1.1 赋权改革政策演进过程

科技成果权属改革是我国科技领域的关键政策措施，是破解我国科技成果转化难题的着力点。党的十八大以来，我国高度重视职务科技成果权属制度建设和完善。2013年1月7日，国家知识产权局、教育部、科技部等13部门印发《关于进一步加强职务发明人合法权益保护 促进知识产权运用实施的若干意见》（国知发法字〔2012〕122号），提出"鼓励单位与发明人约定发明创造的知识产权归属。单位可以与发明人约定由双方共同申请和享有专利权或者相关知识产权，或者由发明人申请并享有专利权或者相关知识产权、单位享有免费实施权"，这是在国家文件中首次提出可以约定知识产权归属。

党的十九大以来，进一步加大了科技体制改革力度，2015年修订的《中华人民共和国促进科技成果转化法》（以下简称"《促进科技成果转化法》"），2016年出台的《实施〈中华人民共和国促进科技成果转化法〉若干规定》（国发〔2016〕16号）和《促进科技成果转移转化行动方案》（国办发〔2016〕28号），完成科技成果转化政策的"三部曲"。"三部曲"的出台，推动了科技成果使用权、处置权和收益权"三权下放"，提高科技成果转化的法定奖励比例（特别是个人比例），用制度手段与经济激励推动技术转移转化。

2016年10月15日，中共中央办公厅、国务院办公厅印发的《关于实行以增加知识价值为导向分配政策的若干意见》(厅字〔2016〕35号)指出"对于接受企业、其他社会组织委托的横向委托项目，允许项目承担单位和科技人员通过合同约定知识产权使用权和转化收益，探索赋予科技人员科技成果所有权或长期使用权"。首次提出了探索职务科技成果赋权，允许接受横向委托项目的承担单位与科技人员通过合同约定知识产权使用权，并探索赋权。

2017年9月15日，《国务院关于印发国家技术转移体系建设方案的通知》(国发〔2017〕44号)进一步提出"在法律授权前提下开展高校、科研院所等单位与完成人或团队共同拥有职务发明科技成果产权的改革试点"。在不到一年的时间里，就从探索赋权进入改革试点，并明确赋权改革是"单位与完成人或团队共同拥有职务发明科技成果产权"，并将赋权改革界定为科技成果产权改革。

2018年7月24日，国务院印发《关于优化科研管理提升科研绩效若干措施的通知》(国发〔2018〕25号)，进一步将试点扩大到"利用财政资金形成的职务科技成果"，并提出试点原则要坚持"权利与责任对等、贡献与回报匹配"。

2018年年底，赋权改革从文件规定进入推广阶段，《国务院办公厅关于推广第二批支持创新相关改革举措的通知》(国办发〔2018〕126号)提出在8个改革试验区域推广"以事前产权激励为核心的职务科技成果权属改革"。

2019年，科技部等6部门发布《关于扩大高校和科研院所科研相关自主权的若干意见》(国科发政〔2019〕260号)，提出"科技、财政等部门要开展赋予科技人员职务科技成果所有权或长期使用权试点，为进一步完善职务科技成果权属制度探索路子"，明确了职务科技成果赋权改革的推进部门，并将科技成果产权激励归为"完善职务科技成果权属制度"范畴。

2020年5月9日，科技部等9部门印发的《赋予科技人员职务科技成果所有权或长期使用权试点实施方案》(国科发区〔2020〕128号)提出"分领域选择40家高等院校和科研机构开展试点，探索建立赋予科技人员职务科技成果所有权或长期使用权的机制和模式，形成可复制、可推广的经验和做法"，试点期为3年，赋权改革进入试点方案实施阶段。同年11月，科技部等9部门确定40家单位进行试点。

2021年修订的《中华人民共和国科学技术进步法》（以下简称"《科技进步法》"）提出要"探索赋予科学技术人员职务科技成果所有权或者长期使用权制度"，从法律的角度对职务科技成果所有权或者长期使用权制度做了规定。

经过3年的赋权改革试点，试点单位形成了丰富的经验模式，同时国内很多地方也在自身科技成果转化基础上开展了各具特色的职务科技成果权属改革探索。

1.1.1.1.2　赋权改革的重要意义

赋权改革可以激励科技人员更有意愿开展成果转化。目前高校院所的激励政策中"唯论文、唯职称、唯学历、唯奖项"倾向仍然存在，科技成果和科技人才分类评价机制还未完全建立，从而导致部分科技人员的重心仍然在于发论文而不是转化，在成果转化过程中缺乏主体意识，参与程度和重视程度不高。通过对科技人员实施科技成果产权激励，并赋予科技人员深度参与成果转化决策与流程的权利，从而增加科技人员对成果转化的主体意识，可以使科技人员更有动力开展成果转化。

赋权改革可以提高科技成果质量供给。目前高校和科研院所的成果在市场导向方面还有所欠缺，技术成熟度有待提高，且缺乏应用场景，导致科技成果从源头上难以适应或满足市场需求。教育部、国家知识产权局、科技部《关于提升高等学校专利质量促进转化运用的若干意见》（教科技〔2020〕1号）规定"允许高校开展职务发明所有权改革探索，并按照权利义务对等的原则，充分发挥产权奖励、费用分担等方式的作用，促进专利质量提升"。科技人员成为科技成果共同所有权人，在研发过程中因与自身利益息息相关，会使研发目的更加瞄准市场应用和更好地转化，努力提高该成果的研发水平，从而提升科技成果质量。

赋权改革可以提高科技成果转化成效。科技成果转化是一个长期的过程，很多时候高校院所的成果技术成熟度不是很高，需要后期的中间试验、商品化等过程。而科技人员对自己的成果最为熟知，这些过程离不开科技人员的技术支持。2020年修订的《中华人民共和国专利法》（以下简称"《专利法》"）第六条第一款规定："该单位可以依法处置其职务发明创造申请专利的权利和专利权，促进相关发明创造的实施和运用。"在部分情况下，科技成果由单位进行转化是不经济的，或者单位实施的条件不具备，因此与其将成果束之高阁，不如通过赋权将科技成果交由科技人员实施转化，更好地实施或运用该成果。

1.1.1.3 赋权改革试点的内涵解析

科技部等 9 部门印发的《赋予科技人员职务科技成果所有权或长期使用权试点实施方案》（国科发区〔2020〕128 号）提出"国家设立的高等院校、科研机构科技人员完成的职务科技成果所有权属于单位"。这表明，职务科技成果赋权改革不是改变职务科技成果归属，而是在遵从《促进科技成果转化法》《专利法》等法律法规对职务科技成果权利归属规定的前提下进行。赋权试点的目标是"探索建立赋予科技人员职务科技成果所有权或长期使用权的机制和模式，形成可复制、可推广的经验和做法，推动完善相关法律法规和政策措施"，其出发点和落脚点是"调动科技人员创新积极性、促进科技成果转化"，赋权的目的是"完善科技成果转化激励政策，激发科技人员创新创业的积极性"，最终目的是"促进科技与经济深度融合，推动经济高质量发展，加快建设创新型国家"。

因此，职务科技成果赋权改革可以理解为：一是促进科技成果转化的机制和模式创新；二是着力破除制约科技成果转化的障碍和藩篱的一项措施；三是畅通科技成果转化通道的一条途径。

1.1.2 赋权改革政策运用

1.1.2.1 赋权改革政策的适用范围

在赋权条件方面。国科发区〔2020〕128 号文规定"赋权的成果应具备权属清晰、应用前景明朗、承接对象明确、科技人员转化意愿强烈等条件"。从中可知，赋权应满足以下条件：①拟赋权的成果要有清晰的产权。因为赋权涉及成果产权的变更，对于所有权归属有争议的成果，单位难以赋权，后续转化过程也容易出现纠纷，单位应该注意对成果的产权等事项进行审核，确认所有权人、权利状态、产权归属等事项清晰无误。同时成果完成团队内部也应该具有清晰的权属关系，这就要求科技成果完成团队内部提前签订协议,约定好产权的分配比例。②拟赋权成果已有明确承接对象。即有企业或者投资方对该成果有转化意愿,或者至少已经完成科技成果的推介,并尽可能已经明确转化方式。因为赋权是为了提高成果转化的效率,选定成果转化方式有利于单位从有利于该成果转化的角度决定是否赋权。必要时,成果完成团队需要提供承接对象情况说明,并协助单位对承接对象进行信息审核。除了对承接对象基本情况进行审核,还应重点关注是否与成果团队具有利益关联,如有利益关联,需要采用第三方评估机构评估、市场化定价等方式加强监督管理。③成果完成团队应该具有转化意愿。如在后续的转化进程中积极配合,在试验开发过程中努力提供技术支持。成果转化是一个长链条的过程,做好持久战的准备。单位也应该对成果完成团队的转化意愿和积极性有所考量,并且可以在赋权协议中作出规定,赋权后如果未积极转化的,单位应该拥有收回成果所有权的权利。

其次是在成果类型方面。赋权的成果类型包括专利权、计算机软件著作权、集成电路布图设计专有权、植物新品种权、生物医药新品种和技术秘密,以及知识产权申请权(包括专利申请权等)。除知识产权申请权、技术秘密外,前述几类都是获得国家有关部门颁发权属证书的,可统称为"有证技术成果",赋权以后,应当办理专利权、计算机软件著作权、集成电路布图设计专有权、植物新品种权以及生物医药新品种权利人变更登记,由单位独有变更为单位与成果完成人(团队)按份共有。对技术秘密赋权,应签订赋权协议,使成果完成人(团队)凭协议享有对该技术秘密的转让权。

1.1.2.2 赋权改革政策的具体操作

"赋予科技人员职务科技成果所有权"是指试点单位"将本单位利用财政性资金形成或接受企业、其他社会组织委托形成的归单位所有的职务科技成果所有权赋予成果完成人(团队),试点单位与成果完成人(团队)成为共同所有权人"。赋权是试点单位对职务科技成果的处置,将试点单位所有的职务科技成果所有权的一定比例赋予成果完成人(团队),由试点单位所有变成由试点单位与成果完成人(团队)共同所有。

国科发区〔2020〕128号文规定了赋权的流程如下:一是科技成果完成人(团队)

在团队内部协商一致，并书面约定内部收益分配比例等事项。团队应就是否进行职务科技成果赋权（即先赋权后转化）及团队内部的分配比例协商一致。团队选择了赋权，就意味着放弃"先转化后奖励"。尽管科技成果转化奖酬金的分配属于工资薪金，但分配比例还是要求团队内部协商一致。如果团队内部不能达成一致，则不能选择赋权。二是指定代表书面向单位提出赋权申请。"指定代表"应是团队成员共同推选的，当然也可以团队名义提出申请，即团队全体成员在申请书上签名，并附上"书面约定"。申请书应载明成果权属情况、应用前景、承接对象，并表明科技人员转化意愿强烈等。三是试点单位进行审批并在单位内公示，公示期不少于 15 日。试点单位审核赋权的成果是否符合"权属清晰、应用前景明朗、承接对象明确"等条件，审核其书面约定是否是其真实意愿的表达。符合赋权条件的，应审批同意，并在本单位公示。四是试点单位与科技成果完成人（团队）签署书面协议，约定转化科技成果收益分配比例、转化决策机制、转化费用分担以及知识产权维持费用等。转化科技成果收益分配比例就是赋权比例，并按赋权比例分担转化费用和知识产权维持费用等。转化决策按照赋权比例决策，或者由授权完成人（团队）或授权单位决策。这也是需要通过试点探索转化决策机制的。这些事项应在单位的赋权管理制度中作出规定。五是办理相应的权属变更等手续。上述涉及完成人（团队）内部约定的书面协议和试点单位与完成人（团队）之间签署的协议共两份协议，以及完成人（团队）指定代表提出的书面申请。

"赋予科研人员职务科技成果长期使用权"是指试点单位可赋予科技人员不低于 10 年的职务科技成果长期使用权。当然，低于 10 年也是允许的，因为实用新型专利、外观设计专利、集成电路布图设计专利权的有效期只有 10 年（自申请之日起计算），在取得授权时，其有效期限已经低于 10 年了。与科技成果所有权赋权相比，其使用权赋权不涉及权属转移，不涉及权属变更登记，赋权程序相对简单一些：①科技成果完成人（团队）向单位提出申请并提交成果转化实施方案，由其单独或与其他单位共同实施该项科技成果转化；②试点单位进行审批并在单位内公示，公示期不少于 15 日；③试点单位与科技成果完成人（团队）签署书面协议，合理约定成果的收益分配等事项。赋予科技人员科技成果长期使用权，有助于贯彻落实《促进科技成果转化法》第十九条规定"国家设立的研究开发机构、高等院校所取得的职务科技成果，完成人和参加人在不变更职务科技成果权属的前提下，可以根据与本单位的协议进行该项科技成果的转化，并享有协议规定的权益"，也有助于科技人员通过兼职和离岗创办企业实施职务科技成果转化。赋予职务科技成果长期使用权不涉及收益权分配，收益分配须另行约定。

1.1.2.3　赋权改革的税收优惠政策运用

（1）赋权前后科技人员成果转化个人所得税负对比

通过赋予所有权方式开展成果转化。科技人员通过赋权获得部分或全部职务科技成果所有权，无论转让、许可还是作价投资，科技人员转化其职务科技成果取得的现金收入和股权收入，根据《中华人民共和国个人所得税法》（以下简称"《个人所得税法》"）第二条第一款第（七）项和第（八）项规定，都是适用财产转让所得或财产租赁所得缴纳个人所得税，根据该法第三条第（三）项规定，按照20%的税率缴纳个人所得税。

不通过赋权方式开展成果转化。如果不向科技人员赋权，职务科技成果完成单位以转让、许可、作价投资的方式转化职务科技成果，给予科技人员现金或股权奖励，根据《促进科技成果转化法》第四十五条第三款规定，该奖励属于科技人员的工资薪金所得。根据《个人所得税法》第二条第二款规定，该奖励属于"工资、薪金所得"，计入其年度综合所得；根据该法第三条第一项规定，应按3%～45%的税率缴纳个人所得税。无论现金奖励还是股权奖励，一般数额都不会小，适用税率往往较高，有的甚至高达45%。

（2）通过科技成果转让、许可方式开展成果转化，赋权前后税收优惠政策对比

为了降低科技人员因科技成果转化现金奖励的个人所得税负担，财政部等部门于2018年印发的《关于科技人员取得职务科技成果转化现金奖励有关个人所得税政策的通知》（财税〔2018〕58号）规定：从职务科技成果转化收入中给予科技人员的现金奖励，可减按50%计入科技人员当月"工资、薪金所得"，依法缴纳个人所得税。然而，享受该政策须至少同时符合以下两个条件：一是职务科技成果完成单位须是国家设立的高校、科研机构（包括转制研究所）、经认定取得企业所得税非营利组织免税资格的民办非营利性科研机构和高校；二是转化的科技成果必须是"专利技术（含国防专

利）、计算机软件著作权、集成电路布图设计专有权、植物新品种权、生物医药新品种，以及科技部、财政部、国家税务总局确定的其他技术成果"，即取得国家有关部门颁发相关知识产权证书的成果。不符合上述条件的单位及其成果转化，即上述单位以外机构（如企业）的科技成果转化和转化成果是技术秘密、专利申请权的，均不可以享受"可减按50%"的税收优惠政策。也就是说，如果科技成果转化可以享受财税〔2018〕58号文规定的税收优惠政策，税收负担可降低50%及以上，赋权与否税负差异并不大。但对于不可享受上述政策的技术秘密转让与许可、专利申请权转让等，以及没有获得非营利组织免税资格的民办非营利性科研机构和高校与企业，向科技人员赋予职务科技成果所有权，可降低科技人员因科技成果转化而取得收益的税负。

综上：一是是否赋权决定了适用税率是适用《个人所得税法》第三条的第一项还是第三项，向科技人员赋予职务科技成果所有权的，适用第三项规定，否则适用第一项规定，显然两者的税率是有差异的。也就是说，如果职务科技成果价值大，转让、许可金额比较大的，对科技人员而言，赋权可大大降低其个税负担，对提高其获得感有显著优势；否则不通过赋权方式，作为奖励和报酬且金额比较大的，应计入其综合所得，适当税率比较高。二是尽管财税〔2018〕58号文可以降低科技人员成果转化现金奖励的税负，但综合来看，赋权优势仍然显著。

（3）通过作价投资方式开展成果转化，赋权前后税收优惠政策对比

国家设立的高校、科研机构以职务科技成果作价投资，并从所取得的股权中提取一定比例给予科技人员股权奖励，根据财政部、国家税务总局于1999年印发的《关于促进科技成果转化有关税收政策的通知》（财税字〔1999〕45号）第三条规定，科技人员获得的股权奖励可以享受递延纳税优惠政策。同时规定非专利技术成果作价投资取得的股权给予科技人员股权奖励也可以享受递延纳税优惠政策，即对高校院所作价投资的科技成果是否取得有证知识产权没有作出限制。根据《国家税务总局关于促进科技成果转化有关个人所得税问题的通知》（国税发〔1999〕125号）规定，只有科研机构和高等学校的在编正式职工才可享受递延纳税优惠政策，没有取得事业编制的科技人员不可以享受递延纳税优惠政策。

如果先赋权再作价投资，即先向科技人员赋予职务科技成果所有权，再以赋权成果

作价投资，可以根据财政部、国家税务总局于2016年印发的《关于完善股权激励和技术入股有关所得税政策的通知》（财税〔2016〕101号）第三条规定享受递延纳税优惠。综上，先赋权再作价投资，对于专利等有证技术成果而言既简便，又限制因素少；而先作价投资、再进行股权奖励既复杂且限制因素多。

1.1.2.4 其他注意事项

在成果审核方面，即使拟赋权成果满足了基本的被赋权条件，也不能代表该成果适合赋权。高校和科研院所的部分成果理论性较强、缺乏市场导向，对于目前难以实施转化的科技成果，赋权的必要性较弱；对于涉及国家秘密、国家社会安全的成果也不适合赋权。这就要求单位首先要对成果的技术成熟度、市场价值、成果来源以及社会影响等方面进行考察：一是对成果的市场预期进行评估，对于技术成熟度较低的成果，应考虑熟化之后再予以转化；二是单位制订负面清单，对于涉及国家秘密、可能影响国家安全和社会稳定等负面清单内的成果暂不赋权；三是论证成果对国家、社会、单位或相关学科发展产生的影响，对于涉及国家重大项目或重大工程的成果，如因成果转化需要确需赋权，单位应该掌握成果的转化进程，并在转化前开展尽职调查。

其次应注意收益分配的确认。科学合理的收益分配机制可以充分调动单位和科技人员在成果转化工作中的积极性和主动性，赋权将对科技人员的成果转化奖励前置到转化前，比传统的成果转化过程更加复杂，需要关注以下三个方面的问题：①对于成果完成团队与单位之间的分配，单位应当明文规定成果完成团队与单位之间的所有权或收入分配比例、奖励和报酬的方式、成果转化成本以及知识产权维持费用的分担等事项；②对于成果完成团队内部的分配，团队内部应该书面确定好权益分配比例，在转化时所获的收益均按照协议和规定比例进行收入的分配；③赋权过程中产生的知识产权申请、维持以及权属变更等费用理论上要由成果完成团队承担，但一般来说团队要在成果转化之后才能获得收益，所以单位可以先行支付这些费用，在转化之后分配收入时将费用扣除即可。

最后应注意国资管理的问题。职务科技成果属于国有资产，职务科技成果赋权与转化过程还涉及国有资产管理与价值评估。①科技成果既要受到国资方面的管理，又要受到知识产权方面的管理，所以单位应该强化国资、财务、法务和知识产权等部门的分工，协调各部门在赋权过程中对赋权协议和转化合同等文本进行审核，防止后续出现纠纷。②赋权涉及科技成果所有权的法律变更，为了维护单位和成果完成团队作为新的权利人的合法权益，以及公众对于国有资产处置的知情权，需要将成果赋权的基本情况在变更前予以公示。③根据《事业单位国有资产管理暂行办法》和财资〔2021〕127号文等政策规定，国家已经将科技成果的使用权、处置权和收益权下放给了国家设立的高校和科研院所，故将科技成果转让、许可或者作价投资给国有全资企业的，可以不进行资产评估；给非国有全资企业的，由单位自主决定是否进行资产评估。

1.1.3 赋权改革的经验做法

1.1.3.1 国家和地方推进赋权改革过程中的进展成效

赋权改革试点开展以来，"先赋权后转化"的科技成果转化激励机制已经基本建立，形成了"赋予所有权 + 转让""赋予所有权 + 共同实施""赋予长期使用权 + 约定收益""赋予长期使用权 + 赋予所有权"4种赋权转化新模式。科技人员创新积极性显著激发，相关法律法规和政策措施逐步完善，形成一批可复制、可推广的经验和做法。

全国各地方纷纷响应试点，以推进职务科技成果赋权改革为重点，出台地区试点方案，科技成果管理机制逐步优化。截至2023年年底，全国已有20个省（自治区、直辖市）开展了赋予科技人员职务科技成果所有权或长期使用权试点，其中浙江、广东、四川、北京、陕西5个省、市的试点范围涵盖全省域内高校和科研机构等。在试点对象上，除高校和科研机构外，浙江、广东、四川、山东、北京、陕西、上海7个省、市将公立医疗机构纳入试点范围，浙江、四川、陕西3省将国有企业纳入试点范围，四川、陕西还将农技推广服务机构纳入试点范围。

陕西省深化全面创新改革试验，推广科技成果转化"三项改革"试点。2022年3月起，陕西省在75家高校院所开展职务科技成果单列管理、技术转移人才评价和职称评定、横向科研项目结余经费出资科技成果转化"三项改革"试点，构建了科技成果转化的全新体系，有效破解了科技成果转化中"不敢转""不想转""缺钱转"的难题，不断激发科技人员创新创业活力。科技"三项改革"与职务科技成果所有权或长期使用权赋权改革试点一起，构成了成果转化的全新体系，贯穿科技成果转化全过程。截至2023年年底，53205项科技成果单列管理，12973项成果正在实施转化，高校科技人员创办领办科技型企业862家，317名高校院所科技人员凭借成果转化贡献晋升了职称，为陕西科技创新发展注入了旺盛活力和强劲动力。

四川省探索产权驱动创新路径，在全国率先开展"职务科技成果权属混合所有制改革"。2016年西南交通大学在全国率先探索职务科技成果权属混合所有制改革，被誉为"科技小岗村"；同年12月，四川选取10家高校、10家院所开展职务科技成果权属混合所有制改革试点；2018年，试点范围扩大到45家单位；2020年，又将赋权改革推广到全省高校院所、医疗卫生机构、农技推广服务机构和科技型企业等。2021年11月，科技厅、财政厅等8个部门出台了《四川省职务科技成果转化前非资产化管理改革试点实施方案》，7家试点单位开始新一轮探索。此外，在实际操作中探索推行"先确权后转化"新模式，推动职务科技成果所有权由"纯国有"向"国家和科技人员混合所有"转变，加快破解以往"先转化后奖励"带来的制度交易成本过高等问题。据不完全统计，截至2023年年底，四川省45家单位完成职务科技成果分割确权2084项，新创办企业558家，带动企业投资近210亿元。

1.1.3.2 赋权改革试点过程中的经验模式和典型做法

赋权改革试点开展以来，"先赋权后转化"的科技成果转化激励机制已经基本建立，形成"赋予所有权＋转让""赋予所有权＋共同实施""赋予长期使用权＋约定收益""赋予长期使用权＋赋予所有权"4种赋权转化新模式。

对于科技成果所有权赋权，可以采用"赋予所有权＋共同实施"模式和"赋予所有权＋转让"模式。"赋予所有权＋共同实施"模式是指试点单位将科技成果一定比例所有权赋予科技人员后，与科技人员共同实施转化，复旦大学、上海交通大学、天津理工大学等多家单位均开展该模式实践。具体做法为单位先将科技成果所有权部分赋予科技人员，科技人员与单位（或单位委托的资产管理公司）再分别以相应所有权份额入股目标公司，进行工商注册，将该成果进行作价入股转化。"赋予所有权 + 转让"模式是指单位将科技成果部分所有权赋予科技人员，再将剩余所有权转让给科技人员，科技人员获得全部所有权，之后由完成人实施转化。该模式下因科技成果所有权属于科技人员，产权清晰，承接科技成果的企业后续也可以通过吸引社会资本等融资方式谋求发展获得新的发展机会，在很大程度上推动解决了国资处置难题。如上海交通大学的"赋权 + 完成人实施"、中国科学技术大学的"赋权 + 转让 + 约定收益"均属于该种模式。

对于科技成果长期使用权赋权，可以采用"赋予长期使用权 + 约定收益"模式和"赋予长期使用权 + 赋予所有权"模式。"赋予长期使用权 + 约定收益"模式是指单位可以采用形成先赋予科技人员不低于 10 年的职务科技成果长期使用权，并签署协议约定获得一定比例的成果转化收益的模式。如杭州电子科技大学形成的"赋权 + 创新创业"模式，将一项科技成果 10 年使用权赋予科技人员，科技人员在创新创业中可自主使用该成果，日后收益分成由学校与科技人员协商约定，提升了科技人员创新创业和成果转化积极性，也强化了职务科技成果使用的合法性。"赋予长期使用权 + 赋予所有权"模式是指对于应用场景暂不明确的科技成果，单位先赋予科技人员长期使用权，由科技人员自主实施转化；待转化取得一定成效后，科技人员再申请赋予所有权。

1.2 作价投资所需政策解析

本节主要对以作价投资方式开展成果转化需要的政策及其注意事项进行解读。包括作价投资的内涵分析和程序性要求，给予科技人员股权奖励的程序与方式，高校院所、企业、个人以科技成果作价投资税收优惠政策，作价投资的技术合同认定登记等内容。

1.2.1 作价投资的政策要求

1.2.1.1 作价投资的内涵分析

科技成果作价投资是一种重要的科技成果转化方式，是科技成果持有人、科技成果完成人和科技成果转化投资人三者之间通过建立新的经营实体达到同舟共济、合力实现科技成果转化、共享科技成果转化预期丰厚收益的共同目标。财税〔2016〕101号文第三条第（一）款规定："技术成果投资入股，是指纳税人将技术成果所有权让渡给被投资企业、取得该企业股票（权）的行为。"根据这一规定，投资标的是技术成果所有权，即财税〔2016〕101号文第三条第（三）款规定的"专利技术（含国防专利）、计算机软件著作权、集成电路布图设计专有权、植物新品种权、生物医药新品种，以及科技部、财政部、国家税务总局确定的其他技术成果"；技术成果投资是指"技术成果所有权让渡给被投资企业"，即技术转让；入股是指"取得该企业股票（权）"；技术成果投资入股就是指技术成果转让和投资同时发生。

科技成果作价投资可以将科技成果完成单位科技资源丰富的优势、科技成果完成人的研发优势和企业家对市场需求敏锐的优势，通过组建新的企业紧密地结合在一起，把各自的利益捆绑在一起，形成利益共享、风险共担的经济共同体。这一合作模式改变了横向科研课题的传统合作模式。

1.2.1.2 高校院所作价投资的方式

一是高校院所以自己的名义作价投资。对此，《教育部 科技部关于加强高等学校科技成果转移转化工作的若干意见》（教技〔2016〕3号）第二条规定，高校有权依法以持有的科技成果作价入股确认股权和出资比例，通过发起人协议、投资协议或者公司章程等形式对科技成果的权属、作价、折股数量或出资比例等事项明确约定、明晰产权，并指定所属专业部门统一管理技术成果作价入股所形成的企业股份或出资比例。这一规定允许高校以自己的名义投资，且要求高校指定"专业部门"统一管理科技成果作价投资所形成的股份或出资比例。

二是高校院所将职务科技成果划拨给其独资公司，以该公司的名义作价投资。《教育部关于积极发展、规范管理高校科技产业的指导意见》（教技发〔2005〕2号）第6条规定，高校要依法组建国有独资性质的资产经营有限公司或从现有校办企业中选择一个产权清晰、管理规范的独资企业（以下统称高校资产公司），将学校所有经营性资产划转到高校资产公司，由其代表学校持有对企业投资所形成的股权。这里的关键词是"划转"。如2017年《上海市促进科技成果转化条例》第十条第（二）项规定，研发机构、高等院校可以通过资产划拨等方式将科技成果转移至本单位独资设立的负责资产管理的法人，并以该法人名义将科技成果作价投资。这里的关键词是"划拨"。"划转"与"划拨"是同一含义。

三是以高校院所与科技人员名义将科技成果作价投资。如《上海市促进科技成果转化条例》第十条第（三）项规定，本单位与完成、转化职务科技成果作出重要贡献的人员对科技成果作价投资所形成股份或者出资比例的分配作出事先约定的，以本单位和相关人员名义将该科技成果作价投资。

上述三种方式中，第一种方式符合《促进科技成果转化法》及相关配套文件的规定，应当作为优先考虑的选项。

四是通过赋权方式开展作价投资，即通过将科技成果的所有权赋予科研人员的方式开展作价投资成果转化。高校院所将通过赋权和转让的方式将职务科技成果转让给科技人员，并与科技人员约定，由科技人员以自己的名义作价投资，并从科技成果转化收益中提取一定数额或比例返还给高校院所。这种情况属于高校院所行使职务科技成果的处置权，与科技成果转化的投资人、以科技成果作价投资设立的企业不发生直接关系。

1.2.1.3　高校院所作价投资的程序性要求

根据《促进科技成果转化法》《国务院关于印发实施〈中华人民共和国促进科技成果转化法〉若干规定的通知》等相关规定，科技成果作价投资流程一般包含发起、决策审批（内部审批/外部审批）、评估及备案、成果定价、公示、投资协议签订、目标企业登记、国有资产产权登记等各项环节，以下分别简要介绍。

（1）发起：科技成果完成人提出申请

高校或科研院所科技成果完成人向单位提出成果作价投资申请，并制订初步的科技成果作价投资方案，递交《科技成果转化申请表》《奖励分配方案表》及《技术可行性报告》等相关申请文件。

根据《促进科技成果转化法》第四十四条、第四十五条规定，"职务科技成果转化后，由科技成果完成单位对完成、转化该项科技成果作出重要贡献的人员给予奖励和报酬""利用职务科技成果作价投资的，从该项科技成果形成的股份或者出资比例中提取不低于百分之五十的比例"，科技成果完成单位可以规定或者与科技人员约定奖励和报酬的方式、数额和时限，但要求不低于百分之五十的比例标准。

（2）决策审批：内部审批和外部审批（若需）

审批分为内部审批（即单位审批）和外部审批（科技部审批和财政部备案）。

关于内部审批，具体审批程序由各单位结合自身实际情况自行制订。必要时，单位可组织对科技成果来源、知识产权情况、技术先进性、产业化前景等科技成果作价投资方案进行论证。

关于外部审批，根据《促进科技成果转化法》第十八条和《关于进一步加大授权力度促进科技成果转化的通知》规定，国家设立的研究开发机构、高等院校对持有的科技成果可以自主决定作价投资，除涉及国家秘密、国家安全及关键核心技术外，不需报主管部门和财政部审批或备案。

（3）评估及备案：自主决定是否进行评估和备案

2017年11月8日，财政部《关于〈国有资产评估项目备案管理办法〉的补充通知》规定，国家设立的研究开发机构、高等院校科技成果资产评估备案工作，原由财政部负责，现调整为由研究开发机构、高等院校的主管部门负责。因此，单位的主管部门负责科技成果作价投资的评估备案工作。

2019年3月29日，财政部修改《事业单位国有资产管理暂行办法》，第三十九条规定"国家设立的研究开发机构、高等院校将其持有的科技成果转让、许可或者作价投资给国有全资企业的"，可以不进行资产评估。第四十条规定"国家设立的研究开发机构、高等院校将其持有的科技成果转让、许可或者作价投资给非国有全资企业的，由单位自主决定是否进行资产评估",第五十六条"国家设立的研究开发机构、高等院校对其持有的科技成果,可以自主决定转让、许可或者作价投资,不需报主管部门、财政部门审批或者备案"。

2019年9月23日,财政部《关于进一步加大授权力度促进科技成果转化的通知》规定,"授权中央级研究开发机构、高等院校的主管部门办理科技成果作价投资形成国有股权的转让、无偿划转或者对外投资等管理事项,不需报财政部审批或者备案""中央级研究开发机构、高等院校将科技成果转让、许可或者作价投资,由单位自主决定是否进行资产评估"。

（4）成果定价：协议定价、挂牌交易、拍卖等方式

单位可以通过协议定价、在技术交易市场挂牌交易、拍卖等方式确定科技成果交易价格。相关依据为《促进科技成果转化法》第十八条规定"国家设立的研究开发机构、高等院校对其持有的科技成果,可以自主决定转让、许可或者作价投资,但应当通过协议定价、在技术交易市场挂牌交易、拍卖等方式确定价格"。

（5）公示

单位对科技成果作价投资方案中的相关信息进行公示。根据《促进科技成果转化法》第十八条,《国务院关于印发实施〈中华人民共和国促进科技成果转化法〉若干规定的通知》《通过协议定价确定科技成果价格的,需要由相关部门组织将作价投资方案在单位内部进行公示,公示科技成果名称和拟交易价格,公示时间不少于15日,并公开异议处理程序和办法。根据教育部、科技部关于加强高等学校科技成果转移转化工作的若干意见》的规定,高校通过协议定价的,应当通过网站、办公系统、公示栏等方式公示科技成果名称、简介等基本要素和拟交易价格、价格形成过程等,公示时间不少于15日。

另外,针对科技成果作价投资方案中获得股权奖励的领导职务人员,根据《国务院关于印发实施〈中华人民共和国促进科技成果转化法〉若干规定的通知》,对于担任领导职务的科技人员获得科技成果转化奖励,按照分类管理的原则执行。①国务院部门、单位和各地方所属研究开发机构、高等院校等事业单位（不含内设机构）正职领导,以及上述事业单位所属具有独立法人资格单位的正职领导,是科技成果的主要完成人或者对科技成果转化作出重要贡献的,可以按照促进科技成果转化法的规定获得现金奖励,

原则上不得获取股权激励；其他担任领导职务的科技人员，是科技成果的主要完成人或者对科技成果转化作出重要贡献的，可以按照促进科技成果转化法的规定获得现金、股份或者出资比例等奖励和报酬。②对担任领导职务的科技人员的科技成果转化收益分配实行公开公示制度，不得利用职权侵占他人科技成果转化收益。

（6）投资协议签订

如果将科技成果作价投资与赋权相结合，则投资协议类型和签署主体根据"先赋权后转化"和"先转化后奖励"的路径不同而有所区别：①若科技成果作价投资方案采用"先赋权后转化"路径，则单位应先将相关知识产权转让给科技成果完成人，科技成果完成人、单位与合作企业约定出资比例，签订增资入股协议；②若科技成果作价投资方案采用"先转化后奖励"路径，则单位与合作企业约定出资比例，签订投资协议后，单位将相关知识产权转让给目标公司，而后单位将股权奖励给科技成果完成人。科技成果完成人无须参与签署增资入股协议，须待单位完成投资后，与其签署股权转让协议。

需要注意的是，上述两个方案中均涉及签署知识产权转让协议和权属变更登记事宜。

（7）给予科技人员股权奖励

《促进科技成果转化法》规定，科技成果完成单位利用科技成果作价投资的，从该项科技成果形成的股份或者出资比例中提取不低于百分之五十的比例奖励给完成、转化职务科技成果作出重要贡献的人员。科技成果转化股权奖励的操作主要有"先奖后投""先投后奖"两种方式。

"先奖后投"方式：成果完成单位事先对科技成果作价投资的股权分配作出约定，直接以单位和科技人员的名义作价投资，在公司注册时直接将成果完成单位和受奖人登记为公司股东。

"先投后奖"方式：成果完成单位先以科技成果作价投资，形成标的企业股权后，再按照约定比例，经产权交易所股权分割鉴证，将奖励的股权无偿转给受奖励人员。

综合分析以上两种股权奖励操作方式，建议从两个层次来考虑，一是本单位上级国有资产管理部门对哪种模式予以认可；二是在本单位上级国资管理部门认可的前提下，本单位可从享受税收优惠、审批流程短等节省经济和时间成本的方面考虑，选择成本低的方式操作。

（8）目标企业登记

单位或合作企业等申请人按照相关规定办理目标企业设立或股权变更登记。

（9）产权登记

对于单位持有股权，办理资产入账；对于已入账的资产，办理国有产权登记。科技成果完成人持有的股权，由完成人（团队）自行管理。

根据《关于进一步加大授权力度促进科技成果转化的通知》的规定，授权中央级研究开发机构、高等院校的主管部门办理科技成果作价投资成立企业的国有资产产权登记事项，不需报财政部办理登记。

1.2.2　作价投资的税收优惠政策

1.2.2.1　科技成果作价投资税负解析

根据科技成果作价投资的内涵，科技成果的作价投资＝科技成果的转让＋折算为股份或出资比例，即分解为科技成果转让与以转让收入投资两个行为，是技术转让与投资同时进行的行为。正因为这样分解，科技成果作价投资涉及税收问题，即以科技成果转让的税后收入进行投资。或者说，以科技成果作价出资折算的股权或出资比例应当缴纳所得税，而且不是以股权或出资比例纳税，而是以面值或者公允的市场价折算为应纳税所得额。

（1）科技成果转化涉及的税负

根据税收原理及税种，科技成果转化主要涉及三种税：一是流转税，即以商品生产流转额（包括生产的产品和服务的交易额）和非生产流转额（包括技术的交易额）为课税对象，主要是增值税，也包括消费税、关税；二是所得税，即以法人和自然人因科技成果转移转化所得为课税对象，包括企业所得税和个人所得税；三是印花税，即以书立、领受具有法律效力的凭证的行为征税，主要是对技术合同订立征税，属于行为税。特定情况下还涉及房产税、土地使用税等财产税。在上述税种中，主要是增值税和所得税。

一项科技成果转化活动可能涉及多种类型的纳税主体，涉及多个税种，须缴纳多项税。

（2）可以享受税收优惠的成果类型

在现行税收优惠政策中，对取得专利权证书、计算机软件著作权证书、集成电路布图设计专有权证书、植物新品种权证书等科技成果（以下简称有证成果）的转移转化可以享受税收优惠；对于技术秘密权、专利申请权及其他无相关证书的科技成果（以下简称无证科技成果）的转移转化，一般不可以享受税收优惠。而无证科技成果可进一步细分为无知识产权证书科技成果（主要是技术秘密，以下简称无证成果）、准知识产权证书科技成果（即已经提出有关知识产权申请，但还没有获得授权的科技成果，以下简称准证成果）和不受知识产权法律法规保护的科技成果（以下简称公共成果，即任何人均可以无偿使用该科技成果）。

1.2.2.2 不同主体的科技成果作价投资税收优惠政策

（1）国家设立的高等院校、科研机构以科技成果作价投资税收政策

国家设立的高等院校、科研机构以科技成果作价投资境内居民企业的，适用企业所得税法及其实施条例规定的税收优惠政策，即"居民企业技术转让所得不超过500万元的部分，免征企业所得税；超过500万元的部分，减半征收企业所得税"。国家设立的高等院校、科研机构以职务科技成果作价投资并给予该成果的完成人（团队）股权奖励的，根据《财政部国家税务总局关于促进科技成果转化有关税收政策的通知》（财税字〔1999〕45号）和《国家税务总局关于促进科技成果转化有关个人所得税问题的通知》（国税发〔1999〕125号）规定，取得股权奖励的完成人（团队）可享受递延纳税优惠。

（2）企业以科技成果作价投资税收政策

企业以科技成果投资入股到境内居民企业的现行税收优惠政策有两项。一是"居民企业技术转让所得不超过500万元的部分，免征企业所得税；超过500万元的部分，减半征收企业所得税"。二是《财政部 国家税务总局关于非货币性资产投资企业所得税政策问题的通知》（财税〔2014〕116号）规定"居民企业以非货币性资产对外投资确认的非货币性资产转让所得，可在不超过5年期限内，分期均匀计入相应年度的应纳税所得额，按规定计算缴纳企业所得税"。递延纳税优惠政策是指财税〔2016〕101

号文第三条第（一）款规定的"投资入股当期可暂不纳税，允许递延至转让股权时，按股权转让收入减去技术成果原值和合理税费后的差额计算缴纳所得税"，即转让股权时应缴纳所得税＝（股权转让收入－技术成果原值－合理税费）×25%。如果选择递延纳税优惠，则须放弃现行的减免企业所得税优惠，这不一定是合算的。企业给予职务科技成果完成人（团队）股权奖励的，根据财税〔2016〕101号文第一条规定，可享受递延纳税优惠政策。

（3）个人以科技成果作价投资税收政策

个人以科技成果投资入股到境内居民企业的现行税收优惠政策执行《财政部 国家税务总局关于个人非货币性资产投资有关个人所得税政策的通知》（财税〔2015〕41号）规定的"自发生上述应税行为之日起不超过5个公历年度内（含）分期缴纳个人所得税"。根据财税〔2015〕41号文规定，个人以技术成果作价投资取得股权，应按照"财产转让所得"项目，依法计算缴纳个人所得税。而"分期缴纳个人所得税"并没有减少应缴纳个人所得税的数额，只是减缓因纳税需承担的资金压力。

根据财税〔2016〕101号文第三条第（一）款规定，个人以技术成果作价投资取得股权的，适用递延纳税优惠的，转让股权时应缴纳所得税＝（股权转让收入－技术成果原值－合理税费）×20%。尽管适用的税目没变、税率没变，但纳税时间延后了，相当于取得了一笔应纳税款从投资到转让股权间的无息贷款。而且，如果发生技术成果投资亏损，亏损部分可以不缴纳个人所得税。

（4）科技人员获得股权奖励的税收优惠政策

本章第一节中提到，根据《财政部 国家税务总局关于促进科技成果转化有关税收政策的通知》（财税字〔1999〕45号）规定，科研机构、高等学校转化职务科技成果以股份或出资比例等股权形式给予个人奖励，可以享受递延纳税优惠，即"获奖人在取得股份、出资比例时，暂不缴纳个人所得税；取得按股份、出资比例分红或转让股权、出资比例所得时，应依法缴纳个人所得税"。但根据《国家税务总局关于促进科技成果转化有关个人所得税问题的通知》（国税发〔1999〕125号）规定，享受递延纳税优惠的科技人员必须是科研机构和高等学校的在编正式职工。

根据财税〔2016〕101号文规定，非上市公司授予本公司员工的股票期权、股权期权、限制性股票和股权奖励，可实行递延纳税政策。其中，股权奖励的标的可以是技术成果投资入股到其他境内居民企业所取得的股权。该文件规定了实行递延纳税的条件和程序，符合规定条件的，才可享受递延纳税优惠。

另外，根据《财政部　国家税务总局关于高级专家延长离休退休期间取得工资薪金所得有关个人所得税问题的通知》（财税〔2008〕7号）规定，高级专家在延长退休期间取得的科技成果转化现金收入、股权奖励，均可以享受免征个人所得税优惠。

（5）科技成果作价投资增值税优惠政策

根据《财政部　国家税务总局关于全面推开营业税改征增值税试点的通知》（财税〔2016〕36号）规定，无论是企业还是个人，以科技成果作价投资，开具增值税普通发票的，可以享受免征增值税优惠政策。

1.2.3　作价投资需要注意的政策要点

1.2.3.1　作价投资中的收益分配

职务科技成果出资的收益按比例分配至科技成果完成人，系法律明确规定。根据《促进科技成果转化法》，科技成果完成单位利用职务科技成果作价投资的，应从该项科技成果形成的股份或者出资比例中提取不低于50%的比例，对完成、转化职务科技成果作出重要贡献的人员（简称科技成果完成人）给予奖励和报酬。

单位在完成职务科技成果出资后，应将出资获得的部分股权奖励给科技成果完成人。除此之外，单位还可通过分红形式进行奖励，或者以本公司的股权进行奖励。科技成果完成人以原单位名义为目标公司开展技术开发、技术咨询等服务的，也应获得相关收益。根据《促进科技成果转化法》《专利法》《科技进步法》，科技成果完成人可通过科技成果入股、科技成果折股、股权奖励、股权出售、股权期权、分红权、科技成果收益分成等方式获得收益。

高校院所股权奖励方式。高等院校、科研院所不能直接采取股权奖励的方式。但可用高等院校和科研院所投资的科技企业的股权奖励职务科技成果完成人，应当从作价投资取得的股份或者出资比例中提取不低于50%的比例用于奖励。在研究开发和科技成果转化中作出主要贡献的人员，获得奖励的份额不低于奖励总额的 50%。

国有科技型企业股权奖励方式。转制院所企业、国家认定的高新技术企业、高等院校和科研院所投资的科技企业及国家和省级认定的科技服务机构（以下简称国有科技型企业），主要依据《国有科技型企业股权和分红激励暂行办法》（财资〔2016〕4 号）开展相关人员股权和分红激励的探索和实践。该文件是在《促进科技成果转化法》修订之后发布实施的，相关内容与《促进科技成果转化法》实现了充分衔接。

（1）分配方式

根据《国有科技型企业股权和分红激励暂行办法》，国有科技型企业激励分配方式可概括为"3+2"，即 3 种股权激励方式和 2 种分红激励方式。

股权激励是指国有科技型企业以本企业股权为标的，采取股权出售、股权奖励、股权期权等方式，对企业重要技术人员和经营管理人员（与本企业签订劳动合同的）实施激励的行为。需要注意以下两点：一是激励标的必须是本企业股权，不能以上级或下级企业股权，或者相关联的其他企业股权作为激励标的；二是激励对象必须是本企业员工，即与本企业签订劳动合同的人员，本企业雇用的劳务人员或者在本企业兼职、挂职的人员不能列为激励对象。3 种股权激励方式分别为：①股权奖励，指企业无偿授予激励对象一定份额的股权或一定数量的股份；②股权出售，指企业按不低于股权评估价值的价格，以协议方式将企业股权（包括股份）有偿出售给激励对象；③股权期权，指企业授予激励对象在未来一定期限内以预先确定的行权价格购买本企业一定数量股份的权利。

分红激励是指国有科技型企业以科技成果转化收益为标的，采取项目收益分红方式；或者以企业经营收益为标的，采取岗位分红方式，对企业重要技术人员和经营管理人员实施激励的行为。2 种分红激励方式包括：①项目收益分红，指企业以职务科技成果（项目）实施产业化、对外转让、合作转化、作价入股形成的净收入为标的，依据《促进科技成果转化法》，采取项目收益分成方式对激励对象实施激励的行为；②岗位分红，指按照岗位在科技成果产业化中的重要性和贡献，分别确定不同岗位的分红标准，即定岗不定人。

（2）注意事项

采用本单位的股权激励职务科技成果完成人的，如为大型企业，则股权激励总额不超过企业总股本的 5%；如为中型企业，则股权激励总额不超过企业总股本的 10%；如为小、微型企业，则股权激励总额不超过企业总股本的 30%，且单个激励对象获得的激励股权不得超过企业总股本的 3%。在实施股权激励与分红激励时，需企业成立满 3 年；科技成果完成人系监事、独立董事的，不可参与股权或者分红激励。同时采取股权奖励、股权出售的，股权奖励的数额不得超过奖励总额的一半。

国有科技型企业实施项目收益分红，应当依据《促进科技成果转化法》，在职务科技成果完成、转化后，按照企业规定或者与重要技术人员约定的方式、数额和时限执行。企业制订相关规定，应当充分听取本企业技术人员的意见，并在本企业公开相关规定。企业未规定，也未与重要技术人员约定的，按照下列标准执行：利用该项职务科技成果作价投资的，从该项科技成果形成的股份或者出资比例中提取不低于 50% 的比例。企业实施项目收益分红，应当按照具体项目实施财务管理，并按照国家统一的会计制度进行核算，反映具体项目收益分红情况。但需注意，国有科技型企业的岗位分红所得不能高于科技成果完成人薪酬总额的 2/3。激励对象自离岗当年起，不再享有原岗位分红权。

1.2.3.2　作价投资协议签署和技术合同登记

投资决策审批。①合作意向达成。高校院所作为技术持有方和货币投资方洽谈合作协议，签署《投资意向书》，约定技术入股的各方权利义务，成立股份有限公司或有限责任公司。合作协议的内容应包括股份结构、出资方式、出资时间、成果标的、定价方式、股份奖励、董监事委派、破产清算、违约责任等。②内部转化审核。团队依照其所在高校院所科技成果转化相关制度，向高校院所科技成果转化部门提交拟作价投资方案，由高校院所科技成果转化部门进行审核。高校法务部门对拟作价投资合同进行合法、合规审核。③投资决策审批。高校院所依照决策程序对拟作价投资方案进行决策审批。④成果评估定价。团队所提交的作价投资方案中，应重点向高校院所科技成果转化管理部门披露科技成果的法律状态、技术先进性、成果市场性、参与人员等信息，作为作价投资项目的评估定价依据。

工商注册登记。自 2016 年开始，大多数省份目前认可科技成果的出资可以采用

"认缴制"方式,即在公司注册登记时,参照货币资本出资方式认缴出资,不再要求按照公司法规定对据以出资的知识产权进行评估和提供审批文件。持股单位、团队与合作方签署正式合同后,办理目标企业成立或变更的工商登记手续。①制定公司章程。合作各方主体共同制订公司章程,对公司的形式、经营场所、股份结构等作出约定。②核定公司名称。股份合作各方主体协商确定公司名称。③提交注册资料。通过委派董事监事、确定法定代表人等提交注册资料,办理工商登记手续。④领取营业执照。待相关部门完成工商登记手续的审批后,领取营业执照。

成果权属变更。①成果协议转让。参照《国务院关于优化科研管理提升科研绩效若干措施的通知》《赋予科研人员职务科技成果所有权或长期使用权试点实施方案》等文件,高校院所与持股单位、团队签署合同,按照一定比例分割并转让科技成果。②高校合同登记。高校院所参照《技术合同认定登记管理办法》,办理技术转让合同登记。③成果权属变更。高校院所依据《专利法》《计算机软件保护条例》《植物新品种保护条例》等将科技成果权属变更至持股单位和团队。④高校院所依法纳税。高校院所就科技成果转让所得依法缴纳企业所得税。

成果出资流程。①资产评估和会计处理。持股单位、团队共同委托评估单位进行资产评估。将以知识产权为表现形式的科技成果委托资产评估机构进行评估,作为技术出资的价格依据,从而确定知识产权的资产属性。持股单位依据《企业会计准则第6号——无形资产》《企业会计准则第7号——非货币性资产交换》《企业会计准则第2号——长期股权投资》有关规定,以无形资产评估价值和应支付相关税费作为换入的长期股权投资的成本,确认长期股权投资入账。②合同登记和递延纳税。持股单位和团队参照《技术合同认定登记管理办法》等,办理作价投资技术合同登记。持股单位、团队就投资行为分别依据财税〔2016〕101号文办理递延纳税。③持股单位评估备案。持股单位依据《财政部关于印发〈国有资产评估项目备案管理办法〉的通知》就评估事项进行国资备案。④持股单位产权登记。科技成果经评估确定为无形资产后,经过法定注册程序成为企业资本金,将知识产权权利让渡给目标公司后计入其财务报表中,完成无形资产向注册资本的过程。科技成果的出资赋予了科技成果与货币同等的资本价值,体现了股份权利的平等性,有利于实现知识资本与货币资本的有机结合。持股单位依据

《事业单位及事业单位所办企业国有资产产权登记管理办法》，就股权投资事项进行产权占有登记。

1.3 科技成果转化激励政策梳理

本节阐述国家在科技成果转化激励机制方面的政策。包括国家对于绩效工资分配激励、职务科技成果权属激励等方面的政策梳理；兼职兼薪、兼职创办企业和离岗创新创业等方面政策，以及创业实施科技成果转化需办理的手续、可享受的政策等事项；国家通过政策优化对科技成果、科技人才开展分类、多层次、差别化评价，从而促进科技成果转化。

1.3.1 科技人员激励机制的法律制度

2014年8月18日，习近平总书记在中央财经领导小组第七次会议上指出，"用好科研人员，既要用事业激发其创新勇气和毅力，也要重视必要的物质激励，使他们'名利双收'。名就是荣誉，利就是现实的物质利益回报，其中拥有产权是最大激励"。《科技进步法》第三十三条规定，国家实行以增加知识价值为导向的分配政策。目前，科技人员的利益实现机制主要包括以下几种。

1.3.1.1 科技成果转化收益奖励与报酬

《促进科技成果转化法》第四十三条规定了转化科技成果的收入须先给予科技人员奖励和报酬；第四十四条规定职务科技成果转化后须给予科技人员奖励和报酬，其方式、数额和时限可以由单位作出规定，或与科技人员约定；第四十五条规定了科技人员奖酬金分配政策及发放渠道。《科技进步法》第六十条第一款规定"技术开发、技术咨询、技术服务等活动的奖酬金提取，按照科技成果转化有关规定执行"。

1.3.1.2 可合法取得兼职收入

《科技进步法》第六十条第一款规定"完善体现知识、技术等创新要素价值的收益分配机制"；第二款规定"利用财政性资金设立的科学技术研究开发机构和高等学校的科学技术人员，在履行岗位职责、完成本职工作、不发生利益冲突的前提下，经所在单位同意，可以从事兼职工作获得合法收入"。这是对鼓励和支持科技人员实施科技成果转化作出原则性规定，前者是收益分配的原则性规定，后者是通过兼职方式实施科技成果转化的原则性规定。

1.3.1.3　在职创办企业或离岗创办企业实施科技成果转化

《国务院关于印发实施〈中华人民共和国促进科技成果转化法〉若干规定的通知》（国发〔2016〕16号）和《中共中央办公厅、国务院办公厅关于实行以增加知识价值为导向分配政策的若干意见》（厅字〔2016〕35号）都规定允许科研人员依法依规适度兼职兼薪。为落实上述规定，人力资源和社会保障部先后发布《关于支持和鼓励事业单位专业技术人员创新创业的指导意见》（人社部规〔2017〕4号）和《关于进一步支持和鼓励事业单位科研人员创新创业的指导意见》（人社部发〔2019〕137号）明确相关政策，解除了科技人员的后顾之忧。

1.3.1.4　获得产权激励

《科技进步法》第六十条第三款规定"国家鼓励科学技术研究开发机构、高等学校、企业等采取股权、期权、分红等方式激励科学技术人员"。《专利法》第十五条第二款作出了类似规定。这些规定都鼓励高校院所和企业对科技人员实行产权激励。

1.3.1.5　职务科技成果赋权

赋予科技人员职务科技成果所有权或长期使用权，由科技人员对赋权科技成果实施转化并取得合法收入。《科技进步法》第三十三条规定，探索赋予科学技术人员职务科技成果所有权或者长期使用权制度。《专利法》第六条第一款规定，职务发明单位"可以依法处置其职务发明创造申请专利的权利和专利权，促进相关发明创造的实施和运用。"以上规定表明，任何单位均可依法向科技人员赋予职务科技成果所有权和长期使用权。

1.3.2 科技人员收益分配和人员激励政策

在国家层面出台的法律法规和政策文件中，科研事业单位实施收益分配和人员激励的主要依据包括《促进科技成果转化法》《国务院若干通知》《中共中央办公厅 国务院办公厅关于实行以增加知识价值为导向分配政策的若干意见》（厅字〔2016〕35号）等，提出了"提高基本工资、加大绩效工资分配激励力度、落实科技成果转化奖励等激励措施"的"三元"薪酬体系，以下对绩效工资分配激励和科技成果转化奖励的政策进行介绍。

1.3.2.1 奖酬金

奖酬金是指因转化职务科技成果作出重要贡献而获得单位给予的奖励和报酬，是科研劳动所得。《促进科技成果转化法》第四十五条第三款规定"国有企业、事业单位依照本法规定对完成、转化职务科技成果作出重要贡献的人员给予奖励和报酬的支出计入当年本单位工资总额"。该规定表明，因科技成果转化获得的奖励和报酬的管理应遵循以下原则：①该种收入是工资性收入，不是财产性收入，也不是偶然所得，应当适用《个人所得税法》的工资薪金税目缴纳个人所得税；②奖酬金的发放渠道应当按照工资薪金发放；③单位应当按照工资薪金进行支出管理；④科技人员的劳动报酬应符合《劳动法》和《劳动合同法》关于劳动报酬的相关规定。根据《促进科技成果转化法》第四十三条、四十四条和四十五条规定，可采取以下三种方式之一确定奖酬金数据、方式和时限。

一是单位作出规定。科技成果完成单位可以制订为完成、转化职务科技成果作出重要贡献的人员给予奖励和报酬的规定。由于给予科技人员奖励和报酬涉及科技人员的切身利益，《促进科技成果转化法》要求单位在制订相关规定时，应充分听取本单位科技人员的意见，并在本单位公开相关规定。由于奖酬金属于科技人员的劳动报酬，根据《劳动合同法》第四条第二款规定，用人单位在制订、修改或决定有关劳动报酬等直接涉及劳动者切身利益的规章制度时，"应当经职工代表大会或者全体职工讨论，提出方案和意见，与工会或者职工代表平等协商确定"。正因如此，一些单位将相关规定提交职工代表大会审议，表决通过后发布执行。如果没有充分听取科技人员的意见，或不经职工大会或职工代表大会审议，则不符合法律规定。

二是与科技人员约定。《促进科技成果转化法》规定，科技成果完成单位与科技人员之间的权利义务关系是一种民事关系，允许双方当事人在平等自愿基础上作出约定。实行约定和规定优先原则，科技成果完成单位可以规定或者与科技人员约定奖励和报酬的方式、数额和时限。另外，我国合同法也规定当事人依法享有自愿订立合同的权利，任何单位和个人不得非法干预。《专利法》第十六条规定，被授予专利权的单位应对职务发明创造的发明人或者设计人给予奖励；发明创造专利实施后，根据其推广应用的范围和取得的经济效益，对发明人或者设计人给予合理报酬。企业、事业单位给予发明人或者设计人的奖励、报酬，按照国家有关财务、会计制度规定进行处理。

三是法定方式。既没有规定也没有约定的，依照法定执行。《促进科技成果转化法》规定对职务科技成果转让、许可或作价投资的，奖励比例应当"不低于50%"。一些科技成果完成单位没有按照法律规定制订对为职务科技成果转化作出重要贡献的人员给予奖励和报酬的规定，并且未与科技人员约定奖励和报酬方式、数额和时限，科技人员可以要求单位给予奖励和报酬。

《促进科技成果转化法》对国家设立的高校、科研机构规定了对为完成、转化职务科技成果作出贡献的人员给予奖励和报酬的最低数额或者最低比例；但对于企业和其他组织以及非国家设立的高校、科研机构，没有规定给予奖励和报酬的最低数额或最低比例。《专利法实施细则》规定被授予专利权的单位许可其他单位或者个人实施其专利的，应当从收取的使用费中提取不低于10%，作为报酬给予发明人或者设计人。

1.3.2.2 绩效工资分配激励

2020年，新修订的《专利法》第六条增加了"该单位可以依法处置其职务发明创造申请专利的权利和专利权，促进相关发明创造的实施和运用"的内容，授予职务发明单位处置专利权和专利申请权，为高校院所等科研事业单位和国有企业赋予科技人员职务科技成果知识产权提供了法律依据。第十五条增加了第二款"国家鼓励被授予专利权的单位实行产权激励，采取股权、期权、分红等方式，使发明人或者设计人合理分享创新收益"。根据这一规定，科技人员不仅可获得奖励和报酬，还可分享创新收益。

2021年2月，人力资源和社会保障部等印发的《关于事业单位科技人员职务科技成果转化现金奖励纳入绩效工资管理有关问题的通知》（人社部发〔2021〕14号）规定，职务科技成果转化后，科技成果完成单位按规定对完成、转化该项科技成果作出重要贡献人员给予的现金奖励计入所在单位绩效工资总量，但不受核定的绩效工资总量限制，不作为人力资源社会保障、财政部门核定单位下一年度绩效工资总量的基数，不作为社会保险缴费基数。

2021年3月公布的《中华人民共和国国民经济和社会发展第十四个五年规划和2035年远景目标纲要》提出，实行以增加知识价值为导向的分配政策，完善科技人员职务发明成果权益分享机制，探索赋予科技人员职务科技成果所有权或长期使用权，提高科技人员收益分享比例。从完善机制、权属改革和加大分配力度三个方面落实以增加知识价值为导向的分配政策。

1.3.3 科技人才分类评价政策

国家高度重视调动和激发科技人员实施科技成果转化的积极性、主动性，通过政策优化对科技成果、科技人才评价，开展分类、多层次、差别化评价，从而促进科技成果转化。例如，国办发〔2016〕28号文提出的继续实施万名专家服务基层行动计划、科技特派员、科技创业者行动、企业院士行动、先进适用技术项目推广等，都是经实践证明有效的政策措施。

《国务院关于优化科研管理提升科研绩效若干措施的通知》（国发〔2018〕25号）提出，技术和产品开发类项目重点评价新技术、新方法、新产品、关键部件等的创新性、成熟度、稳定性、可靠性，突出成果转化应用情况及其在解决经济社会发展关键问题、支撑引领行业产业发展中发挥的作用。

《中共中央办公厅、国务院办公厅关于深化项目评审、人才评价、机构评估改革的意见》（中办发〔2018〕37号）提出"科学设立人才评价指标"，并把学科领域活跃度和影响力、重要学术组织或期刊任职、研发成果原创性、成果转化效益、科技服务满意度等作为重要评价指标。

2020年2月，科技部印发的《关于破除科技评价中"唯论文"不良导向的若干措施（试行）》（国科发监〔2020〕37号）提出"强化分类考核评价导向"，其中对于应用研究、技术开发类科技活动，注重评价新技术、新工艺、新产品、新材料、新设备以及关键部件、实验装置/系统、应用解决方案、新诊疗方案、临床指南/规范、科学数据、科技报告、软件等标志性成果的质量、贡献和影响，不把论文作为主要的评价依据和考核指标。同月，《教育部 科技部印发〈关于规范高等学校SCI论文相关指标使用树立正确评价导向的若干意见〉的通知》（教科技〔2020〕2号）提出，对于"科技成果转化工作，一般不把论文作为评价指标"。

2020年10月，新修订的《国家科学技术奖励条例》将科技成果转化的成效列为国家技术发明奖和科技进步奖的评审条件。条例规定，国家技术发明奖授予运用科学技术知识作出产品、工艺、材料、器件及其系统等重大技术发明的个人；国家科学技术进步奖授予完成和应用推广创新性科学技术成果，为推动科学技术进步和经济社会发展作出突出贡献的个人、组织。

2020年11月，教育部学位与研究生教育发展中心印发《关于公布〈第五轮学科评估工作方案〉的通知》，规定在评估整体导向上突出质量、贡献和特色：强化质量，淡化数量，不设置发表论文数、出版专著数、申请专利数等指标，突出原创性、前沿性、突破性成果；强化学科对国家、区域重大战略需求和经济社会发展的实际贡献，自然科学学科更加强调科技成果转化应用与解决关键核心技术问题；强化分类特色评价，按一级学科分别设置指标体系，充分体现办学定位与学科优势。

2021年5月，中央全面深化改革委员会第十九次会议审议通过了《关于完善科技成果评价机制的指导意见》，会议强调要坚持质量、绩效、贡献为核心的评价导向，健全科技成果分类评价体系，针对基础研究、应用研究、技术开发等不同种类成果形成细化的评价标准，全面准确评价科技成果的科学、技术、经济、社会、文化价值。

2022年9月，《科技部等八部门印发〈关于开展科技人才评价改革试点的工作方案〉的通知》（国科发才〔2022〕255号），规定在评价应用研究和技术开发类人才时，重点评价技术标准、技术解决方案、高质量专利、成果转化产业化、产学研深度融合成效等代表性成果。同时探索设立科技成果转化岗，重点评价科技成果转化成效，建立高水平、专业化的成果转化人才队伍。

1.3.4　技术经理人职称评定评审政策

技术经理人，亦称技术经纪人，是在科技成果转移、转化和产业化过程中，发挥组织、协调、管理、咨询等作用，从事成果挖掘、培育、孵化、熟化、评价、推广、交易并提供金融、法律、知识产权等相关服务的专业人员。技术经理人是促进创新链产业链资金链人才链深度融合的关键人才，是推动科技成果从实验室走向市场、加快发展新质生产力的创新引擎与转化桥梁。

2022年，"技术经理人"作为新职业正式纳入《中华人民共和国职业分类大典》，归为第二类"专业技术人员"，为长期活跃在技术转移一线的从业者明确了正式的职业身份。技术经理人职称评定标准可以对技术转移人员的职级、待遇、奖励和晋升等进行评定，建立技术经理人职称评定标准，根据技术经理人的技术评估对接、商务分析谈判、技术转移绩效等，结合学历、学位、工作经历等建立一套方法科学、操作规范的人才评价体系，有助于提升技术转移人员的创业热情、职业归属感和自豪感。

目前，四川、北京、天津、山东、陕西、重庆、广东、辽宁、宁夏等已陆续建立技术经纪人职称评定制度，将技术经纪专业职称单列（表1-1）。

表1-1　各省、市、区地方技术经纪专业职称评定标准

地区	文件	发文单位	主要内容（简要）
成都	《成都市技术经纪专业技术人员职称评定办法》	成都市人力资源和社会保障局、成都市科学技术局	技术经纪专业职称设置为初级、中级，对应的职称名称分别为助理工程师（技术经纪）、工程师（技术经纪）。申请职称要符合一定学历、资历要求以及专业能力、业绩成果要求。
北京	《北京市工程技术系列（技术经纪）专业技术资格评价试行办法》	北京市人力资源和社会保障局、北京市科学技术委员会	北京市工程技术系列（技术经纪）专业包括技术转移转化研究和技术转移转化运营服务两个方向。北京市工程技术系列（技术经纪）专业技术资格设置初级、中级、高级，初级只设助理级，高级分设副高级和正高级。初级、中级、副高级和正高级专业技术资格名称依次为助理工程师、工程师、高级工程师和正高级工程师。

续表

地区	文件	发文单位	主要内容（简要）
天津	《天津市人社局市科技局关于开展技术经纪专业职称评价工作的通知》	天津市人力资源和社会保障局、天津市科学技术局	技术经纪专业职称分为技术转移研究和技术转移运营服务两个方向。技术经纪专业职称分为初级、中级和高级，其中初级职称分设员级和助理级、高级职称分设副高级和正高级。各层级对应的资格名称分别为技术员，助理工程师，工程师，高级工程师、正高级工程师。
山东	《山东省自然科学研究系列技术经纪专业职称评审标准条件（试行）》	山东省科学技术厅、山东省人力资源和社会保障厅	自然科学研究系列技术经纪专业职称分为三级：高级职称名称为研究员、副研究员，中级职称名称为助理研究员，初级职称名称为研究实习员。本条件适用于全省从事自然科学研究工作中技术经纪工作的在职在岗专业技术人员。技术经纪专业与基础研究、应用研究与技术开发推广、科技咨询与科技管理服务专业并列成为自然科学研究系列职称的四个专业。申报自然科研系列技术经纪专业职称，应符合一定的学历资历条件。
陕西	《关于开展2021年度陕西省技术转移转化领域职称评审工作的通知》	陕西省人力资源和社会保障厅、陕西省科学技术厅	全省高新技术产业开发区、国有企事业单位、非公有制经济组织、社会团体组织从事技术转移转化专业技术人员均可参加申报。评审专业主要包括技术转移研究、技术推广、运营孵化、科技咨询、科技管理五个方面。按照相应学历资历条件和科研业绩条件，可分别申报工程师和高级工程师。
重庆	《重庆市技术经纪专业职称申报条件》	重庆市人力资源和社会保障局、重庆市科学技术局	技术经纪专业设置初级（含员级、助理级）、中级、高级（含副高级、正高级）职称。技术经纪专业职称，根据工作性质和岗位特点，可分别对应自然科学研究系列或工程技术系列职称。对应自然科学研究系列职称，助理级、中级、副高级和正高级职称名称依次为研究实习员，助理研究员，副研究员，研究员；对应工程技术系列职称，员级、助理级、中级、副高级和正高级职称名称依次为技术员，助理工程师、工程师、高级工程师和正高级工程师。本条件适用于全市各类企事业单位中以促进成果转化为目的，从事技术转移中介服务的专业人员。公务员（含参照公务员管理的）、离退休人员（按规定办理延迟退休手续的除外）不得申报参加专业技术人员职称评审。
辽宁	《关于做好2022年全省科技服务人员技术经纪专业技术资格职称评审工作的通知》	辽宁省科学技术厅	凡在辽宁省行政区域内的企事业单位、社会团体、非公经济组织和社会组织中，从事以促进科技成果转化应用为目的，为促进技术与产业、人才和资本等提供技术转移的科技服务人员，均可打破户籍、身份、档案、所有制等制约，按照相应的标准条件提供相关材料，参加技术经纪专业技术资格评审。参评人员可参加副高级、中级、初级职称工程师和农艺师技术经纪专业技术资格评审。

续表

地区	文件	发文单位	主要内容（简要）
宁夏	《宁夏回族自治区工程系列技术经理人专业职称评审条件（试行）》	宁夏回族自治区人力资源和社会保障厅	技术经理人专业领域设置技术转移转化研究、技术转移转化运营、技术转移转化服务三个专业方向。初级、中级和高级职称分别把取得国家技术转移专业人员能力等级（初级）培训结业证书作为硬性条件；从工程师级别开始，每个级别的评审条件都从学历和资历条件、工作能力条件、工作业绩条件、学术成果条件四个方面进行要求，并且特别强调工作能力条件和工作业绩条件。

这些职称评定制度有个性也有共性，就其共性来看，技术经纪专业职称的实施范围都是面向所有从事技术转移转化相关工作的人员，对申报人员的政治素质、道德作风、继续教育等方面条件也作出要求；技术经纪专业职称的方向分为技术转移研究和技术转移运营服务两个方向；技术经纪专业职称基本分为初级、中级和高级三个层级，各层级职称又分设级别，一般各层级对应的资格名称分别为技术员、助理工程师，工程师，高级工程师、正高级工程师；技术经纪专业职称的评价方式采取单位聘任和评审两种方式；技术经理人职称级别越高，对其业绩能力条件越发重视，突出创新能力、质量、实效、贡献导向，注重评价人才在技术经纪领域取得的实际工作业绩和成效，重点考察在自主创新方面的业绩。

1.4 科技成果转化政策运用案例

1.4.1 案例基本情况

A校一项科技成果B包含5件发明专利权、10件发明专利申请权和6件技术秘密权，经第三方专业机构评估，其评估价值为6000万元。

A校的科技成果转化暂行办法中规定：以转让或许可方式转化科技成果的，转化净收益在学校、学院（部）、科技成果完成人之间原则上按照2∶1∶7的比例进行分配。本案例中，科技成果B的转让收益也将按照2∶1∶7的比例进行分配，即以评估价进行转让，并要求全额到账。但因转让金额太大，受让方一次性付款有困难。根据教育部有关文件规定和 A 校科技成果转化暂行办法规定，A 校拟采用科技成果转让方式进行转化，操作办法初步考虑如下。

一种办法是成果 B 的课题负责人拟发起成立 C 公司，股东由科研团队成员构成。

另一种办法是 A 校将成果 B 转让给 C 公司，因转让金额特别大，成果 B 课题组负责人和 A 校法务部门、资产经营公司都提出，是否可以将成果 B 的转让收益中归属于 A 校及 B 课题组所在学院的转让费转到学校账户；归属于成果 B 课题组的 70% 部分，由 A 校与该课题组通过合同约定，根据 C 公司的经营情况，盈利后分期支付 A 校，到 A 校账户后，再奖励成果 B 课题组。如果 C 公司应支付的转让费不到账，A 校就不予以奖励。如果 C 公司在未来 5~8 年还不盈利，则将上述科技成果所有权转回 A 校。

但 A 校科技处认为，按照该校科技成果转化暂行办法规定，上述操作是不可行的，存在以下风险：风险 1，不符合国家文件精神，也不符合学校的科技成果转化管理办法；风险 2，明显存在国有资产流失问题；风险 3，虽然有科技成果转化风险免责机制，但学校主管领导还是要承担决策风险；风险 4，因 B 成果的转让收益 70% 不到账，就不能奖励 B 成果课题组，也不能缴纳税收，存在逃税嫌疑，即存在一定的税务风险。

1.4.2　该案例中涉及的政策要点

第一，成果 B 的课题负责人拟发起成立 C 公司，属于科研人员在职创办企业，符合《人力资源社会保障部关于支持和鼓励事业单位专业技术人员创新创业的指导意见》（人社部规〔2017〕4 号）和《人力资源社会保障部关于进一步支持和鼓励事业单位科研人员创新创业的指导意见》（人社部发〔2019〕137 号）规定。但根据上述两个文件规定，成果 B 课题组必须向 A 校提出兼职创办企业的申请并经 A 校批准同意才行。

第二，C 公司受让成果 B，符合《民法典》第八百六十二条第一款规定的技术转让合同，即"将现有特定的专利、专利申请、技术秘密的相关权利让与他人所订立的合同"。

第三，C 公司一次性支付有困难，先支付 30% 的转让款，余下的 70% 视 C 公司经营情况分期支付，是一次总算分期支付的方式，符合《民法典》第八百四十六条第一款规定的"一次总算、分期支付"支付方式。视经营情况分期支付，是一种附带条件的支付方式。A校与C公司作为平等的民事法律主体，可以就转让款的支付事先进行约定。不过，因成果B课题组负责人及其成员均是A校职工，又是C公司的创办人，使A校与C公司之间存在关联关系，两者的交易难以做到民事主体间完全按照独立交易原则进行，为避免受到利益输送质疑，需通过合规且公开的程序来降低决策风险。

第四，C公司支付的30%转让款到账后，A校不支付成果B课题组奖酬金，待余下的转让款陆续到账后，再按照《促进科技成果转化法》第四十四条规定对课题组予以奖励。这一做法虽然不符合A校科技成果转化暂行办法的规定，但符合《促进科技成果转化法》第四十四条第二款规定的"科技成果完成单位可以规定或者与科技人员约定奖励和报酬的方式、数额和时限"，即A校可与成果B课题组约定奖励和报酬的支付方式、支付时间等。这一做法虽然不利于课题组，但是课题组主动提出的，是其自愿接受的，只要符合法律法规规定，学校没理由不同意。

第五，A校提出的转化方式不存在国有资产流失问题，相反，成果B课题组及其成立的C公司承担了全部成果转化的风险。一是A校及课题组所在学院获得了成果转化收益中归学校及学院部分，已经入袋为安了；二是如果成果B转化不成功，成果B要转回A校，其实是收回成果B，科技成果B的知识产权没有流失；三是A校与C公司之间的权益不对等，承担的风险也不对等，C公司承担了全部风险，A校基本上不承担成果转化失败的风险，也没有国有资产流失。

第六，A校主管领导应该不存在决策风险。一是成果B经第三方专业机构评估，并以评估价转让；二是A校向C公司转让成果B，校领导没有谋取非法利益；三是A校依照《民法典》和《促进科技成果转化法》以及相关规定转化成果B，程序合法合规，并以公开交易的方式降低非独立交易可能隐藏的决策风险。

第七，A校需要缴纳三项税收：一是印花税，按照合同所载金额的万分之三贴花；二是增值税，开具增值税专用发票的需缴纳增值税，开具增值税普通发票的可以免征增值税；三是企业所得税，如果按照6000万元开具发票，未到账的70%转让款应当作为应收款入账，其中5件专利技术的转让收入可减免企业所得税，即应纳税所得额500万元以内部分免税，超过500万元部分减半缴纳企业所得税。如果只将到账的30%（即1800万元）入账并开具发票，则按照1800万元收入，其中专利技术的转让收入可享受减免企业所得税优惠政策。根据国家税收优惠政策依法纳税，不存在逃税问题。

1.4.3　该种做法的不足之处

如果按照上述做法，且由成果B课题组提出并经学校法务部门、资产经营公司同意，则对成果B的课题组不公平，他们承担的风险过大，收益与风险不对等。同时，对于A校来说也存在一定隐患，即转让费一次性开具发票的话，转让收入没到账，却要支付增值税和企业所得税，增加了纳税负担。同时，因转让款迟迟不能到账，挂在应收账款上，财务报表不太好看。如果因成果转化不顺利，应收账款不能收回，则要进行坏账处理。

1.4.4　通过职务科技成果赋权改革方式开展转化

因课题组的投资能力有限，加之该成果估值较高，为促成该成果的转化，A校拟将成果B所有权的90%赋予课题组，以大力支持课题组科研人员转化该成果。

A校没有列入科技部等部门确定的职务科技成果赋权改革试点单位，虽然不能适用科技部等9部门印发的《赋予科研人员职务科技成果所有权或长期使用权试点实施方案》（国科发区〔2020〕128号）将该成果所有权的90%赋予课题组，但可根据《促进科技成果转化法》和《专利法》等法律规定进行赋权，参照国科发区〔2020〕128号文建立赋权制度与流程，并进行赋权成果的管理。

新修订的《专利法》第六条规定"该单位可以依法处置其职务发明创造申请专利的权利和专利权，促进相关发明创造的实施和运用"。根据该规定，A校可以按照学校与课题组之间1∶9的比例将成果B的5件发明专利权和10件发明专利申请权赋予课题组。同样道理，A校可将成果B的6件技术秘密权按照同样比例赋予课题组。接下来，可以采取以下三种方式之一进行作价投资。

一是课题组向 A 校购买成果 B 的 10% 所有权,进而取得成果 B 的所有权,再以成果 B 作价投资 E 公司,成为 E 公司的股东,并根据财税〔2016〕101 号文规定,对其中以专利权作价投资取得的股权,可享受个税递延纳税优惠。

二是 D 公司向 A 校购买成果 B 的 10% 所有权,与课题组按照 1∶9 的份额共有成果 B,双方再将成果 B 作价投资 E 公司。根据财税〔2016〕101 号文规定,A 校专利权转让取得的收入可减免企业所得税,D 公司以专利权作价投资取得的股权可以享受企业所得税递延纳税或减免企业所得税(D 公司以受让价转让,没有增值,不必缴纳企业所得税和增值税),课题组成员以专利权作价投资取得的股权可享受个税递延纳税优惠政策。

三是 A 校与课题组以成果 B 评估作价 6000 万元,与 D 公司共同投资成立 E 公司,课题组取得 5400 万元股权;A 校取得的 600 万元股权可以划转给学校资产经营公司,或者转让给课题组、D 公司或其他公司。

1.4.5　思考与建议

无论采取哪一种做法,都存在以发明专利申请权、技术秘密权作价投资不能享受技术转让收入减免企业所得税、个人取得的股权不能享受递延纳税优惠政策的问题。

由于专利申请权和技术秘密权转让、许可、作价投资不能享受减免企业所得税优惠、个人所得税递延纳税优惠,科研人员获得的股权奖励也不能享受递延纳税优惠政策,这就要求 A 校将 5 件发明专利权、10 件发明专利申请权和 6 件技术秘密权分开来,分别进行评估作价并签订技术转让合同。如果不能区分开来,就不能享受税收优惠政策,也就使科技成果转化的实操变得相当复杂。

基于上述问题,提出以下建议。

(1)将专利权与专利申请权、技术秘密权区分开来设计转化方式

从上述分析可知,由于科技成果 B 的构成,既有专利权,也有专利申请权,还有技术秘密权,从国家关于技术转让的税收优惠政策和《公司法》对知识产权作价投资等规定看,专利权与专利申请权、技术秘密权可享受的政策是不同的。这就使 A 校选择科技成果转化方式变得很棘手。一项成果就是一套解决方案,尽管成果 B 是由 5 件发

明专利权、10件发明专利申请权和6件技术秘密权构成,但彼此之间密切相关,形成一个整体,可能难以严格区分开来,因而难以分别进行评估作价;即使可以严格区分开来,也不够科学严密,难以做到准确。

然而,不将成果B的专利权、专利申请权、技术秘密权区分开来又不行。无论是科技人员获得股权奖励,还是以赋权科技成果作价投资,都可能承担很高的个税。一旦依照税法规定缴纳个税,必然严重影响成果B的转化;如果不依法缴纳个税,则存在逃税风险,还要缴纳滞纳金。

因此,A校需重新将科技成果B按照专利权、专利申请权和技术秘密权分别进行评估作价,再采取转让或作价投资或赋予科研人员职务科技成果所有权等方式进行转化。虽然烦琐,但很有必要。

(2)以专利权作价投资和以专利申请权、技术秘密权转让相结合的方式设计转化方案

建议A校设计转化方案时,可分以下三个步骤进行:第一步,按照《促进科技成果转化法》《专利法》和其他相关规定,将成果B的部分所有权赋予课题组(A校采纳建议,将成果B的90%所有权赋予科研人员);第二步,A校与课题组以成果B的5件专利权评估作价,与D公司共同投资成立E公司,A校取得的股权可以转让给课题组或D公司,或划转给A校资产经营公司;第三步,A校与课题组将10件发明专利申请权和6件技术秘密权转让给E公司。

1.5 本章小结

科技成果转化政策法规的不断完善,为科技成果转化提供了强有力的政策保障。赋权改革、作价投资政策运用和科技人员激励机制都是科技成果转化政策的重要组成部分,政策性强、实操难度大,同时在一个完整的科技成果转化过程中又或多或少都会涉及。相信随着科技成果转化政策的不断完善和落地实施,必将进一步推动科技成果转化,促进科技与经济深度融合,助力科技强国建设。

思考题

1. 分析通过"先赋权后转化"和"先转化后奖励"两种科技成果转化方式，所适用的税收优惠政策有哪些不同？如何合理利用税收优惠政策以保护科技人员的合法权益？

2. 国家对于科技成果作价投资过程中的评估备案有哪些政策要求？

3. 国家规定的科技人员"三元"薪酬体系，包括哪"三元"？

4. 设计一个科技成果转化的案例，包括成果转化的方式、收益分配机制和风险管理策略，并分析其中涉及的政策。

第 2 章
知识产权资本化与证券化

　　知识产权作为创新主体的重要资产，如何有效实现其经济利益，是技术经理人需要面对的重要问题。由于传统的技术许可、转让模式已难以满足复杂多变的市场需求，在此背景下，知识产权证券化及资本化作为一种创新的融资方式应运而生，为科技成果的商业化提供了全新路径。知识产权资本化与证券化涉及的法律问题和商业安排繁多复杂，对技术经理人的专业素质和综合能力提出了更高要求。因此，技术经理人有必要熟悉各类模式，帮助创新主体提升技术转化效率，拓宽融资渠道。

　　本章首先介绍知识产权的资本价值，阐述知识产权为何能够作为一种融资手段。然后分别介绍常见的多种知识产权资本化与证券化模式，重点关注不同的模式特点、交易结构、运行程序、现有的相关法规政策等。最后结合典型案例，说明各模式的价值功能及典型做法，为相关模式的实践运用提供借鉴。

2.1 知识产权的资本价值

知识产权最重要的核心是直接或间接保护的财产性权利,也正是因为知识产权所拥有的稀缺性、可交易性,使其能够成为一种资本,通过转让或许可等方式将其价值转化为现金流或其他资本形式,从而帮助企业获得资金支持。当然,知识产权作为无形资产,其价值会因市场波动、技术变革和法律风险等因素而存在不稳定性,导致知识产权资本化过程中存在一定的交易风险。

在知识产权证券化的语境下,基础资产可以是知识产权所对应的应收账款,也可以是将其作为售后回租标的或融资租赁标的,还可以是以其为质押物的质押贷款,此时的知识产权是企业创新力和资本撬动力的杠杆。除了知识产权的自持使用,还可通过许可他人使用,以知识产权的许可或授权收益这种可见现金进账来进行未来现金流的预测和评定;也可以与有形资产组合使用,如与知识产权实施和运用不可分割的其他非知识产权无形资产或有形资产一并抵押或质押作为未来现金流的来源。

2.2 知识产权资本化与证券化的主要模式

知识产权资本化是指将知识产权转化为资本的过程。广义上讲,指的是以资金需求方、供给方和中介服务机构为主体,采用知识产权出资(重组并购、股权激励、对外投资)、知识产权质押融资、知识产权证券、信托、基金以及保险等模式完成对知识产权投融资的过程。其中,知识产权投资入股、质押融资模式在中级教材"知识产权运营"

部分已做介绍，本章不再赘述。本章将主要介绍知识产权证券化、信托、基金以及保险等模式。

2.2.1 知识产权证券化

论及知识产权资本化，首先要谈到知识产权证券化。有许多无法快速变现却能产生可预测稳定现金流的资产，这些财产被转让给专门进行资产证券化活动的特设公司（Special Purpose Vehicle，SPV），然后该实体会运用特定的策略对资产风险与回报要素进行拆分及重新组合，进而基于这些资产发行证券并筹集所需资金用于收购这些资产，这就是所谓的"资产证券化"过程。

相较于传统形式下的资产证券化模式，知识产权证券化最显著的特点是它所依托的基础资源与知识产权有着紧密联系，原始权益人将其知识产权的许可使用费或其衍生债券作为基础资产。通过这种发行债券的方式，知识产权既可以依旧由企业自主运营，同时又能让新的资金泵入企业。随着市场对知识产权价值的认可逐渐增加，知识产权证券化将更广泛地展开，为资本市场带来更多新的活力与机遇，为企业和投资者创造更多价值。

自 2015 年国家知识产权局发布《关于进一步推动知识产权金融服务工作的意见》以来，国家陆续推出了一系列与知识产权金融相关的发展政策，鼓励创新知识产权金融产品，促进金融机构进行知识产权证券化。2017 年，《国家技术转移体系建设方案》正式启动了我国的知识产权证券化工作，开展知识产权证券化融资试点和质押贷款服务，探索建立一种新型的金融创新模式，鼓励社会资本增加对早期技术转移项目和科技型中小微企业的支持。2021 年，《"十四五"市场监管现代化规划》明确指出要加强对知识产权金融服务的支持，并规范管理知识产权证券化业务。

具体而言，知识产权证券化主要包括融资租赁模式、应收预付款供应链模式、知识产权反向许可模式、贷款与质押模式。

融资租赁模式即以知识产权资产作为融资租赁标的，主要采用"直租"及"售后回租"的形式。在"直租"形式的融资租赁模式中，融资企业作为承租人向融资租赁公司提出知识产权请求后，由融资租赁公司向第三方购买该知识产权并出租给承租人，承租人同时按约定支付租金（图2-1）。在"售后回租"形式的融资租赁模式中，知识产权权利人（融资企业）与融资租赁公司签订以知识产权为标的的融资租赁合同，向融资租赁公司出售知识产权，同时获得融资租赁公司支付的购买价款（图2-2）。融资租赁公司取得知识产权后，再将其出租给融资公司并依约取得租金。

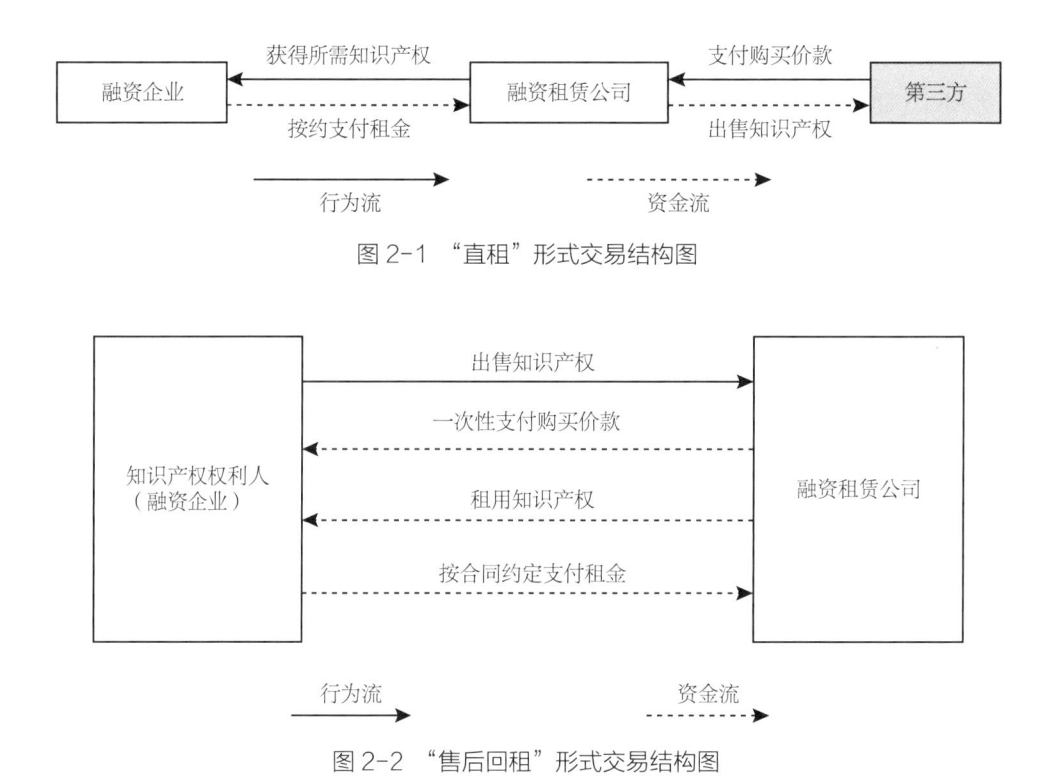

图2-1 "直租"形式交易结构图

图2-2 "售后回租"形式交易结构图

应收预付款供应链模式指知识产权所有权人向债务人提供知识产权销售、许可等服务，由此享有应收账款债权。这一模式的基础资产类型多为保理融资，以应收账款为标的，引入保理公司进行托收保付。具体操作流程为融资企业将其享有所有权的知识产权转让给债务人，由此形成应收账款债权后，融资企业再将债权转让给保理公司而获得保理融资（图2-3）。在此过程中，债务人的资信状况会对整个交易产生重要影响，因此对债务人的资信要求较高。

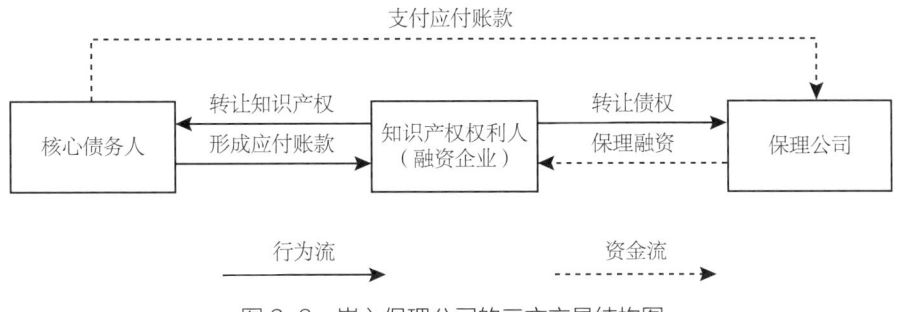

图 2-3　嵌入保理公司的三方交易结构图

知识产权反向许可（二次许可）模式包含知识产权所有权人（融资企业）与受让人之间的两次独占实施许可交易。在第一次专利许可交易中，融资企业就其拥有所有权的专利与受让人签订独占专利实施许可合同，许可受让人独占实施其专利并由受让人支付许可费。在第一次签署的合同基础上，受让人在规定期限和范围内再次以独占许可方式与融资企业签署独占专利实施许可合同，融资企业作为被许可人向受让人定期支付许可费（图 2-4）。目前这一模式多应用于拥有较多专利的企业。

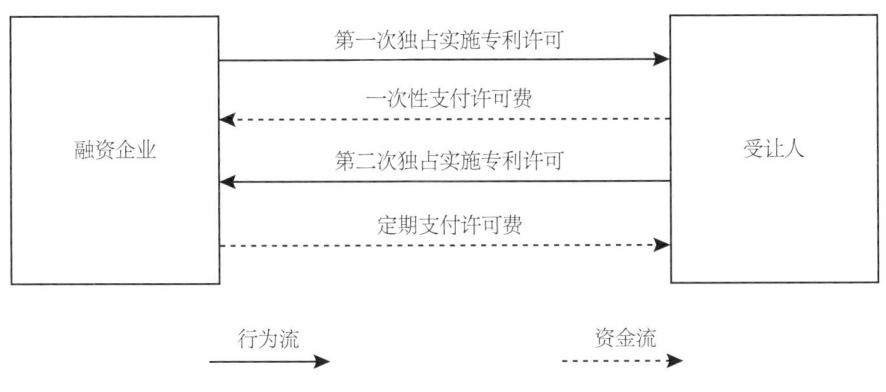

图 2-4　反向许可模式交易结构图

贷款与质押模式指债务人或第三方通过其合法拥有的知识产权中的财产权益来为贷款提供保证的方式。如果债务人未能按时还款或拒绝履行，债权人可通过该知识产权折价或以拍卖、变卖该知识产权的价款优先受偿，以此督促债务人履行还款义务，并且确保债权人的利益得到保护。

047

2.2.2 知识产权信托

知识产权信托是一种由权利人将其知识产权交予信托公司按照其意愿进行经营或处置的活动，旨在获得财产收益以支持知识产权的使用与维护，最终达到提升知识产权价值的目的。知识产权信托模式通过借助独立的信托体系和专业化的管理手段，使企业更高效地管理自己的知识产权，提高管理的透明度和完整性，进一步推进知识产权向实际应用的发展。该模式的特点是运用信托的资产独立、风险隔离、综合灵活等制度优势，提供区别于银行、证券机构的差异化金融服务。信托机制将信托财产与委托人、受托人、受益人的其他资产及债务相隔离，避免知识产权受潜在商业经营风险的影响，从而实现对知识产权长久有效的保护。

自2000年，我国便开始探索尝试知识产权信托，早期的知识产权信托实践以武汉市专利管理局、武汉国际信托投资公司推出的专利信托业务为代表。近年来，知识产权信托的实践案例逐渐增加。2018年，安徽省开展知识产权信托交易试点，与国元信托合作，以知识产权收益权转让的模式设立资金信托。2022年，交银国际信托联合交通银行、上海市通力律师事务所设立全国首单知识产权服务信托。2023年，北方信托建立知识产权信托服务办公室，发布天津市首单知识产权信托产品，为知识产权权利人和研发团队提供财产保管、执行监督、收益分配等基础服务，为科创企业的知识产权成果转化和知识产权受益分配管理提供支持。我国支持鼓励知识产权信托的发展。《知识产权强国建设纲要（2021—2035年）》和《"十四五"国家知识产权保护和运用规划》要求国家金融监管总局等部门督促行业在依法合规的前提下积极发展知识产权信托业务。2024年5月,《关于银行业保险业做好金融"五篇大文章"的指导意见》提出鼓励信托公司培育发展养老信托、绿色信托、知识产权信托等业务。

2.2.3 知识产权保险

知识产权保险融合知识产权特性及保险制度的优势，当被保险人面临知识产权侵权赔偿或其知识产权因第三人侵权而遭受损失时，保险人应当按约定承担相应的赔偿责任，以此补偿被保险人的经济损失，是企业对知识产权进行风险管理的有效手段。国内有多种知识产权保险，如侵犯知识产权责任保险、知识产权许可信用保险、知识产权质押融资保证保险等。

我国针对知识产权保险出台了多项制度规范，针对知识产权保险工作作出明确战略部署。2021年，中共中央、国务院印发《知识产权强国建设纲要（2021—2035年）》，明确提出"鼓励开展各类知识产权混合质押和保险，规范探索知识产权融资模式创新"。2021年，《"十四五"国家知识产权保护和运用规划》明确提出"鼓励知识产权保险、信用担保等金融产品创新""拓展知识产权投融资、保险、资产评估等增值服务""鼓励保险机构开展知识产权海外侵权保险业务"等具体工作安排。国务院有关部门也制定政策文件规范和促进知识产权保险发展。2022年，银保监会发布《中国保险业标准化"十四五"》规划，对知识产权保险服务实体经济提出明确要求。中国保监会《关于保险业支持实体经济发展的指导意见》和国家知识产权局办公室《关于抓紧落实专利质押融资有关工作的通知》要求引导企业为质押项目购买专利执行保险和融资保证保险。此外，北京、上海、广东、江苏、浙江、四川等省、市均出台了支持辖区推进知识产权保险工作探索的政策措施，在各地的知识产权保护条例中明确支持金融机构创新知识产权保险、信用担保等金融产品。

知识产权保险的保障对象为各类知识产权活动中的潜在损失及经营活动中涉及知识产权的潜在损失，覆盖了知识产权创造、运用及保护环节的潜在风险。知识产权保险能够帮助企业降低和分散知识产权维权成本、丰富知识产权的转化运用渠道，通过降低知识产权的申请成本以及在创造环节引入市场化手段为企业提供帮助，能够有效促进中小企业创新能力的提升。

知识产权保险类别多样。按照保险责任类别，知识产权保险可分为费用补偿类、被侵权损失类、侵权责任类和融资担保类等类型。按照保险标的物涉及知识产权类型，可分为专利保险、商标保险、著作权保险和知识产权综合保险等。按照知识产权保险功能，可划分为激励创新类、转化运用类和风险保障类保险。知识产权保险通常包括责任保险、保证保险、信用保险和费用补偿保险等类型。

我国知识产权保险工作模式可粗略分为两类：一是由保险公司组织律所、知识产服务机构和产业专家组成知识产权保险专业服务联盟；二是由若干保险公司组合建立知识产权保险共保体，发挥各自业务所长，弥补一些保险公司在知识产权保险业务经验方面的不足。例如，2020年6月上海的国泰财产保险有限责任公司、太平科技保险股份有限公司、富邦财产保险有限公司、华海财产保险股份有限公司组成知识产权保险共保体，为某企业的专利、商标、软件著作权、集成电路布图设计等223项知识产权和商业秘密承保，提供了350万元的保额。

2.2.4 知识产权运营基金

知识产权运营基金是专门针对知识产权设立的投资资金，通过对知识产权资产进行投资运营并开发以提升其经济效益，比较常见的就是将专利实施进行商业化的技术孵化型基金。随着政府的支持与推动，国内积极开展此类金融工具的研究及试点，如北京市重点产业知识产权运营基金等。根据政府的介入程度区分，知识产权运营基金可以分为纯政府基金、政企合作基金、纯商业运作基金，其中政企合作基金包括政企联合基金及政府引导基金。政企联合基金由政府或政府资金代表机构直接与具体民间资本或企业共同合作设立，如日本生命科学知识产权平台基金。政府引导基金是政府为吸引金融机构、社会资本投资重点产业而由政府拨付专项资金并监管、引导运行的基金，我国已陆续建立20余支中央财政引导的重点产业知识产权运营基金，服务重点产业发展。这类知识产权基金多采用母子基金的形式，通过财政资金引导，设立专门用于投资运作的母基金并吸纳多个子基金向公众募资。就具体功能而言，子基金负责就知识产权与企业、产业直接接触，作出投资决策并进行日常管理；母基金不直接承担前述职能，而是重点关注对子基金的监督。

2014年以来，国家知识产权局和财政部面向战略性产业和区域优势产业，先后在湖南、北京、陕西、河南、四川等10余个省或直辖市设立重点产业知识产权运营基金。以上基金由中央财政或地方财政出资引导设立，规模大多在3亿~6亿元，采用市场化方式运作。

除了财政资金的支持，我国还为知识产权运营基金提供政策支持。北京、天津、杭州、广州、宁波、海口等地出台了《重点产业知识产权运营基金管理办法》，为知识产权运营基金的发展提供规范化指引。

2.2.5 知识产权融资特色模式

我国的知识产权保险在各地分别形成了差异化的运营模式，如中关村"项目集中投保"模式、上海"市场化保险担保"模式、青岛"服务联盟支持"模式等（表2-1）。以下将对各地的特色运营模式进行简要介绍。

表2-1 地方知识产权保险运营模式创新性分析和比较[①]

地区	模式	组织方	主要特点	各利益相关方分工
北京	中关村"项目集中投保"模式	知识产权运营管理相关公司	由专业辅助机构集中投保并承担风险，实行风险封顶，进一步分散保险公司业务风险并保障参与积极性；同时，不影响企业融资成本及贷款效率	1.政府：对企业开展融资补贴；2.银行：向企业提供知识产权质押贷款；3.保险公司：提供知识产权质押贷款项目风险保障；4.知识产权运营公司：集中投保并缴纳保费，通过为企业提供投资联动、知识产权运营等增值服务弥补所担风险
上海	"市场化保险担保"模式	保险公司	保险公司自主构建风险防控机制，依托专利保险联盟开展知识产权价值评估、质押物处置等，同时承担着担保公司的角色，尽可能减轻银行的风险分担份额，形成政府政策引导、保险公司市场化运作、企业投保受益的模式	1.政府：协调监管、宣传推动以及政策引导，给予企业一般50%的保险费补贴；2.保险公司：负责产品研发、业务推进以及风险管控，并对经营结果自负盈亏，2015年创建全国第一家专利保险联盟并具体运营，在维权援助、维权费用（调查费、律师费等）标准制订以及价值评估和质押物处置等方面发挥重要支撑作用；3.企业：根据自身需求，自主自愿投保，投保后可以从中受益

[①] 国家知识产权局知识产权发展研究中心，中国人民财产保险股份有限公司. 中国知识产权保险发展白皮书[EB/OL]. https://www.cnipa-ipdrc.org.cn/news_content.aspx?newsId=302, 2023-02-08.

续表

地区	模式	组织方	主要特点	各利益相关方分工
青岛	"服务联盟支持"模式	专利权质押保险贷款服务联盟	建立主管部门推荐制度、知识产权评价及监控制度、尽职调查协调沟通机制、联合外审制度等风控体系	1. 政府：首期投入专项运营经费； 2. 保险公司：业务推进并提供风险保障； 3. 企业：缴纳会费，与政府投入运营经费共同构成专项资金，用于每家企业不超过10项投保专利的基准保费等； 4. 专利保险合作社：为企业购买知识产权保险，并提供维权、诉讼等法律咨询服务
佛山	"专利保险合作社"模式	知识产权局、知识产权保护协会、公司和专利机构共建	联合政府、企业以及社会团体力量形成合力，共同保护专利权，在不增加企业负担的前提下提供知识产权风险保障	1. 政府：首期投入专项运营经费，加上参与企业的会费，组成专利保险专项资金； 2. 保险公司：业务推进并提供风险保障； 3. 企业：加入专利保险合作社，基准保费为2000元，由专项资金支付，每家企业投保专利原则上不超过10项； 4. 专利保险合作社：为企业购买知识产权保险，并提供维权、诉讼等法律咨询服务
东莞	"统一投保+无偿托管"模式	知识产权局	实施保险补贴政策和无偿风险防控相关保险服务，带动地方对知识产权保险的认识和投保积极性，降低企业投保和涉讼风险	1. 政府：优先统一投保高质量专利，同时通过托管及维权服务平台，无偿为托管企业提供知识产权预警及维权相关服务； 2. 保险公司：业务推进并提供风险保障
台湾	"推荐-担保-贷款"模式	台湾地区中小企业信用保证金协会（以下简称信保基金）	企业必须在取得台湾工业技术研究院（以下简称工研院）的评估推荐以及信保基金的申贷保证后，才能向银行申请专利贷款	1. 企业：通过工研院的专利评价机制，向银行提出专利融资贷款申请； 2. 工研院：对企业的专利技术进行定性评估，后续搭配无形资产评估机构出具的评估报告，由工研院推荐该企业向特定银行申请专利贷款；对于尚未拥有专利技术的企业，工研院亦可先辅助该企业取得专利技术后，再进行银行融资； 3. 信保基金：为企业提供专利贷款的融资担保，分担银行承保无形资产的风险； 4. 银行：向企业提供专利权融资贷款

2.3 知识产权资本化与证券化的程序

2.3.1 知识产权证券化的程序

形成知识产权集合并转让：发起人（即知识产权所有者或者原始权益人）挑选能带来预期收益的知识产权，构建成资产组合并转让给以资产证券化为唯一目标的特设公司。

对基础资产进行分离重组：特设公司依据知识产权包的特性来分割和重新组合基础资产的风险和收益要素，从而提升资产品质，并在预期现金流的担保下发行可以自由流通的权利凭证，也就是资产支持证券（Asset-Backed Security，ABS）。

内部评级：特设公司在发行前已经委托了信用评级机构对资产支持证券进行内部信用评估，并将对此结果进行信用增级。

信用增级：特设公司会依据评级结果与发行者的融资需求来全面权衡费用、信用级别等情况，并采用信用增级方式（如破产隔离、担保、证券的优先级和次级分层等），以确保资产支持证券能满足投资人和担保公司对信用所要求的信用评级标准。

正式评级：特设公司再次雇用信用评级机构对资产支持证券进行正式的发行信用评级，评级机构需要向所有投资者披露此次评估的实际结果。

发行：经过信用增级的资产支持证券已达到能够以较好条件发行的水平，特设公司委托承销商根据投资者的不同偏好发行各个层级的资产支持证券，将所募得的资金支付给发起人作为基础资产（即知识产权未来许可使用收费权）的对价，并将基础资产产生的收益支付给资产支持证券持有者作为投资收益。

后续管理：知识产权的权利人自行或者委托资产管理人员管理基础资产（如收取许可费、跟踪记录现金流等），然后把所得资金划入特设公司指定的账户上，交由托管人进行管理；由托管银行按期向资产支持证券投资人进行偿付，同时需向信用评级公司和其他中间机构缴纳相关费用。

2.3.2 知识产权信托的程序

由于知识产权信托目前并没有统一的流程规定，因此本书将以天津市首单知识产权信托产品为例进行介绍。相关的流程为：①知识产权权利人作为委托人，将其知识产权及派生权利委托给信托机构管理的知识产权信托；②知识产权信托会以向知识产权受让方进行权利许可、转让、股权投资等方式发挥知识产权的财产效益并取得转化收益；③信托机构对收益进行集中管理与分配，并向受益人（权利人或其他主体）分配收益。

2.3.3 知识产权保险的程序

我国知识产权保险运营的参与主体包括投保人、保险公司、政府机构及专业辅助机构。保险公司研究开发保险产品，投保人自愿投保，政府机构通过政策、财政支持等保障业务顺利开展，同时加强宣传和监管。此外，专业辅助机构在知识产权保险业务中发挥重要作用，为投保人和保险公司提供知识产权信息公开、价值及保费评估、诉讼应对等专业服务（图2-5）。

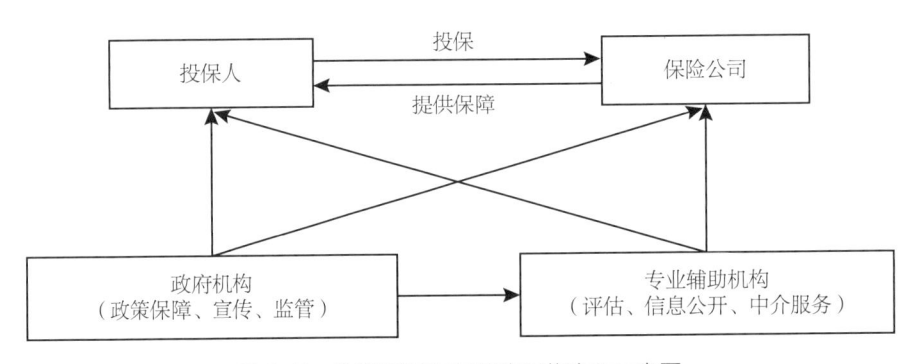

图2-5 典型知识产权保险运营流程示意图

2.3.4 知识产权运营基金的设立与管理

以《深圳市知识产权运营基金管理办法（试行）》为例，运营基金由市场监管局和市财政局上报市政府批准设立，采取有限合伙制组织形式设立，委托专业机构进行管理。政府资金等出资主体作为有限合伙人，基金管理人指定的机构作为普通合伙人，由有限合伙人和普通合伙人共同设立有限合伙企业。

在基金管理层面，深圳市市场监管局代表政府作为资金委托方行使监督管理职责，履行股东和出资人职责，确定资金使用方向，承担政府财政预算执行主体责任，负责运营基金的全过程监管，并兼具遴选基金管理人、定期对基金的政策目标、政策效果、管理情况及资产情况等进行考核评价等职责。基金管理人负责运营基金的具体运作与管理，承担选择知识产权专业服务机构进行合作等职责。《深圳市知识产权运营基金管理办法（试行）》还对基金使用、风险管理、绩效管理等作出规定。

此外，《武汉市知识产权运营引导基金操作规程》还对知识产权引导基金设立子基金的流程作出详细规定，要求依照公开征集、尽职调查、投资决策、审核核准、对外公示的程序依次进行。

2.4 典型案例

如前所述，实践中知识产权证券化的基础资产可以是多样的，表2-2简单列举知识产权证券化的不同模式及典型案例。

表2-2 知识产权证券化的不同模式

业务模式	融资租赁模式	应收预付款供应链模式	知识产权反向许可模式	贷款与质押模式
基础资产	融资租赁债权（无形资产作为租赁物件）	保理债权（底层资产为多供应商对核心债务人的许可使用费债权）	许可使用费	知识产权质押贷款债权
知识产权是否需转让/质押	需转让	无需	无需	需质押
是否需嵌套其他通道	无需	嵌套保理公司	无需	嵌套信托

案例：知识产权融资租赁模式

一、案例背景（图2-6）

知识产权融资租赁业务构成了A租赁公司一期资产支持证券的底层资产，其主要依托于专利权和著作权等知识产权未来的运营收入来构建偿债基础。此次资产支持证券交易中，A项目租赁系原始权益方，整体规模达到7.33亿元，涵盖了诸如数字出版、文化娱乐演出、信息科技及电影制片与发行的多种行业。

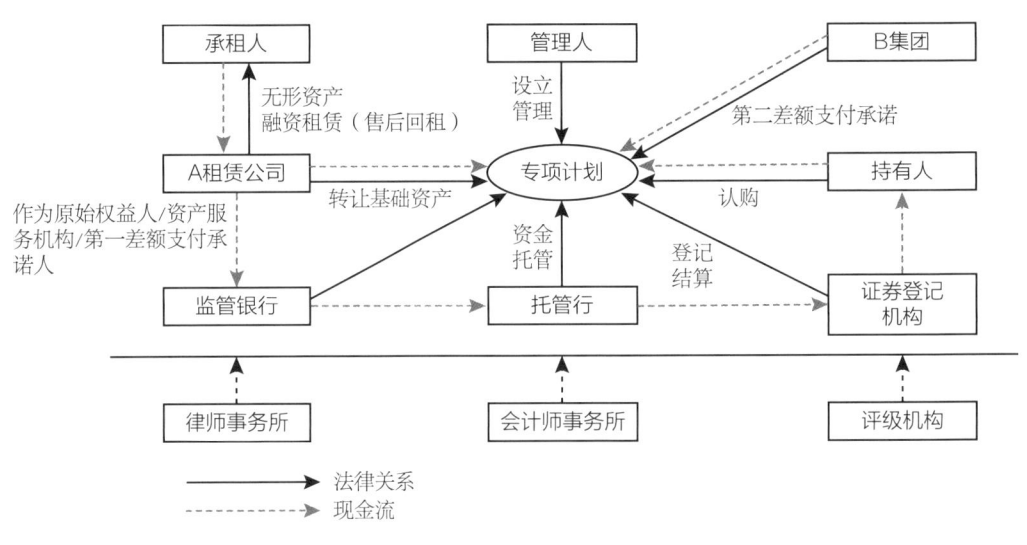

图2-6 A公司融资租赁模式各方关系图

二、案例亮点

采用融资租赁模式。A租赁公司通过签署《融资租赁合同》并采用售后回租的方式来开展融资租赁服务，以此形成了相应的债务关系。

无形资产作为融资租赁标的。无形资产为适格标的，即就无形资产权利判定与权能构成分析，所形成的融资租赁关系及基础合同均合法有效。无形资产评估合理、租赁物交易对价公允、租金适当、租赁物具有可处置性。

结合内部增信与外部增信手段。首先，若现金流量短缺，将有次级资产证券分担亏损，保障优先级资产证券的信用增级。其次，假如当前收入无法满足本期优先级产品的利息与本金偿还需求，A租赁公司作为第一差额支付承诺人将进行差额补足，而B集团则是第二差额支付承诺人。再次，设计了回收款及保证金的转付机制。最后，如出现违约情况,将调整基础资产的现金流支付机制,以保护优先级资产证券的信用级别。

三、案例点评

本案例提示技术经理人可通过融资租赁模式解决由于"轻资产、规模小"而导致某类文化/科技公司无法使用传统(如不动产抵押等)方式来获取金融支持的问题,并为他们提供了一条新的以知识产权为主导的融资途径。这使企业的知识产权能够更高效且低成本地转化为资本市场的价值。

案例:知识产权供应链模式

一、案例背景

A 公司发行的资产支持证券的基础资产是多个供应商对核心债务人的许可使用费债权,资产支持证券发行总规模为 4.7 亿元,A1 优先级资产支持证券的期限大约为 1 年,A2 的期限大约为 2 年。评级机构给予所有优先级证券 AAA 评级。

二、案例亮点

通过知识产权许可使用权形成应收账款。本案例中通过综艺、电影、电视剧等版权许可交易等产生应收账款债权。

采用反向保理模式。债权人申请保理服务,并将应收账款债权转让给原始权益人(B 保理公司),B 保理公司归集知识产权许可使用交易中的知识产权人对 A 公司持有的应收账款,A 公司作为核心债务人予以确认(图 2-7)。

结合内部增信与外部增信手段。在信用触发机制方面,设定了预先偿还事件和权利完善事件。同时,证券登记机构(如中国证券登记计算有限责任公司)出具《差额补足承诺函》提供增信保障。

三、案例点评

本案例提示技术经理人可以采取供应链模式拓宽筹资途径,加快资金流动速度,有效地分散风险。此外,政府也认可包括版权等知识产权可被视为一种金融资源以获取贷款,从而减少过于依赖高风险且单一股权抵押借款的情况。另外,这也有助于激活沉淀资产,解决应付账款的问题,提供了一个未来影视制作企业如何把应付款项进行资产打包以寻求融资的示范。

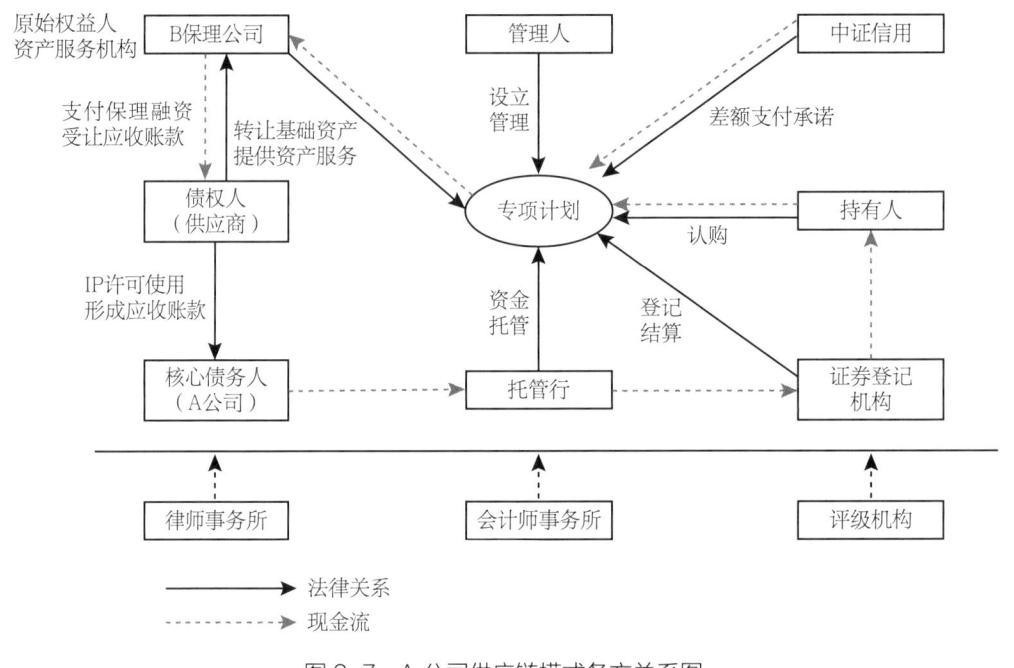

图 2-7　A 公司供应链模式各方关系图

案例：知识产权反向许可模式

一、案例背景

在本案例中，底层资产是在广州开发区内经营的 11 间中小型科技创新公司的专利许可费用债权，每个公司可获取到 300 万~4500 万元人民币不等的贷款资金，涉及的底层知识产权包括上百件发明专利和近 40 件实用新型专利。本证券产品的发售总额超过 3 亿元，其信用等级被评为 AAAsf，最后这款产品的发行票面利息率为 4%。

二、案例亮点

采用许可使用模式。本案例中的 A 租赁公司与权利人签订许可使用协议并一次性支付许可使用费，许可期限为 5 年；随后再将各无形资产反向许可给权利人，权利人按季度支付许可费（图 2-8）。当然，专利许可合同是向国家知识产权局进行备案以明确向社会上任何第三人表明其许可关系的。在这种模式下，同一专利可能存在多个实施主体，便于技术的高效转化以及风险分散。本案例可为技术经理人提供整合多方力量与资源的思路。

结合内部增信与外部增信手段。首先，在反向授权中，专利权人把专利权质押给租

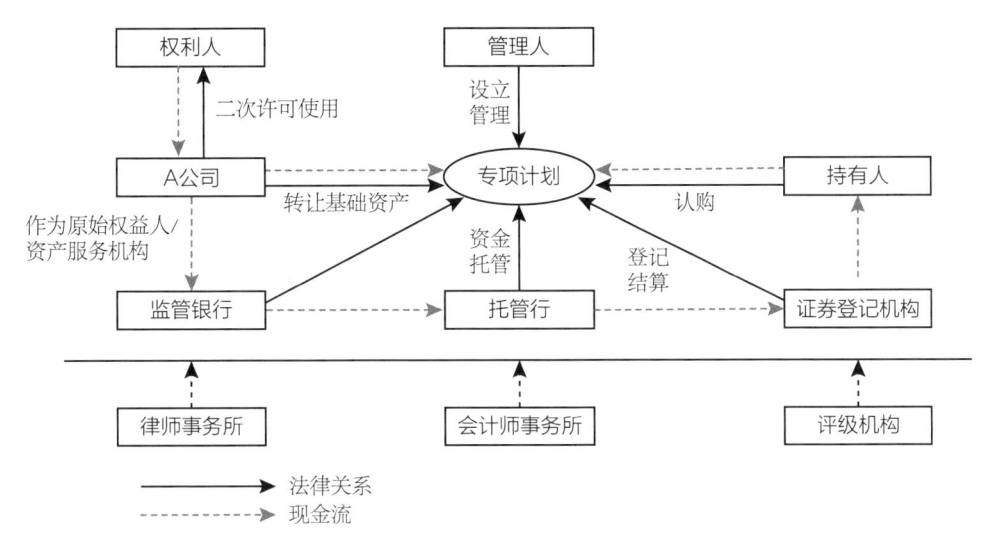

图 2-8　知识产权反向许可模式各方关系图

赁公司；其次，将产品分成 95% 的优先级和 5% 的次级证券，由租赁认购后者；最后，专利权人向租赁支付一定比例的资金（即融资总金额的 5%）以充当保证金，以便在专利权人未能按时缴纳许可费的时候予以扣除。如果发生任何违约事件，就会立即调整基础资产的现金流支付机制。

案例：知识产权质押融资创新模式

一、案例背景

以 A 环保科技公司有关知识产权质押案例为例进行分析。A 公司持有有效的专利共 83 个，其中包括 19 件发明专利，许多专利成果在其细分领域处于行业金字塔的绝对地位。即使这样手握核心技术的企业，通过知识产权质押获得融资依然不易。

二、案例难点

一方面，知识产权质押直接融资模式存在估值随意性大、技术更新迭代快带来的减值风险，同时专利变现风险大、交易市场流动性较差；另一方面，针对特定行业的精细化专业分工技术，金融机构专职审批人员在项目审批时常常出现"看不全、看不清、看不透"的问题，难以形成标准化审批流程，且与银行传统信贷业务的风险模型难以完美契合、平衡，故而知识产权直接融资的难度非常大。

三、典型做法

基于 A 公司要为 B 环保设备公司提供专利许可的交易背景，上海银行决定在知识产权质押融资基础上，基于真实交易背景采用专利许可收益权质押融资模式，即 A 公司将该交易的未来收款权质押给上海银行，以此获得流动资金补充。

四、案例点评

本案例中的"专利许可收益权质押融资"模式，实现了融资模式和服务思路创新，找到了银行传统信贷风控原则与无形资产估值之间的平衡点；其市场化运作及各市场主体的自主性意见和关注点均得到充分体现，模式具有一定的可复制性，且需要整合的资源少，属于技术经理人可借鉴参考的思路。

案例：知识产权信托模式

一、案例背景

A 信托公司积极践行地方金融国企使命，聚焦"科技创新策源地、科研成果孵化器、科创服务生态圈"的功能定位。经过前期广泛走访、深入研究、科学论证，A 信托公司以知识产权为切入点，积极探索知识产权信托模式。

二、典型做法

本案例围绕某大学科研团队在专利成果转化过程中的收益管理服务需求，以科研团队持有的专利收益权作为信托财产，设立知识产权服务信托，由 A 信托公司作为受托人，为科研团队提供知识产权收益受托管理服务。A 信托公司运用信托资产隔离、财产权利分离的特性，作为独立第三方对知识产权收益进行集中管理、统一分配，保障知识产权转化运用过程中收益的安全、合理、高效分配（图 2-9）。

三、案例点评

本案例体现了知识产权信托基本模式及功能。"保险箱"：与其他财产隔离，保证知识产权的安全稳定，实现稳健运营、代际传承等目的。"交易员"：根据知识产权转化需要，提供多元化转化渠道和交易结构，促进知识产权价值最大化。"监督员"：按照事前约定，实现知识产权收益集中管理、统一分配，降低权利人管理成本。技术经理人可借鉴该模式的上述特点，依托信托机构提供区别于银行、证券机构的差异化金融服务。

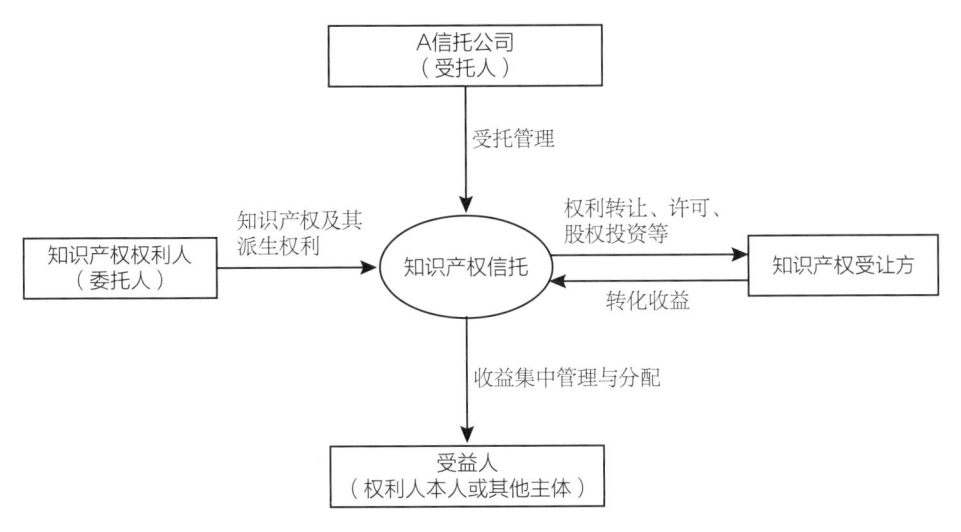

图 2-9　A 公司知识产权信托模式各方关系图

案例：知识产权保险模式

一、案例背景（图 2-10）

B 公司与 C 公司签订《流动资金借款合同》，约定由 B 公司向 C 公司借款。同日，高某、陈某与 C 公司签订《个人借款保证合同》，约定"保证人（高某、陈某）对借款人所欠债务在担保范围内承担连带责任"。

为担保还款，B 公司在 A 公司处投保专利质押融资保证保险，被保险人为 C 公司。保险合同约定：在保险期间内，投保人 B 公司未按照《流动资金借款合同》的约定履行还款义务，视为保险事故发生。保险事故发生后超过约定等待期的，投保人 B 公司

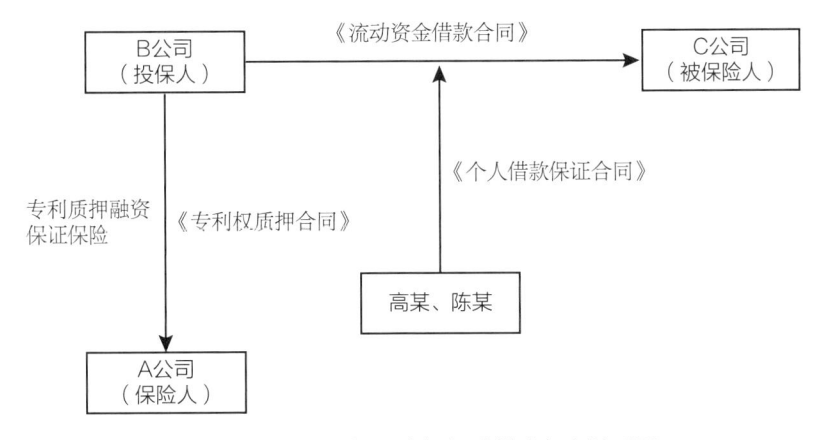

图 2-10　A 公司知识产权保险模式各方关系图

仍未履行约定的还款义务，则保险人 A 公司按照本合同约定，负责向被保险人 C 公司赔偿《流动资金借款合同》项下投保人应偿还但未偿还的借款本金。B 公司同时与 A 公司签订《专利权质押合同》，以 B 公司的专利权作为质押担保还款。

后双方因上述合同产生纠纷涉诉，2022 年，B 公司与 C 公司达成调解。法院出具的民事调解书约定：①B 公司归还 C 公司借款本金；……⑤如 B 公司未履行上述第一项付款义务，则 A 公司在专利质押融资保证保险范围内对 B 公司上述第一项债务承担清偿责任。

调解书生效后，A 公司按照调解书和《专利质押融资保证保险合同》要求，向 C 公司履行了付款义务。此后，A 公司向 B 公司求偿，请求实现专利质押权并得到法院支持；A 公司同时要求保证人高某、陈某对 B 公司所负保险金赔偿损失，在 B 公司承担质押担保责任后对尚未清偿部分的债务承担连带保证责任。

二、案例难点

1. 专利质押融资保证保险的法律性质是保险还是保证？

法院认为该保证保险是具有保证性质的保险，理由如下：保证保险的设立目的是为保障债权的实现，故具有保证性质和功能，但其法律性质并非保证。依据《中华人民共和国民法典》（《民法典》）第 681 条规定，保证合同是由债权人而非债务人与主债权合同之外的第三人签订的，债务人并非保证合同的当事人。本案中的专利质押融资保证保险由借款合同的债务人与第三人签订，因此不符合保证合同的法律构造。从法律关系结构来看，保证合同作为从属于主债权债务关系的单务合同，在合同主体、先诉抗辩权、保证期间等规则适用上与保险合同存在明显区别，两者的法律构成要件或法律关系结构具有质的不同，因此保证保险为保险合同关系。

2. 保险人代位求偿权的性质是追偿权还是代位权？

代位权。依据《中华人民共和国保险法》（《保险法》）第 60 条规定，保险人代位求偿权首先是"对第三者请求赔偿的权利，并非源于基础法律关系或保险人与被保险人之间的保险关系而产生的'求偿权'或'追偿权'"。其次，被保险人对第三者求偿权或追偿权基于"代位"产生，并且保险人代位求偿权虽属于法定的债权让与，但并不意味债权转让后保险人能够代位享有债权人的全部权利。法院还援引了《民法典》《保险法》《最高人民法院关于适用〈中华人民共和国民法典〉有关担保制度的解释》，指出保险人的法定代位求偿权难以被解释为债权人对债务人享有的债权被概括性地一并转让给第三人。

3.保险人代位求偿权的行使是否及于主债权的从权利——保险公司是否能向保证人求偿？

不能。法院认为保险人代位求偿权是对于因第三者对保险标的的损害而造成保险事故的法定制度性安排，其产生要件、求偿范围、求偿对象等亦由法律规定。保险人的求偿范围不得超出赔偿范围，求偿对象不包含为主债权提供担保的第三人。因为依据《保险法》第60条，保险人代位求偿的对象仅系对保险标的造成损害的第三人的情况下，不能当然及于主债权的第三人担保，亦不能参照适用《民法典》有关意定债权转让对从债务人发生效力的相关规定。法院还从保险制度的社会功能、整体交易构造、法律关系的角度论证说明保险人不得向保证人追偿。

三、案例点评

1.专利质押融资保证保险的法律性质

该案例明确了专利质押融资保证保险的法律性质是保险合同，而非保证合同。专利质押融资保证保险通过保险机制为债权人提供双重保障：一方面，企业可以将其专利权作为质押物，向银行或其他金融机构申请贷款，通过质押融资有效利用专利的市场价值，实现专利资产的变现；另一方面，保险公司承担赔偿责任，进一步提高了债权实现的可能性。

2.保险人的代位求偿权

法院将保险人代位求偿权认定为代位权而非追偿权，强调了该权利源于被保险人对第三者的求偿权，是法定的代位求偿权。此外，法院还判定保险人代位求偿权的行使范围不包括为主债权提供担保的第三人，并且求偿范围限于保险赔偿范围，从而进一步明确了保险人代位求偿权的法律边界。

案例：知识产权运营基金模式

一、案例背景

近年来，湖南省大力推进知识产权运营服务体系建设，湖南省重点产业知识产权运营基金作为其中一项重要内容，备受关注。湖南省重点产业知识产权运营基金推出的投资与知识产权相结合方式，有效解决了企业的融资难题。截至目前，该基金已对湖南省600余家优质企业进行摸底，投资项目5个，合计投资金额达7505万元，所有项目均在基金投资后获得更高估值融资。

二、典型做法

湖南省重点产业知识产权运营基金的主要投资方向是先进轨道交通装备产业和工程机械产业等具有知识产权优势、拥有高价值专利组合的高新技术企业。自基金设立以来，基金管理团队接触地方金融监督管理局公布的符合基金投向要求的上市后备企业渗透率超70%，接触全省范围内符合基金投向要求的新三板企业渗透率达64.18%。目前，该基金已投资多个项目，涉及高强度紧固件、高铁轴承、医用分子筛制氧设备等领域。

三、案例点评

基金不仅需要提供资金支持，还需提供全程的投资管理服务，为企业提供包括知识产权布局、技术保护、成果转化等全方位的金融服务和指导。基金管理团队在投资过程中，需重视培育企业的知识产权意识，帮助企业认识到知识产权的重要性和价值。技术经理人可根据企业需求，利用知识产权运营基金模式积极帮助科技型企业解决融资难题。

2.5 本章小结

在创新驱动发展战略下，众多科技公司在快速发展壮大，但同时其知识产权的价值并未得到有效释放。通过将知识产权与金融工具深度结合，可以为科技公司带来新的融资和经营方式，也能实现知识产权的资本价值。

本章知识要点包括：知识产权的资本价值；知识产权资本化主要是指通过知识产权证券化、知识产权信托、知识产权保险等模式来实现；知识产权证券化常见模式的具体交易流程；知识产权证券化的四种常见模式，包括融资租赁模式、应收预付款供应链模式、知识产权反向许可模式以及专利许可收益权质押融资模式。

通过本章的学习，技术经理人能够了解知识产权的资本价值，熟悉知识产权证券化、知识产权信托、知识产权保险、知识产权运营基金及知识产权融资特色模式的交易流程、基本特征及典型做法等。技术经理人应当充分认识各模式的特征及优势，根据企业情况及市场需求，合理选择适当模式，发挥知识产权的经济价值。

思考题

1. 知识产权证券化产品中常见的增信措施包括哪些？不同的增信措施分别有何差异及优势，在不同情境下应当如何选择？

2. 知识产权证券化业务中以未来债权作为基础资产进行转让的做法已经得到广泛实践。如果在资产支持证券产品中转让以知识产权为基础的未来债权（知识产权收益权），后续的收益是否直接归属于特设公司？

3. 随着大数据、人工智能等技术的广泛应用，知识产权的识别、评估和管理效率将大幅提高。同时，金融创新将不断涌现，为知识产权资本化带来更多可能性。结合当下的新技术发展，谈谈还有可能出现何种知识产权资本化模式。

第 3 章
未来产业技术发展态势

未来产业由前沿技术驱动，是具有显著战略性、引领性、颠覆性和不确定性的前瞻性新兴产业，当前正处于孕育萌发阶段或产业化初期，代表新一轮科技革命和产业变革孕育方向。培育发展未来产业实质是发展新经济，有利于突破现有产业发展瓶颈，构建形成新的经济增长点，是新质生产力发展的重要载体。本章将对脑机接口、量子信息、人形机器人、新型储能、生成式人工智能、生物制造和未来显示等未来产业技术发展态势进行分析阐述。

3.1 未来产业发展概述

2016年，美国白宫前创新顾问亚力克·罗斯出版《未来产业》一书，指出机器人、基因技术、网络安全、大数据以及金融科技是推动未来20年全球经济社会变迁的关键产业。该书的出版使"未来产业"在全球范围内受到越来越多的重视。

未来产业是当下尚未成熟的技术突破形成的产业，具有三方面特征：①具备科技和产业的双重属性，未来产业是原创性或颠覆性科技衍生的新兴产业，代表着科技发展趋势；②处于技术与产业发展的早期，技术与市场均不成熟，在发展过程中存在诸多不确定性；③具有前沿引领特性，将在未来社会中对产业、科技和生活等方面产生重大变革。

未来产业与战略性新兴产业既有联系又有区别，二者都属于重大科技创新驱动的新兴产业。但从时间维度上看，未来产业是瞄向十年、二十年甚至更长远的产业，支撑未来产业的核心技术属于突破性和颠覆性的前沿技术，主要处于技术进步S形曲线的第一阶段，因此未来产业处于产业生命周期的初创孕育期，从发现、培育到产业化是一个较为漫长的过程。

3.2 脑机接口技术

脑机接口（Brain-Computer Interface，BCI）是在人或动物的大脑与外部设备之间建立的直接连接通路。它允许大脑直接与外部设备进行通信，而无须通过肌肉或感觉器官的参与。脑机接口技术可以用于辅助、增强或修复人体的感觉—运动功能，也可以提升人机交互能力，重构大脑与外界信息沟通和控制通道，是一项塑造未来产业的颠覆性技术。

3.2.1　主要国家战略规划

当前，全球主要国家纷纷加强脑机接口战略部署。美国、欧洲、日本、韩国等国家和地区都积极推出了各自的脑科学研究计划，并将脑机接口技术作为研究重点。美国的BRAIN 2.0脑科学计划特别强调了脑机接口技术的研发，致力于绘制老鼠、猴子和人类的脑细胞与结构图谱，并推动记录和操纵脑活动的技术进步。美国国立卫生研究院、国防高级研究计划局和国家科学基金会等机构都资助了一系列脑机接口项目，无论是项目数量还是资金总额都在全球处于领先地位。欧盟的"人脑计划"也把脑机接口技术作为其重要目标之一，计划建立一个大型的脑科学研究数据库和一个脑功能的计算机模拟平台，服务于临床研究和脑机接口技术发展。日本的脑科学研究计划同样将脑机接口技术作为重点研究方向，其目标是绘制狨猴的大脑图谱，以期更好地理解人类大脑，并开发出诊断和治疗脑疾病的方法。

我国一直在持续推进脑机接口技术的研发工作。早在1999年，我国就开始支持脑科学基础研究。在"十一五"和"十二五"期间，对脑科学和脑机接口技术研究进行部署，极大地推动了中国脑科学的发展，并为脑机接口技术的研究打下了坚实基础。进入"十四五"以来，科技创新2030—"脑科学与类脑研究"重大项目支持脑机接口相关研究，不断深化和推进中国脑机接口技术的研发进程。同时，为了确保脑机接口研究的合规性，并防范科技伦理风险，国家科技伦理委员会人工智能伦理分委员会还专门编制了《脑机接口研究伦理指引》，为脑机接口研究提供了规范性的指导。

3.2.2　主要技术路线

脑机接口技术主要分为非侵入式、侵入式和半侵入式。

3.2.2.1　非侵入式脑机接口技术

非侵入式脑机接口技术通过外部设备记录大脑活动，不涉及手术植入。这种类型的脑机接口通常使用脑电图头带或帽子，它们配备有多个电极来捕捉头皮表面的电信号。

由于无须穿透皮肤，非侵入式脑机接口具有较低的风险和较高的用户接受度。非侵入式脑机接口多被用于辅助治疗各种疾病，如癫痫的监测和治疗，监测专业岗位人员（如宇航员、飞行员）的认知负荷和疲劳程度以及通过分析脑电信号来筛查潜在的心理问题等。我国天津大学、强脑科技、博瑞康等院所、企业都在非侵入式脑机接口研发和应用上有所建树。

3.2.2.2　侵入式脑机接口技术

侵入式脑机接口技术涉及将电极或传感器直接植入大脑组织中，以获得比非侵入式方法更精确的神经信号。这种技术可以提供高分辨率的信号，有助于深入研究大脑功能和开发先进的神经修复设备。然而，侵入式脑机接口也伴随着更高的风险，包括手术并发症、感染、免疫反应和长期植入物的稳定性问题。侵入式脑机接口在帮助残疾人士恢复感觉、运动功能方面显示出巨大潜力。例如，它们可以用于控制假肢或外部设备，为截肢者或瘫痪患者提供辅助。由埃隆·马斯克领导的"神经连接"（Neuralink）公司正在开发高密度的脑机接口技术，2024年1月，马斯克表示"神经连接"已完成首例人类大脑设备植入手术。5月28日，美国精准神经科学（Precision Neuroscience）公司发布公告，成功在人脑上放置了4096个刺激神经元的电极，创下了新的世界纪录。

3.2.2.3　半侵入式脑机接口技术

半侵入式脑机接口技术是一种介于非侵入式和侵入式之间的方法，它不需要像侵入式那样深入大脑组织，但也不完全依赖于外部头皮电极。这种技术通常涉及将电极植入颅骨内部，但不穿透大脑皮层，从而平衡信号质量与侵入式手术的风险。半侵入式脑机接口能够提供比非侵入式更清晰的信号，同时避免了侵入式手术的一些潜在风险，如感染和免疫排斥反应。它们在神经科学研究、脑功能监测以及某些医疗应用中具有潜在的应用价值。2023年12月19日，清华大学洪波教授团队完成的无线微创脑机接口——系统体内机埋在颅骨内，电极覆盖在硬膜外（硬膜位于颅骨和大脑皮层之间，起到保护神经组织的作用），不损伤大脑细胞，手术后10天患者出院回家，实现了从工程原型到动物试验、再到人体试验的全链条创新。

脑机接口技术的核心挑战在于如何在最低限度损伤大脑和最大限度利用大脑之间达到平衡。目前，非侵入式脑机接口因其便利性、安全性和较低成本而被广泛应用，并在未来一段时间内可能主导消费级脑机接口技术发展。相比非植入式脑机接口，植入式脑机接口在神经信号质量和神经调控精度等关键性能上具有优势，但同时也面临手术创伤和长期植入安全性等问题，其监管门槛较高、审批周期较长，导致从研发至市场化的时间框架显著延长。

3.2.3 未来发展趋势

未来脑机接口技术将朝着更深层次的人机交互、更广泛的应用场景以及更全面的社会融合方向发展。随着人工智能、机器学习、材料科学以及微电子工程等领域的快速发展，可以预见脑机接口将变得更加精准、高效和用户友好。

非侵入式脑机接口技术正朝着提高信号采集质量和解析精度、降低成本、提升便携性的方向迅速发展。这些进步将使技术更易于被大众接受，促进其在医疗、教育、娱乐等多个领域的广泛应用，并推动其商业化进程。通过更精确的信号处理和用户意图识别，非侵入式脑机接口设备将为用户提供更自然、更高效的交互体验，同时通过简化操作和个性化定制，这些设备将变得更加友好和适应不同用户的需求。随着技术成熟和市场扩大，非侵入式脑机接口有望成为改变人们生活和工作方式的重要工具。

侵入式脑机接口技术正聚焦于实现更高密度的电极集成，以提高信号采集的分辨率。通过改进材料和设计来减少植入时对脑组织的损伤和降低免疫反应，以提高患者的安全性和舒适度。此外，侵入式技术也在追求更小的植入创伤，以减少手术风险和恢复时间，从而更好地满足医疗康复和疾病治疗的深层次需求。这些进步将有助于提高侵入式脑机接口的临床应用效果，为治疗帕金森病、癫痫、慢性疼痛等疾病提供新的解决方案。

3.2.4 市场规模

根据数据桥市场研究公司（Data Bridge Market Research）数据显示，2022年

脑机接口市场规模为 17.40 亿美元，预计到 2030 年将达到 56.92 亿美元（约合人民币 392.36 亿元），期内年复合增长率为 15.61%，市场潜力巨大。此外，麦肯锡预测未来 10~20 年，全球脑机接口产业将产生 700 亿~2000 亿美金经济价值。据华经产业研究院统计，非侵入式脑机接口占据了市场的主要份额（约占 86%），而侵入式和部分侵入式脑机接口占比约为 14%。

根据中国电子技术标准化研究院的估计，目前全球脑机接口行业市场规模已经超过 15 亿美元，而国内脑机接口行业市场规模仅 10 亿元左右，占全球市场规模的比重不足 10%，行业还有较大的发展空间。

3.2.5 投融资情况

根据 IT 桔子数据，截至 2023 年 12 月 8 日，中国脑机接口行业共发生 7 起投融资事件，其中投资金额最高的是和泽科技获得的天使轮投资，金额为 3000 万元人民币。强脑科技已经完成 2 亿美元的融资投入研发，估值超过 10 亿美元，是脑机接口领域独角兽企业。

根据创业邦《2023 中国脑机接口行业研究报告》，从 2014 年到 2023 年 8 月 20 日，中国脑机接口行业共发生 170 起融资事件，涉及 60 家公司；已披露融资金额事件 78 起，总额达到 58.45 亿元人民币，涉及投资机构 149 家。其中，170 起融资事件的轮次主要集中在 A 轮，占比 52%（89 起）；其次是天使轮，占比 25%（42 起）。这表明我国脑机接口基本上还处在产业发展初期，市场普遍看好产业未来发展前景。

3.2.6 主要产品

脑机接口领域相关产品覆盖范围广，涉及医学、军事、教育、娱乐等多个领域。

3.2.6.1 医学领域

脑机接口在医学领域的应用非常广泛，包括对运动障碍和交流障碍患者的辅助性工具，如脑控假肢、脑控轮椅和脑机通信系统等；用于脑外伤、脑卒中和癫痫等疾病的治疗，以及脑卒中后上下肢运动功能障碍的康复训练；用于精神疾病的诊疗，如抑郁症、焦虑症、强迫症、精神分裂症等，以及癫痫和神经发育障碍的诊断与治疗。

3.2.6.2 军事领域

脑机接口技术在军事领域的应用前景广阔，它通过脑信号采集帽等设备实现士兵思维对武器系统的直接控制，提高作战指令的通信速度和精确性，同时可以监测士兵的生理和心理状态以评估和优化作战表现。脑机接口技术还可增强士兵的态势感知能力，允许同时控制多个技术平台（如无人机和机器人）以执行复杂任务，从而在提高战场效率和安全性的同时，推动未来战场人机协作的新模式发展。

3.2.6.3 教育领域

脑机接口技术在教育领域的应用主要集中在通过实时监测学员的大脑状态来提供个性化的教学体验。这种技术能够分析和评估大脑状态与学业表现之间的关系，从而为每位学习者定制合适的教学内容和方法。在特殊教育中，脑机接口尤其有价值，它可以帮助那些有感官或身体障碍的学习者通过辅助设备增强或重建感官功能，提高他们的学习效率和质量。此外，脑机接口技术还能够在智慧课堂教学中监测学生的身体和情绪状态，使教师能够及时调整教学策略，进行针对性的指导。随着技术发展，未来脑机接口技术还有潜力与虚拟现实等技术结合，为学生创造更加沉浸式和具身体验的学习环境，进一步提升学生学习效率和兴趣。

3.2.6.4 娱乐领域

在娱乐游戏领域，脑机接口技术的应用正逐渐改变传统的游戏体验。通过结合虚拟现实技术，玩家可以利用脑信号采集设备来控制游戏中的角色或元素，实现用"意念"进行游戏操作。这种创新的交互方式不仅提升了游戏的娱乐性，还为肢体障碍玩家提供了更加友好和包容的游戏环境。通过脑电图等非侵入式脑机接口技术，玩家的脑电信号被实时采集并解码，转化为游戏中的动作指令，从而实现更加直观和沉浸式的游戏体验。此外，这种技术还能够根据玩家的情绪和注意力状态调整游戏难度或内容，为每个玩家提供定制化的游戏过程。随着技术的进步和应用的深入，脑机接口在游戏领域的潜力将进一步被挖掘，为玩家带来前所未有的互动娱乐体验。

3.2.7　创新企业案例

全球脑机接口代表性企业约 560 家，分布在 40 余个国家。其中，美国和中国的企业数量均超过 100 家，处于第一梯队；加拿大、英国、以色列等国处于第二梯队；其他国家还有比利时、德国、瑞士等。上游企业约占 8%，主要生产电极、芯片、外设、相关核心器件；中游企业约占 30%，主要生产脑信号采集设备和分析软件；下游企业约占 62%，包括近 350 家企业，较明确的应用方向在 30 种以上。

3.2.7.1　A 企业

A 企业成立于 2011 年 11 月，其核心团队来自清华大学神经工程实验室以及临床神经领域的医疗市场专家。A 企业是中国脑机接口领域的领军企业之一，专业从事脑机接口系统相关设备的研发、生产、销售以及技术服务。通过多年发展，A 企业积累了大量的技术储备和设备开发经验，并获得了众多荣誉，包括技术专利、软件著作权以及医疗器械相关的生产和注册认证。公司还承担或参与了国家级科研项目，并连续成为世界机器人大赛脑机接口比赛的协办方和官方指定设备供应商。

A 企业的业务主要围绕脑机接口技术展开，涵盖临床医学、神经科学、心理学、人因工程、管理营销等领域。公司致力于提供临床神经疾病诊断治疗及康复的全套解决方案，业务包括脑电技术的研发与应用，为医疗专业人士及科研机构提供先进设备。

A 企业的产品线丰富，包括无线干电极脑电采集系统、NeuroCube、数字脑电图机和多参数同步器等。这些产品广泛应用于神经科学、心理学、人因工程、运动学、管理学等科研领域，以及临床神经疾病诊断、治疗与康复工程等临床医学领域。公司的研发成果与技术实力受到国内外神经工程与临床医学领域专家的普遍认可。

3.2.7.2　B 企业

B 企业成立于 2015 年，是哈佛大学创新实验室孵化的第一支华人团队。创始人韩璧丞是哈佛大学脑科学中心博士。B 企业致力于脑机接口技术底层技术的突破，通过在大脑和外部设备之间建立信号传送通路实现两者信息交换。公司在康复领域拥有多款产品，并且已经完成超 2 亿美元的融资，成为我国首家脑机接口领域的独角兽企业。

B 企业的业务布局主要集中在康复领域，同时也涉足消费电子市场。公司通过非侵入式脑机接口技术为残疾人康复、孤独症等脑疾病提供解决方案。此外，B 企业还计划为抑郁症、阿尔茨海默病等疾病提供解决方案。

B 企业产品包括 BrainRobotics 智能仿生手，已经获得美国食品药品监督管理局二类医疗器械认证，是我国首个及迄今唯一一拿到美国食品药品监督管理局认证的非侵入式脑机接口产品。Easleep 深海豚脑机智能安睡仪，结合脑机接口技术与睡眠场景，利用精准脑电检测技术和人工智能算法改善用户睡眠质量。EMG+ 神经接口平台，利用肌电信号进行控制的接口平台拓展了脑机接口技术的应用范围。

3.2.7.3　C 企业

C 企业是一家由埃隆·马斯克于 2016 年 7 月创立的公司，总部位于美国加州弗里蒙特。作为一家医学研究公司，C 企业专注于脑机接口技术的开发，旨在通过植入微米级设备实现人脑与机器的直接连接。公司在 2017 年获得了 2700 万美元的初始资金，并在 2019 年和 2021 年分别完成了 3900 万美元和 2.05 亿美元的融资。截至 2024 年 5 月，C 企业的企业估值已达到 50 亿美元，成为脑机接口行业规模最大的企业之一。

C 企业的业务布局集中在侵入式脑机接口技术的研发上，通过手术将电极植入大脑皮层，以获取高质量的神经信号。公司的研究不仅关注于帮助残障人士，还着眼于未来人机交互方式的革新。"神经连接"的技术路径涵盖了硬件层和软件层，包括脑电采集设备、外控设备以及生物信号分析和核心算法等。

C 企业的产品包括 N1 芯片，这是一种硬币大小、电池供电的脑机接口设备，能够实现无线充电。2023 年 5 月，公司获得美国食品药品监督管理局的批准，启动了首个人体临床研究。2024 年 1 月，C 企业宣布首位人类患者成功接受了脑机接口植入物，并且恢复状况良好。2024 年 3 月 20 日，C 企业披露首位脑机芯片植入受试者已能够通过意念玩游戏和在线国际象棋。此外，公司还在进行帮助盲人恢复视力和脊椎病患者获得重新控制身体能力的研究，展示了其在脑机接口领域的创新能力和应用潜力。

3.2.7.4 D 企业

D 企业是一家成立于 2012 年的脑机接口初创公司，总部位于美国，并在澳大利亚墨尔本设有研发机构。公司专注于微创植入式脑机接口技术的研发，旨在帮助瘫痪患者和那些身体活动能力非常有限的人群，通过思维来操作光标和智能家居设备等技术。D 企业的产品已获得美国食品药品监督管理局的"突破性设备"称号，并在 2021 年成为首家获得美国食品药品监督管理局临床研究性器械豁免的公司，允许在患者中进行永久性植入脑机接口试验。

D 企业的业务布局主要集中在医疗健康领域，特别是针对神经损伤和行动能力丧失的患者群体（如瘫痪人群），公司通过其脑机接口技术使这些患者能够利用意念控制计算机等外部设备进行日常活动。D 企业的脑机接口产品已于 2022 年 5 月启动人体临床试验，成为全球首个可开展永久植入脑机接口临床试验的设备。此外，D 企业也在积极进行资金募集，以加速产品开发和临床试验进程，最新一轮融资达到 7500 万美元，投资者包括比尔·盖茨、杰夫·贝索斯等知名人士。

D 企业的产品为 Stentrode 脑机接口，其直径为 8 毫米、长度为 40 毫米，由柔性合金制成，类似于血管支架。Stentrode 通过微创手术放置在大脑血管中，与大脑建立链接后，可以接收来自大脑的电信号，使患者能够通过思维控制外部设备。该系统包括 Stentrode 传感器、BrainPort 接收装置和 BrainOS 操作系统，分别负责脑电信号收集、信号接收与无线配置以及信号转换实现外部沟通。D 企业的脑机接口技术以其微创性和安全性而受到关注，目前已在美国和澳大利亚的患者身上成功应用，并展现出良好的安全性和有效性。

3.3 量子信息技术

量子科技是一项对传统技术体系产生冲击、进行重构的重大颠覆性技术创新，将引领新一轮科技革命和产业变革方向，已成为全球公认的战略必争领域。主要国家一体化推进量子领域"科学探索—技术攻关—产业发展"，抢占量子科技创新高地和未来产业制高点。

3.3.1 主要国家战略规划

截至目前，已有 30 余个国家和地区出台战略、规划等文件，从战略层面布局量子科技和产业发展。美国从 2018 年以来发布了《量子信息科学的联邦愿景》《国家量子倡议法案》《芯片和科学法案》《加强国家量子计划咨询委员会的行政令》《量子信息科技人才培养国家战略规划》等 20 余份量子政策文件，计划建设 5 个量子研究中心。美国、欧盟和中国是世界上对量子科技研究完整布局的国家/地区，其中美国公布的政策最多、最全面，构建了政府量子科技组织体系，逐步加大量子科技研发和产业化支持力度。2023 年，加拿大、澳大利亚分别启动国家量子战略，英国公布了量子计算计划。欧盟发布战略研究议程、实施欧洲量子技术旗舰计划，德国、法国等分别实施量子技术研发投资计划。英国、澳大利亚、以色列、印度等发布量子技术路线图、实施量子技术计划等。

"十一五"期间，我国开始加大量子科技研发投入，启动了"远程量子通信"和"空间量子实验关键技术研究与验证"项目，以支持大规模的量子通信研究。"十二五"期间，制定实施量子调控专项规划，在量子控制、科学研究仪器和设备开发、空间量子实验、量子系统一致控制、原子系统计量物理等领域方向支持研发任务。"十三五"期间，国家重点研发计划设立"量子调控与量子信息"基础研究类专项，在基础前沿、重大共性关键技术等方面实施一批重点项目。"十四五"期间，我国组建国家实验室，实施科技创新 2030—"量子通信和量子计算机"重大项目。形成了以国家实验室为总体单位，中国科学院等研究机构，清华大学、北京大学等高校，国家电网、电信运营商企业等科研主体协同参与的创新队伍，催生一批创新企业和设备供应商，吸引一批大型企业参与设备制造和商业运营，有力推动量子科技创新和产品应用推广。

3.3.2 主要技术方向

量子信息技术的主要技术方向包括基础研究、量子计算、量子通信、量子精密测量以及量子信息支撑技术等。

3.3.2.1 量子基础研究

量子基础研究是量子科技发展的原动力与创新源泉。当前与量子科技应用研究紧密关联的量子基础研究领域主要包括两类：一是面向量子科技需求的特定材料或物质体系领域，包括低维材料与低维物理、超导材料与超导机理、拓扑材料与拓扑量子物理、原子分子体系物理等；二是面向量子科学基础理论、不针对特定物质体系的领域，其中最典型的是非平衡量子体系研究。

3.3.2.2 量子计算

量子计算是一种遵循量子力学规律调控量子信息进行计算的新模式，因其超强算力将对未来经济社会产生颠覆性影响，成为主要国家战略竞争重点。量子计算机有 10 余条技术路线，超导、光量子、离子阱、中性原子、金刚石色心、硅基半导体以及拓扑态等是目前发展重点。当前量子计算技术成熟度不高，部分技术路线还处于方案阶段，超导、中性原子等技术路线有望在成熟度上快速提升。

3.3.2.3 量子通信

量子通信是指利用量子比特作为信息载体，通过量子纠缠、量子叠加等量子力学原理实现信息传输和处理的通信技术，在保障信息传输安全、提升通信效率等方面具有显著优势。量子通信的技术方向主要包括量子密钥分发、量子隐形传态、量子随机数发生器和量子安全直接通信等，这些技术方向各有特点和应用前景，共同推动着量子通信领域的快速发展。在天地一体化通信网络方面，主要技术方向还包括远距离光纤量子通信、量子存储、量子中继、星地自由空间量子通信等关键技术。在量子网络方面，主要技术方向包括量子信息技术与互联网的网络架构、协议、网关等技术。

3.3.2.4 量子精密测量

量子精密测量是基于对微观粒子系统（如光子、原子、离子等）的调控和观测，实现对物理量超高精度测量的技术。量子测量涵盖电磁场、重力应力、方向旋转、温度压力等物理量，在时间测量、重力探测、磁力测量、定位导航、目标识别等诸多领域具有广泛的应用前景。在量子测量技术中，基础研究重点关注基于冷原子相干叠加、基于核磁共振或顺磁共振、基于无自旋交换弛豫原子自旋、基于量子纠缠或压缩特性、基于量子增强技术；产业重点关注原子钟、重力仪、磁力计、光量子雷达等重点应用产品。

3.3.2.5 量子信息支撑技术

量子信息支撑技术涉及非常大的范围，从电子学测控设备、集成电路微纳加工设备，到光学元器件、微波元器件、射频 SoC 芯片等，这些设备、器件的性能和稳定性对于实现量子信息处理功能至关重要。一方面，缺少这些支撑技术，实用化规模化的量子计算、量子通信或者量子精密探测技术就难以实现；另一方面，缺少这些支撑技术，就无法将量子计算节点、量子通信网络和量子传感器有机结合成完整的、实用的量子信息系统，无法实现量子信息的感存算传全链处理。

3.3.3 未来发展趋势

未来，以量子计算、量子通信和量子测量为代表的量子信息技术有望在前沿科学、信息通信和数字经济等诸多领域引发颠覆性技术创新和改变游戏规则的变革性应用。量子信息技术将引领新一轮科技革命和产业变革方向，成为大国间开展科技、经济等领域综合国力竞争的战略制高点之一。

量子计算当前正处于科技研发、工程应用和产业培育一体化阶段，随着量子比特数量的增加、操控精度的提高以及纠错技术的发展，未来量子计算机的性能将大幅提升。预计未来 10~15 年，量子计算有望实现从专用量子计算到通用量子计算的跨越，出现可投入商用的专用量子计算机，行业将迎来市场规模显著增长的拐点。同时，量子计算在化学、金融、人工智能、交运航空、气象等众多领域具有广泛应用前景，将解决传统计算机难以处理的复杂问题。

量子通信已经进入实用化阶段以及发展最为成熟的领域。中国当前在量子通信领域处于国际领先地位，已建成覆盖多个重要城市的量子通信骨干网，并与"墨子号"量子卫星对接，具备全球量子密钥投送能力，未来将继续推动量子通信网络的构建和应用拓展，服务政务、医疗、金融等领域。随着量子通信技术的不断成熟和成本降低，其应用范围将不断扩大，全球范围内的量子通信网络将更加完善。

量子精密测量正在进入产业化阶段，量子传感器等商用化产品不断出现。随着对微观粒子系统调控和观测能力的增强，量子精密测量将能够在更小尺度上实现更高精度的测量，为科学研究和技术应用提供更为精准的数据支持。随着技术的不断进步，量子测量有望在时间、磁场、重力场等多种物理量的测量中发挥重要作用，并广泛应用在军事、医疗、气象、资源勘探等领域。

3.3.4 市场规模

当前，以量子信息技术为代表掀起了第二次量子革命，主要包括量子计算、量子通信和量子精密测量等，表现为技术研发取得持续突破，技术应用及产业化奇点显现、惊喜不断。

从投资总额来看，据 ICV、前瞻产业研究院、光子盒等机构不完全统计及预测，2023 年全球量子信息投资规模达到 386 亿美元，其中中国投资总额达 150 亿美元，占比位居全球前列。重点投资细分领域为量子软件、量子硬件等技术领域，投资额占比分别为 22.53%、18.21%。目前我国给予量子通信高度的关注和推动，支持量子技术发展和开展量子保密通信网络的建设，量子通信市场规模增长迅速。

在量子通信方面，2023 年中国量子通信行业市场规模增长到了 14.05 亿元，其中量子通信研发及系统投资占 18.86%、量子通信产品及建设运营占 50.18%、量子通信应用市场占 0.96%；预计 2024 年有望突破 16 亿元，其中量子通信研发及系统投资占 18.53%、量子通信产品及建设运营占 45.46%、量子通信应用市场占 36.01%。

在量子计算方面，2023 年全球量子计算市场规模达到 47 亿美元，其中北美占比 29.9%、中国占比 15.1%、亚太地区（除中国外）占比 12.6%、其他地区占比 4.1%。

受益于深厚的研发基础、科研机构的活跃以及政策支持等因素，欧洲占比最大，为38.3%。

在量子精密测量方面，2022年全球量子精密测量市场规模达到13.27亿美元，产业整体初具规模。未来随着量子信息科技的发展，将出现更多的量子精密测量设备并进一步扩大市场。中商产业研究院分析师预测，2030年量子精密测量市场有望增长到25.27亿美元。

3.3.5 投融资情况

在过去几年中，量子产业投资显著增长，但仍然只占风险资金总额的一小部分（<1%）。在PitchBook数据库中检索"量子"相关公司的风险投资事件，数据显示，全球量子领域风险投资在2021年达到顶峰，近两年有下降趋势，投资有所降温。从风险投资阶段看，越是后期，风险投资越多；天使轮和种子轮投资较少，但种子轮投资增长较为迅速。从细分领域看，量子计算是风投的主要方向，其次是量子通信。

3.3.6 主要产品

3.3.6.1 九章系列量子计算机

2023年10月11日，中国科学技术大学潘建伟、陆朝阳、刘乃乐等组成的研究团队与中国科学院上海微系统与信息技术研究所、国家并行计算机工程技术研究中心合作，成功研制了包含255个光子的量子计算原型机"九章三号"，再度刷新了光量子信息的技术水平和量子计算优越性的世界纪录。"九章三号"在理论上首次发展了包含光子全同性的新理论模型，实现了更精确的理论与实验的吻合；同时，发展了完备的贝叶斯验证和关联函数验证，全面排除了所有已知的经典仿冒算法，为量子计算优越性提供了进一步数据支撑。在技术上，研制了基于光纤时间延迟环的超导纳米线探测器，把多光子态分束到不同空间模式并通过延时把空间转化为时间，实现了准光子数可分辨的探测系统。"九章三号"量子计算机处理高斯玻色取样的速度比"九章二号"提升了一百万倍，比目前最快的超级计算机快 1 亿亿倍。"九章三号" 1 微秒可算出的最复杂样本，换作由当前全球最快的超级计算机"前沿"（Frontier）完成，约需 200 亿年。

3.3.6.2 "祖冲之号"量子计算机及云平台

"祖冲之号"量子计算机的研发可以追溯到 2019 年。2019 年，谷歌团队宣布其"悬铃木"量子处理器达到"量子计算优越性"（当时叫作"量子霸权"）。2020 年，朱晓波团队开始朝着实现"量子计算优越性"的目标进发。2021 年 6 月底，"祖冲之"团队推出了优化后的 66 比特可编程超导量子计算原型机——"祖冲之二号"，并实现了对"量子随机线路取样"任务的快速求解。这一研究突破使中国在超导量子比特体系中首次达到"量子计算优越性"的里程碑。几个月后，"祖冲之二号"达到了更大规模的"量子计算优越性"，处理的量子随机线路取样问题的速度比目前最快的超级计算机快 7 个数量级、计算复杂度比谷歌公开的 53 比特超导量子计算原型机"悬铃木"提高了 6 个数量级。2023 年，中国科大"祖冲之号"研发团队在 66 比特芯片基础上作出提升，新增了 110 个耦合比特的控制接口，使用户可操纵的量子比特数达到 176 比特。

3.3.6.3 IBM 公司量子计算机

2023 年 12 月，美国 IBM 公司发布了包含 1121 个量子比特的"秃鹰"（Condor）超导量子处理器。在超导量子计算机的发展路线中，规模（量子比特数目）、速度和容错率是最重要的几个指标。秃鹰超越 1000 个量子比特的规模为提高量子计算机的容错能力提供了可能性。因为如果想要利用表面码纠错方式实现一个纠错阈值最高达 1% 的容错逻辑量子比特，1000 个物理量子比特的规模可以说是"起步价"。

3.3.6.4 谷歌量子计算机"悬铃木"

谷歌量子计算机主要是一个低温恒温器外加信号放大器。这个装置从上到下温度不断降低，到了最下面的量子处理器，温度接近于绝对零度。恒温器上还安装了很多的模拟信号电路，用于控制量子处理器，并且将处理器里量子位传出的信号进行放大、编码，转换成常规的数字信号。

真正的量子芯片封装在中间印有"Google"字样的封盖下面。旁边大量的金属管实际上是同轴电缆接头，与机架/恒温器里的模拟信号电路进行连接，从而对 Sycamore 进行控制和状态读取。Sycamore 量子处理器的封盖设计也是非常独特的。封盖由多层组成，其中一层的材质是超导铝合金，涂成了黑色，用于遮盖住漏进来影响量子位工作的光；还有另一层的材质是镍铁合金，可以屏蔽电磁干扰。封盖拆开后，可以看到量子计算芯片核心。

3.3.6.5 世界首颗量子微纳卫星"济南一号"

2022 年 7 月，由合肥国家实验室、中国科学技术大学、中国科学院上海技术物理研究所、中国科学院上海微小卫星创新研究院、济南量子技术研究院等联合研制的世界首颗量子微纳卫星"济南一号"在酒泉卫星发射中心搭载"力箭一号"运载火箭成功发射。量子微纳卫星"济南一号"成功研制，将使我国在世界上首次实现基于微纳卫星和小型化地面站之间的实时星地量子密钥分发，构建低成本、实用化的天地一体化量子保密通信网络。

量子微纳卫星"济南一号"成功实现了低成本小型化量子密钥分发技术、实时密钥提取技术等关键技术，完成星载量子密钥分发终端、微纳卫星平台研制，将量子微纳卫星的重量降低到"墨子号"的约 1/6、光源频率提升约 6 倍、密钥生成时效性提高 2～3 个数量级。配合小型化地面站系统，可完成实时星地量子密钥分发实验，并开展技术验证及应用推广。

3.3.7 创新企业案例

A 公司。作为当前量子计算领域的领导者，A 公司推出了其 Quantum System Two，即量子系统二号。这是一台模块化量子计算机，由 IBM 开发的 Heron 芯片提供支持。此芯片改进了"纠错"（即抗退相干能力），这种现象会导致量子系统中的量子态发生丢失。最近，该公司又公布了 Condor，一款基于该公司交叉谐振门技术的 1121 超导量子比特处理器。还计划到 2033 年打造出拥有 10 万量子比特的计算系统。

B 公司。在 2019 年宣布其量子计算机 Sycamore 成功实现"量子霸权"，即号称对随机量子电路输出的采样速度已经超越经典超级计算机。目标是在十年内建立起拥有 100 万量子比特的计算系统。与此同时，A 公司的 Cirq 开源框架则致力于为这些即将出现的量子计算机开发新颖的量子算法。

C 公司。C 公司 H 系列俘获离子量子计算机能够支持全对全量子比特连接，即允许在所有量子比特之间建立纠缠态，从而实现量子态的高保真度。Quantinuum 还为俘获量子及其他量子计算平台开发出多种中间件和软件产品，适用于量子化学、量子机器学习和量子人工智能等场景。

D 公司。作为量子计算系统、软件与服务领域的领导者，D 公司采用所谓量子退火过程，且系统方案已经得到全球多家前沿企业的采用，包括谷歌、NASA 艾姆斯研究中心以及大众汽车。不同于领域内大多数其他厂商所追求的基于门的量子计算思路，量子退火在解决高复杂度、大规模优化问题方面显示出光明的前景。D-Wave 公司则专注于这类优化问题以提供商业价值。

E 公司。2011 年，E 公司率先完成了"通信试验示范网的产品开发和建设"项目，这是国际上最大的量子保密通信城域网。2016 年，E 公司参与首条千公里级量子保密通信干线"京沪干线"建设，完成核心的远距离量子保密通信技术突破。2024 年，在"天地一体化"量子保密通信网络规模不断扩大的基础上，携手更多合作伙伴开发创新型应用产品，推动量子安全在更多领域落地。

F 公司。F 公司聚焦量子计算产业生态建设，打造自主可控工程化量子计算机，围绕量子芯片、量子计算测控一体机、量子操作系统、量子软件、量子计算云平台和量子计算科普教育核心业务，全栈研制开发量子计算，积极推动量子计算产业落地，聚焦生物科技、化学材料、金融分析、轮船制造、大数据等多行业领域，探索量子计算产业应用，争抢量子计算核心专利。采用超导量子计算路线实现了 72 物理比特的超导计算机，年产值近亿元。

G 公司。G 公司具备全国领先的离子阱量子计算研发能力，研发的第一代商业化原型机 HYQ-A37 部分指标世界领先，已向高校院所、银行等提供相关服务，融资超 2 亿元，估值超 16 亿元。

H 公司。H 公司主要研发销售冷冻电镜、金刚石 NV 色心等量子测量产品，年产值

5 亿元左右，融资 10 多亿元，估值近 500 亿元。H 公司主要从事光量子计算，在产业化方面获得无锡市政府的支持，融资数亿元，估值超 50 亿元。

3.4 人形机器人技术

人形机器人是集硬件制造和软件算法于一体的高度智能化产品，是一类拥有人形外观、具备人类特征，能够代替或辅助人类工作的机器人产品，其能够与人类进行交互，在人类生产和生活中扮演着重要角色。人形机器人作为机器人的最高级形态，是衡量科技创新和高端制造业水平的重要标志。

3.4.1 主要国家战略规划

美国采取技术路线图和科技计划双重推动的方式促进机器人产业发展。美国在 2009 年 5 月发布了第一版《国家机器人路线图》，随后分别于 2013 年 3 月、2016 年 10 月、2020 年 9 月和 2024 年 4 月进行了四次更新，不断提出新的机器人技术创新方向。与此同时，美国自 2011 年开始启动国家机器人计划（NRI），由美国国家科学基金会、美国农业部、美国国立卫生研究院、美国国家航空航天局等机构共同参与，并陆续启动了 NRI 2.0 和 NRI 3.0 计划，持续支持本国机器人技术研发。

欧盟通过在框架计划下设立机器人研究专项来推动欧洲地区机器人整体发展。2014 年 6 月，欧盟在研发框架计划"地平线 2020"计划（Horizon 2020）下面专门设立启动了"欧盟机器人研发计划"（SPARC），目标是在工厂、空中、陆地、水下、农业、健康、救援服务以及欧洲许多其他应用中提供机器人。此外，欧盟委员会计划 2025 年发布一份适用于全欧盟的 AI 驱动的机器人相关战略（"AI-Powered" Robotics Strategy），涵盖机器人开发、应用的各个方面，以确保欧洲在机器人领域保持领先地位。

日本以成为世界机器人创新中心为目标制订相关计划。日本于 2015 年年初发布了《新机器人战略》（*New Robot Strategy*），制订了发展机器人产业的三大战略目标：一是使日本成为世界机器人创新基地；二是日本的机器人应用广度世界第一；三是日本迈向领先世界的机器人新时代。同时于 2015 年 5 月成立了日本机器人革命促进会，不断加快新一代机器人技术研发以及扩大机器人的应用领域。

中国加快构建人形机器人政策体系，推动产业跃升发展。2023 年 11 月，工业和信息化部印发《人形机器人创新发展指导意见》，提出到 2025 年初步建立人形机器人创新体系，整机产品达到国际先进水平，孕育开拓一批新业务、新模式、新业态；到 2027 年产业综合实力达到世界先进水平，成为重要的经济增长新引擎等发展目标，部署了突破关键技术、培育重点产品、拓展应用场景、营造产业生态和强化支撑能力五大重点任务。2024 年 1 月，工信部、教育部、科技部等七部门共同印发《关于推动未来产业创新发展的实施意见》，将人形机器人作为创新标志性产品重点提出。

3.4.2 主要技术方向

人形机器人的研发基于应用场景不同，可分为超越人、替代人和服务人三类大的技术方向。

3.4.2.1 "超越人"型人形机器人

以"超越人"为目的开展的人形机器人研发主要瞄准机器人在极限环境下的作业能力，旨在追求极致机能以达到拥有超越人类的运动能力。典型代表为波士顿动力 Atlas 机器人，其拥有超越人类的运动能力和感知能力，在姿态控制、动作预判算法、动力输出等方面走在了全球人形机器人领域前列，可在军事作战中开展情报收集、搜索救援、后勤支援等任务。

3.4.2.2 "替代人"型人形机器人

以"替代人"为目的开展的人形机器人研发主要探索机器人在人类工作环境下的作业能力。具体来说，是通过提高机器人的负重能力、协作能力、感知能力等替代从事工厂中重复劳动的员工。典型代表是特斯拉 Optimus，其定位为在电动汽车工厂等工业制造场景中替代人类工作。此外还有优必选公司的 Walker S，Agility Robotics 公司的 Digit，Figure AI 公司的 Figure01 等。

3.4.2.3 "服务人"型人形机器人

以"服务人"为目的开展的人形机器人研发主要围绕机器人在人类生活环境下的服务功能进行研究。具体来说，是依托人形更好地研究人感知、认知、决策、执行过程，从而更好地服务于人。典型代表是小米 CyberOne、优必选 Walker X 以及傅里叶智能的 GR-1 通用人形机器人，主要定位为在生活服务和医疗康复等领域服务人类。

3.4.3 主要技术路线

人形机器人通常由四大核心组件构成：传感系统、控制系统、执行机构和驱动系统。传感系统相当于人的五官，用于感知周围环境；控制系统则相当于大脑，处理信息并作出决策；执行机构和驱动系统则对应于人的四肢和关节组织，负责执行动作和移动。

3.4.3.1 人形机器人传感系统

人形机器人传感系统对应人类的眼睛、耳朵等五官，为人形机器人提供全面感知能力，与环境交互并感知自身状态，并把这些信息反馈给控制系统。传感系统主要分为内部传感器和外部传感器。内部传感器是用来检测机器人本身状态（如手臂间的角度）的传感器，外部传感器是用来检测外部环境及状况的传感器。人形机器人由于其复杂的交互性，需要各类传感器的集成，以特斯拉 Optimus 为例，其感知系统至少需要视觉传感器、力（力矩）传感器、惯性测量单元、编码器等感知硬件。

3.4.3.2 人形机器人控制系统

人形机器人控制系统对应人类的大脑和小脑，是机器人的指挥中枢。控制系统根据感知系统提供的信息来对机器人的行为和动作进行控制和调节，与传感系统相互配合，使机器人能够根据感知到的环境信息作出相应的响应和动作。控制系统一般由主控、协调和分布控制构成，硬件涉及主控芯片、协调控制器、分布式驱动控制器等。控制系统核心是控制器，负责接收传感器的反馈信号，并根据预设的控制算法生成相应的控制信号，驱动机器人的执行器实现所需动作和任务。

3.4.3.3 人形机器人执行机构

人形机器人执行机构对应人类的四肢，负责执行控制系统制订的操作。人形机器人执行机构主要包括关节、灵巧手、骨架等结构。骨架起到支撑作用，而关节、灵巧手对人形机器人的灵活性有着非常重要的影响。关节是机器人连杆接合部位形成的运动副，共同形成机器人肢体所需的运动。关节包括线性关节、旋转关节和球形关节。灵巧手是一种末端执行器，人形机器人的灵巧手不是针对特定任务设计的，而要具备通用抓取能力。

3.4.3.4 人形机器人驱动系统

人形机器人驱动系统对应人类的关节组织，指用于实现机器人运动的系统，由各个关节的传动装置组成，可实现关节的转动或移动。根据能量转换方式的不同，驱动系统主要分为液压驱动系统、气动驱动系统和电动驱动系统三大类型。目前大多数人形机器人使用的是电动驱动系统，因为电动驱动系统控制精度高，可以实现精确的关节位置和速度控制，适用于需要高精度运动的人形机器人。

3.4.4 未来发展趋势

人工智能等前沿技术的赋能作用继续加大。人形机器人领域与人工智能、新材料、元宇宙、脑机接口等前沿技术的深度融合发展大大提速了人形机器人"大脑、小脑、肢体"等一批关键技术创新进程，如人工智能通用大模型技术的突破就为人形机器人增强环境感知、行为控制和人机交互等能力提供了更加高效、实用的技术路径。该趋势不仅有力提升了人形机器人的功能想象空间，还大幅缩短了人形机器人的开发时间预期。

人形机器人产品开发加速且更加多样化。不同于过往学术界出于追求极致性能步步为营打造试验样机的思路，未来人形机器人产品开发将以产业化思维整合现有资源快速推出样机为主。2022年左右，由产业界带来的产业化思维开始主导人形机器人产品开发，其特征为在设计之初就将控制成本作为优先目标之一，并优先在短时间内打造出一款"基本及格"的初代样机，再逐步迭代优化。该趋势有利于加快软件算法开发和硬件结构优化进程、提速人形机器人批量化生产进程，同时有利于企业进一步吸引资金、人才等资源要素以加快发展。

应用场景拓展和规模化生产并重。随着人形机器人产品的多样化，其应用场景不断被开发，从当前的生活服务、医疗康复、教育娱乐等逐步拓展至工业制造、危险作业、国防军事、太空探索等。在此过程中，随着人形机器人成本的不断降低，规模化生产的进程会进一步提速，以满足多种场景的需求。

3.4.5　市场规模

随着应用场景的不断拓展、技术突破以及成本下降，人形机器人市场不断壮大。根据 2023 年 7 月 Markets and Markets 发布的报告数据，全球人形机器人市场规模预计将由 2023 年的 18 亿美元提升至 2028 年的 138 亿美元，年复合增速约为 50.2%。

据高工产业研究院预测，2030 年人形机器人全球市场规模将超过 200 亿美元。根据国际投资银行高盛 2024 年 1 月发布的报告《人形机器人：人工智能加速器》预测，2035 年全球人形机器人的出货量将达到 140 万台，市场规模或将达到 380 亿美元。

根据 2024 年 4 月首届中国人形机器人产业大会上发布的《人形机器人产业研究报告》预测，2024 年中国人形机器人市场规模将达 27.6 亿元，2026 年达到 104.71 亿元，2029 年达到 750 亿元，将占世界总量的 32.7%，比例位居世界第一，到 2035 年有望达到 3000 亿元规模。

3.4.6　投融资情况

当前，全球人形机器人的投资融资行为极为活跃，巨头企业纷纷布局，初创企业成长迅速。2024 年 2 月，美国人形机器人初创企业 Figure AI 宣布获得 6.75 亿美元的大额融资，投资方包括亚马逊创始人贝索斯、英伟达、OpenAI 和微软等科技巨头，这笔资金主要为机器人开发大语言模型，扩大生产规模。2024 年 5 月，Figure AI 公司又获得由百汇创投（Parkway Venture Capital）领投的 7000 万美元的首轮外部融资，这笔资金将有效加速其首款自研通用人形机器人的开发和制造。2024年1月，由 OpenAI 参与的挪威人形机器人公司 1X Technologies 宣布完成 1 亿美元的 B 轮融资，投资方包括三星 NEXT 基金、瑞典私募股权基金 EQT 等。2022 年 4 月，美国机器人公司 Agility Robotics 完成 1.5 亿美元的 B 轮融资，由知名风险投资基金 DCVC 和"安卓之父"Andy Rubin 创建的 Playground Global 领投、亚马逊产业创新基金等跟投。

国内人形机器人市场的投融资行为已进入活跃期。据赛迪研究院发布的《2024 中国人形机器人产业生态发展研究》显示，2023 年人形机器人领域共计发生投融资案例 22 起，投资金额已突破 800 亿元人民币。2024 年以来，国内人形机器人领域已发生 6 起投融资事件，其中金额最高的一起接近 10 亿元。2024 年 2 月，宇树科技宣布完成 B++ 轮融资，投资方包括美团、金石投资、源码资本、老股东深创投、中网投、容亿、敦鸿和米达钧石跟投，融资近 10 亿元人民币。2024 年 3 月，智元机器人关联公司——上海智元新创技术有限公司发生工商变更，新增股东红杉中国、M31 资本、上汽创投，三家共同参与了智元机器人的新一轮融资。

3.4.7 主要产品

3.4.7.1 本田 ASIMO 机器人

ASIMO 机器人是日本本田公司研制的人形机器人，诞生于 2000 年，身高 1.3 米，体重 48 千克，行走速度是 0~9 千米/小时。ASIMO 的亮点是双手动作和人机协同。ASIMO 设计紧凑小巧、质地轻，可以稳定流畅地双足行走，代表了当时最先进的机器人技术。ASIMO 可以跑、踢球、端托盘、避开障碍，后续版本甚至可以识别语音和动作并作出反应，手部也更为灵活，可作出复杂的手语动作。2018 年 7 月，本田宣布停止对 ASIMO 的生产和开发。

3.4.7.2 波士顿动力 Atlas 机器人

Atlas 机器人是美国波士顿动力旗下的人形机器人，身高 1.5 米，体重 89 千克，步行速度 9 千米 / 小时，全身移动负重 11 千克。Atlas 机器人的亮点是通过跑酷模式探索机器人运动极限，目前仅用于科研，尚未产品化。Atlas 机器人亮相于 2013 年 7 月，最初被设计用于搜救等任务，在 2015 年美国国防高级研究计划局机器人挑战赛决赛中，25 支团队有 6 支使用 Atlas 机器人参赛。开发团队以跳舞、跑酷等高难度挑战为目标持续优化 Atlas，使其在运动能力和实时反应能力上不断突破极限，并于 2020 年 12 月和 2021 年 8 月分别在官网发布了 Atlas 跳舞和跑酷的视频，展现了 Atlas 在运动控制和实时反应上的优势。2024 年 4 月，波士顿动力新版 Atlas 人形机器人亮相，正式转向纯电驱动。

3.4.7.3 特斯拉 Optimus 机器人

Optimus 机器人（擎天柱）是特斯拉公司开发的一款人形机器人，身高 1.72 米，体重 56.6 千克，步行速度 8 千米 / 小时，全身站立负重 58.05 千克，全身移动负重 20.41 千克，单手负重 4.53 千克。2022 年 10 月 1 日，在特斯拉 AI Day 上，Optimus 机器人原型机正式亮相，机器人搭载特斯拉同款的自动驾驶软件系统和传感器。2024 年 5 月 5 日，特斯拉发布 Optimus 最新进展视频，展现了其分拣电池、行走、执行工厂任务的能力。2024 年 6 月 13 日，特斯拉在股东大会上宣称将在 2025 年开始限量生产 Optimus 机器人，并于 2025 年在自己的工厂进行测试。

3.4.7.4 小米 CyberOne 机器人

CyberOne 机器人（铁大）是小米公司于 2022 年 8 月 11 日发布的首款全尺寸人形仿生机器人。身高 1.77 米，体重 52 千克，步行速度 3.6 千米 / 小时，单手负重 1.5 千克。CyberOne 搭载小米自研 Mi-Sense 深度视觉模组，结合 AI 算法，使其具有完整的三维空间感知能力，更能够实现人物身份识别、手势识别、表情识别功能，能够实现 85 种环境识别和 6 大类 45 种人类情绪识别。

3.4.8 创新企业案例

选取国内外主要从事机器人研发的初创型企业作为创新企业代表进行分析。

3.4.8.1　A 公司

A 公司成立于 2012 年，位于中国深圳，是全球领先的人工智能和人形机器人研发、制造和销售为一体的高科技创新企业。A 公司自研人工智能算法作为机器人的"大脑"，同时实现了机器人伺服驱动器的大规模量产，赋予机器人灵活运动的"关节与躯干"。2017 年，A 公司入选 CB Insights 评选出的"AI 100"全球榜单。2024 年 5 月 31 日，东风柳汽与 A 公司正式签署人形机器人应用战略合作协议，共同推动人形机器人在汽车制造场景的应用。

A 公司专注于人工智能及机器人核心技术的应用型研发、前瞻性研发与商业化落地，研发了高性能伺服驱动器及控制算法、运动控制算法、面向服务机器人的计算机视觉算法、智能机器人自主导航定位算法、ROSA 机器人操作系统应用框架、语音等核心技术，在此基础上推出了商用服务机器人和个人/家用服务机器人等一系列产品，同时提供人工智能教育、商业服务、安防巡检、公共卫生防疫、智慧物流、智慧康养等多行业解决方案。

2021 年 7 月 7 日，A 公司在 2021 世界人工智能大会上发布了全新一代大型仿人服务机器人 Walker X。该机器人身高 1.3 米，体重 63 千克，步行速度 3 千米/小时，单手负重 1.5 千克。搭载 41 个高性能伺服关节以及多维力觉、多目立体视觉、全向听觉和惯性、测距等全方位的感知系统，拥有视觉定位导航和手眼协调操作技术，自主运动及决策能力大幅提高，能实现平稳快速的行走和精准安全的交互。

2023 年，A 公司研发了用于工业领域的人形机器人 Walker S，并在 2023 年年底 A 公司上市当天首次亮相。目前 Walker S 已经在蔚来的汽车工厂进行"实训"，"实训"任务包括移动产线启停自适应行走、鲁棒里程计与行走规划、感知自主操作与系统数据通信与任务调度等。公司计划 2024 年年底前实现 Walker S 的小批量量产。

3.4.8.2　B 公司

B 公司成立于 2015 年，是一家通用机器人平台型企业。成立至今，B 公司陆续获得 IDG、国中资本、沙特阿美、张江科投、软银愿景等国内外多家顶尖机构的近 10 亿元融资，并荣获国家重点"专精特新"小巨人企业、工信部新一代人工智能技术攻关揭榜企业、上海市小巨人企业、上海市企业技术中心、中国工业设计奖等荣誉称号及奖项。

B 公司坚持聚焦通用机器人底层技术，不断攻克核心零部件（执行、感知）能力瓶颈，力争以高性能机器人本体为各类行业场景提供技术开放平台，让机器人技术真正通用化、普及化。公司研发团队覆盖机械电子、软件算法、工程测试等机器人领域全板块，并自建高技术密度、医疗级机器人产品量产交付能力。

2023 年 7 月，B 公司在 2023 世界人工智能大会上发布首款 GR-1 通用人形机器人，GR-1 高 1.65 米，重 55 千克，拥有模拟人类体形的头部、躯干和四肢。全身最多达 54 个自由度，可模拟人类不同运动方式，实现转头、扭腰、抓取、跑步、跳跃等拟人化运动。

3.4.8.3　C 公司

C 公司成立于 2015 年，是从俄勒冈州立大学拆分出来的机器人公司，总部位于俄勒冈州的科瓦利斯，同时在匹兹堡和加利福尼亚州的帕洛阿尔托设有分支机构。公司以"通过机器人合作伙伴来增强人类劳动力，进而彰显更人性化的一面"为使命。2024 年，C 公司荣获了 RBR50（Robotics Business Review）年度机器人奖。

C 公司为物流、远程呈现、自动检查、娱乐和研究等应用开发功能强大的双足机器人。曾经获得过美国国防部高级研究计划局的资助，目前的业务重心是人形机器人执行卸载货车、搬运箱子、管理货架等仓储工作。

2019 年，C 公司发布第三代产品 Digit。Digit 身高 1.75 米，重 65 千克，能够在各种地形上行走、跑跳、上下楼梯，还能够抓取和搬运重达 18 千克的物品。目前，Digit 已经开始在美国的一些城市进行试运营，与福特汽车、沃尔玛等公司合作。2023 年 9 月，C 公司在俄勒冈州塞勒姆开设第一家机器人制造厂 RoboFab，用于大规模生产 Digit，预计第一年生产数百台，随后扩展到每年生产 1 万台左右。

3.4.8.4　D 公司

D 公司成立于 2022 年，公司目标是通过工程技术为人类创造更高的生活质量，修复供应链，并支持新兴经济体。公司的愿景是通过人形机器人使人类能够做更多的事情，解决严重的劳动力短缺问题，并减少从事危险工作的工人数量。

D 公司目前正在开发的自主通用人形机器人旨在与人类进行交互并执行多种任务，可以自动执行一系列动作，包括行走、搬运、操作物体等。应用场景包括仓库管理、物流配送、医疗保健等领域。

2024 年 3 月，D 公司与 OpenAI 合作推出由大模型加持的通用型机器人 Figure01。Figure01 身高 1.67 米，重 59.8 千克，最多可负重 20 千克，采用电机驱动，续航时间 5 小时，行走速度 4.32 千米 / 小时。Figure01 通过端到端神经网络，可以和人类自如对话。基于 OpenAI 提供的视觉理解和语言理解能力，它能完成快速、简单、灵巧的动作。2024 年 1 月，德国汽车制造巨头宝马宣布与 D 公司达成重要合作，计划将 Figure01 机器人引入美国的宝马工厂。

3.5 新型储能技术

新型储能是新型电力系统的重要组成部分，一般是指除抽水蓄能外，以输出电力为主要形式并对外提供服务的储能技术，具有建设周期短、布局灵活、响应速度快等优势，可在电力系统运行中发挥调峰、调频、调压、备用、黑启动、惯量响应等多种功能，是构建新型电力系统的重要支撑技术。

3.5.1 主要国家战略规划

近年来，全球主要经济体高度重视发展新型储能技术，先后出台相关法律法规、战略规划，大力支持新型储能研发及其产业化。

美国将发展新型储能技术作为重要的战略技术方向。2019 年，美国出台《最佳储能技术法》，支持部署各种长时储能系统研发及其商业化；《电池储能创新法》提高美国住宅、工业或交通应用"创新技术贷款担保"支持储能项目。2021 年《两党基础设施法》提供 50 亿美元支持电网储能示范及商业化部署，30 亿美元支持电池储能系统的制造业扩大生产规模等。2022 财年，美国能源部为《储能大挑战》申请前沿跟踪储能研发活动预算经费 11.6 亿美元。2022 年 5 月 12 日，美国能源部新的清洁能源示范办公室启动一项为期四年的长时储能计划，投资 5.05 亿美元，验证电网规模的长时储能技术可用性、降低成本并提高服务客户和社区的能力。2022 年 11 月 4 日，美国白宫宣布启动《净零规则改变者倡议》并发布《美国创新实现 2050 年气候目标》报告，明确提出对于"净零游戏规则改变者"所涉及的 37 项关键技术予以大力支持，其中先进电池、长时储能等就是重要的新型储能技术。

欧盟大力发展新型储能技术，支撑实现 2050 年碳中和目标。2021 年 1 月，欧盟开始实施《第九期研发框架计划"地平线欧洲"（2021—2027）》，将绿色和数字双转型作为重点支持方向，对新型储能技术进行部署，提升新型储能技术的竞争力。2021 年 4 月，欧盟发布《可持续金融分类法》，未来加大支持投入的领域包括电池制造、储存电力并以电能形式返回的储能设施建设或运营。2021 年 6 月，欧洲议会和理事会通过《欧洲气候法》，将 2050 年气候中和目标纳入欧盟法律，提出加强部署新型储能技术，支撑 2050 年实现欧盟气候中和目标。2024 年 5 月 27 日，欧盟理事会正式通过《净零工业法》，提出支持电池与储能、电解槽和燃料电池等关键净零技术，推动工业领域实现碳中和目标。

日本、韩国其他主要经济体通过制定相关战略支持部署储能技术研发。2020 年 12 月 25 日，日本发布《绿色增长战略》，把蓄电池产业作为十四个重要领域予以部署，针对蓄电池产业提出日本将在 2021—2030 年大力部署新型储能技术，通过加强研究开发、扩大规模降低成本、推动成果示范、制定新型储能的规则与标准等重点任务，增强蓄电池产业的全球竞争力。2021 年 12 月，韩国政府发布《2050 碳中和推进战略》，确立培育新型储能等产业，实现经济社会全面绿色发展。2021 年，韩国为明确碳中和技术创新方向，再次发布《碳中和技术创新推进战略》《碳中和产业、能源研发战略》《2050 年碳中和路线图》等相关战略，集中优势资源支持储能等关键核心技术攻关，促进科技成果转化，构建稳固有效的实施体系，推动实现 2050 年碳中和目标。2021 年 11 月，澳大利亚政府公布《澳大利亚关键技术蓝图》《澳大利亚关键技术行动计划》，列出了 7 个领域共计 63 项关键技术清单，其中包括充电电池、超级电容等与低碳减排密切相关的关键技术。

我国非常重视新型储能的发展及其产业化。2016年3月，国家发展改革委、国家能源局发布《能源技术革命创新行动计划（2016—2030年）》（发改能源〔2016〕513号），并同时发布《能源技术革命重点创新行动路线图》，对先进储能技术创新进行部署，支持研究太阳能光热高效利用高温储热技术、分布式能源系统大容量储热（冷）技术以及面向可再生能源并网、分布式及微电网、电动汽车应用的储能技术，积极探索研究高储能密度低保温成本储能技术、新概念储能技术（液体电池、镁基电池等）、基于超导磁和电化学的多功能全新混合储能技术，争取实现重大突破。2021年7月，国家发展改革委、国家能源局发布《关于加快推动新型储能发展的指导意见》（发改能源规〔2021〕1051号），提出强化规划引导，鼓励储能多元发展；推动技术进步，壮大储能产业体系；完善政策机制，营造健康市场环境等举措，到2025年实现新型储能从商业化初期向规模化发展转变，到2030年实现新型储能全面市场化发展。2022年2月，国家发展改革委、国家能源局根据推动新型储能发展的指导意见，正式印发《"十四五"新型储能发展实施方案》（发改能源〔2022〕209号），提出开展钠离子电池、新型锂离子电池、铅炭电池、液流电池、压缩空气、氢（氨）储能、热（冷）储能等关键核心技术、装备和集成优化设计研究，集中攻关超导、超级电容等储能技术，研发储备液态金属电池、固态锂离子电池、金属空气电池等新一代高能量密度储能技术。2024年"发展新型储能"首次被写入政府工作报告。2024年4月，国家能源局下发《关于促进新型储能并网和调度运用的通知》（国能发科技规〔2024〕26号），提出规范新型储能并网接入管理，优化调度运行机制，充分发挥新型储能作用，支撑构建新型电力系统。可见，我国对新型储能高度重视，旨在抢占新型储能技术的制高点，支撑引领能源技术革命。

综上所述，新型储能已成为全球主要国家争夺的焦点，相关国家纷纷加大部署支持，推动新型储能技术的研究与发展。

3.5.2 主要技术方向

本质安全关键技术是新型储能发展的基础。安全是储能应用的基础。储能载体的本质安全按照难易实现程度，可分为储能仓、模组和电芯三个不同级别的本质安全，其中储能仓级别的本质安全最容易做到，模组级别的本质安全要求更高，电芯级别的本质安全最难达到。目前，锂电储能项目已达到模组级别的本质安全设计，但仍存在电芯热失控的隐患。当前电芯级别的本质安全技术包括水系电解液技术、固态电解质技术和安全剂注入电芯内部技术三个主要方向。

修复延寿关键技术是新型储能发展的关键。修复延寿关键技术包括寿命提升与寿命预测。新型储能系统寿命可通过优化材料体系、创新结构设计、修复再生等予以提高，进而降低全生命周期储能度电成本，这是新型储能技术开发的重要内容。寿命预测包括有效预测及测试评价技术，由于新型储能系统的复杂性，其使用寿命受到运行环境、运行方式、电池一致性等诸多因素的影响，目前寿命预测大多停留于实验室阶段。

绿色回收关键技术是新型储能发展的保障。关键矿产是制约新型储能发展的重要因素，因此绿色回收关键技术是新型储能可持续发展的重要保障。绿色回收关键技术包括绿色材料和再生材料、回收提取工艺流程、方便拆解回收技术等。

3.5.3 主要技术路线

结合我国 2016 年发布的《能源技术革命创新行动计划（2016—2030 年）》（发改能源〔2016〕513 号）、《能源技术革命重点创新行动路线图》，新型储能技术路线主要包括储热储冷、物理储电及化学储电等，具体路线图如图 3-1 所示。

由图 3-1 可知，目前大部分新型储能技术处于试验示范阶段，大容量热化学储热技术、基于超导磁的新型混合储能系统、10 兆瓦大容量液态金属电池及镁基电池、氯离子电池等新概念化学储能技术还处于集中攻关阶段，分布式能源系统中的大容量储热储冷系统、超临界压缩空气储能关键技术等已实现推广应用。

3.5.4 未来发展趋势

新型储能装机容量快速增长且新技术不断涌现。2023 年以来，我国多个 300 兆瓦等级压缩空气储能项目、100 兆瓦等级液流电池储能项目、兆瓦级飞轮储能项目开工建设，重力储能、液态空气储能、二氧化碳储能等新技术落地实施，总体呈现多元化发

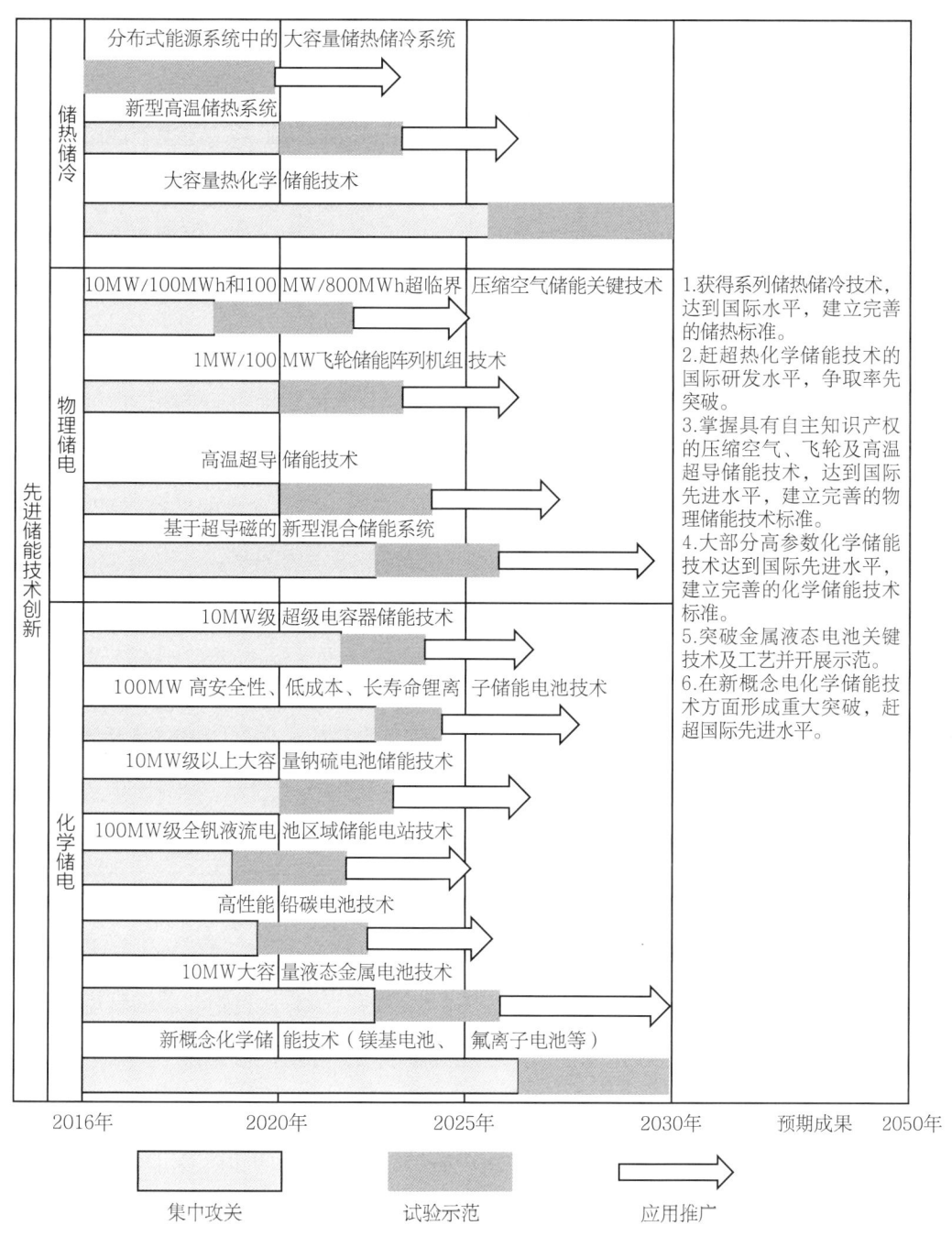

图 3-1 新型先进储能技术路线图

展态势。截至 2023 年年底，已投运锂离子电池储能占比 97.4%，铅炭电池储能占比 0.5%，压缩空气储能占比 0.5%，液流电池储能占比 0.4%，其他新型储能占比 1.2%。

097

新型储能技术的未来发展重点是全产业链高质量可持续发展。新型储能技术未来主要围绕"长效设计、低碳制造、安全运维和绿色回收"理念，聚焦寿命、回收和安全等共性关键技术，在循环寿命的预测及测试评价、低成本修复延寿、退役电池的梯次利用、绿色回收再生、本质安全、安全检测及预警防护等技术方面加快技术创新和迭代升级，推动新型储能技术的研发、应用示范与成果转化，结合不同应用场景需求建立和完善新型储能规范及标准体系，加快形成新质生产力。

新型储能技术与数字化、信息化、智能化等技术深度融合。随着5G、新一代互联网、数字孪生、人工智能等新技术的不断更新与迭代，未来应重点加强新型储能技术的数字管理、数字运营、系统建设和数据共享，优化储能系统的全生命周期管理，深化新型储能数据资源在联盟内部的共享、分析、流动、应用，推动新型储能技术的数字化、信息化与智能化，加快智慧能源革命，重塑未来智慧能源发展图景。

3.5.5　市场规模

当前，新型储能技术规模不断扩大，呈现持续上升趋势。根据中关村储能产业技术联盟发布《2024中国储能技术与产业最新进展与展望报告》显示，2023年全球新型储能市场累计装机规模91.3吉瓦，年增长率达99.6%；新增投运规模45.6吉瓦，与2022年同期规模几乎持平。

2023年全球新增新型储能市场中，中、美、欧继续主导，合计占全球市场的88%；电源侧、电网侧和用户侧分别占28%、48%和24%。其中，美国新增规模突破8吉瓦；供给侧占比超91%；欧洲新增规模突破10吉瓦，德、意、英新增装机合计占比达76%；户储占比67%。德国继续引领欧洲及全球户储市场发展；意大利继推行超级奖金激励政策后，跃升至欧洲第二大户储市场；英国新增储能装机规模创历年新高，达1.5吉瓦，拟建、在建项目储备丰富。2023年年底，中国累计投运新型储能装机规模34.5吉瓦，年增长率达166%，占全球市场的38%；新增新型储能投运装机规模21.5吉瓦，是2022年同期水平的3倍，占全球市场的47%。

3.5.6 投融资情况

当前，新型储能已成为世界主要经济体科技产业布局的重点领域之一，吸引了大量公共投资和社会资本，形成投资价值数百亿美元。

2024年，国际能源署发布《世界能源投资2024》报告，报告显示全球电池储能投资继续快速增长，2023年达到400亿美元，随着成本持续下降，预计2024年将进一步增长。2017—2024年全球按地区和细分市场划分的电池储能投资如图3-2所示，其中OECD太平洋区域主要包括日本、韩国、澳大利亚和新西兰等。

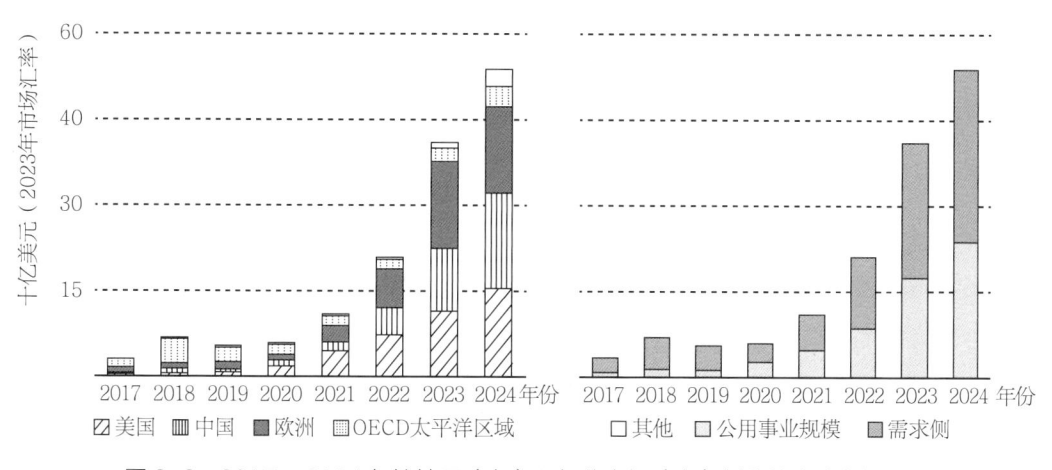

图3-2 2017—2024年按地区（左）和细分市场（右）划分的电池存储投资

由图3-2可见，2023年电池储能投资中的90%集中在中国、美国和欧洲。2023年中国电池储能支出增长了近2.5倍，达到110亿美元；预计2024年中国电池储能的资本支出尽管增长速度略慢，但仍将继续增长。2023年美国电池储能投资上升到110亿美元，预计2024年也会有类似的增长。2023年欧洲电池储能投资翻了一番多，达150亿美元；预计2024年持续的电价波动、支持性的储能拍卖和免税将支持类似的投资水平，并逐步加大关注公用事业规模系统。亚太地区（除中国外）的电池储能支出增长了40%，达到近25亿美元，其中日本和澳大利亚领涨。"十四五"以来，我国新增新型储能装机直接推动经济投资超1000亿元人民币，进一步拓展了产业链上下游，成为我国经济发展新动能。

3.5.7 主要产品

新型储能相关产品覆盖范围广,涉及储热储冷、物理储能及化学储能等领域。

储热储冷领域。储热储冷包括盐蓄热、热泵、太阳能储热等技术。例如,盐蓄热是将盐类物质在高温下熔化,储存热能;待需要热能时,将盐水、硝酸钾等盐类物质在低温下凝固,热储罐、热储槽等释放热能。热泵是利用空气源、地源、水源等作为热源和热载体,通过适当的换热器、压缩机等组件在压缩和膨胀过程中吸收和释放热能,实现热能的储存和利用。

物理储能领域。物理储能包括压缩空气储能、飞轮储能、超级电容器、超导储能等技术。压缩空气储能通常需要设计和建造相应的储气罐、压缩机、膨胀机等设备,并需要合理设计和控制系统,实现热能的高效储存和利用。飞轮储能是利用高速旋转的轮盘来存储机械能,待需要时,利用合理设计和控制系统通过轮盘、电机、减速器等设备将机械能转换为电能,实现热能的储存和利用。

化学储能领域。化学储能是将化学反应过程中的电能转化为化学能进行储存,一般包括全钒液流电池、多硫化钠/溴液流电池、锌溴液流电池、钠/多硫化钠电池、钠/氯化镍电池、镍氢电池、锂离子电池、锌空电池和铝空电池等。例如,锂离子电池采用锂离子在正负极之间的移动来实现电荷和放电,主要构成部分包括正极、负极、电解质和隔膜,具有高能量密度、长循环寿命、低自放电、无污染等优点。

3.5.8 创新企业案例

3.5.8.1 A 公司

A 公司是全球领先的新能源创新科技公司,成立于 1999 年,致力于打造全球锂离子电池的龙头企业。2011 年,参与全球规模最大的风光储输示范工程——张北储能项目。2014 年,成立德国子公司。2015 年,收购邦普,布局回收领域。2016 年,设立企业新能源院士工作站。2017 年,成立法国、美国、加拿大、日本全资子公司，并与上汽集团成立合资公司。2018年，深圳证券交易所（以下简称深交所）上市，与东风汽车、广汽集团设立合资公司。2019年，成立国家工程研究中心，与吉利汽车、一汽集团成立合资公司。2020年，与国网综合能源服务集团成立2家储能合资公司，参与建设晋江百兆瓦级储能电站，成立21C创新实验室。2021年，被评为"灯塔工厂"，与中国科学院成立联合实验室，与厦门大学共建厦门时代新能源研究院，布局上海创新中心、未来能源研究院，实现美国得州220兆瓦时液冷储能项目并网。2022年宜宾工厂获得全球首家电池零碳工厂认证并被评为"灯塔工厂"。2023年发布零碳战略，动力电池系统使用量连续7年全球第一，储能电池出货量连续3年全球第一，瑞庆时代获得电池零碳工厂认证，2023年全球动力电池产业规模持续扩大，总使用量达705.5吉瓦时，同比增长38.6%，储能使用量达196.7吉瓦时。

（1）业务布局

A公司战略布局主要以可再生能源和储能为核心实现固定式化石能源替代、以动力电池为核心实现移动式化石能源替代、以电动化+智能化为核心实现市场应用的集成创新，构建材料及材料体系创新、极限制造创新、系统结构创新及商业模式创新四大创新体系，推动产业链深度融合，加快全球化布局，打造全面电动化体系及产业生态，为全球新能源应用提供具有竞争力的一流解决方案和绿色能源服务。

（2）亮点产品

A公司生产的新型储能系列产品在全球市场处于主导地位。2021年7月29日，成功发布第一代钠离子电池首场线上里程碑式成果，将为能源清洁化和交通电动化提供全新解决方案，推动实现碳中和目标，同时发布会上首次亮相创新的锂钠混搭电池包。2022年6月23日，发布第三代CTP——麒麟电池，系统集成度创全球新高，体积利用率突破72%，能量密度可达255瓦时/千克，轻松实现整车续航1000千米。2023年8月16日，发布全球首款采用磷酸铁锂材料并可实现大规模量产的4C超充电池——神行超充电池，实现"充电10分钟，续航400千米"的超快充速度，续航里程达700千米以上，极大缓解了用户的补能焦虑，全面开启了新能源车的超充时代。

3.5.8.2 B 公司

B 公司始于 2008 年，专注于储能系统及设备的技术研发和推广应用，已形成集储能产品研究、开发、制造、销售、服务、回收于一体的完整产业链，产品全面覆盖电网储能、工商业储能、家庭储能等应用领域。依托全球领先的电池研发制造技术和强大的创新能力，B 公司始终坚持为客户提供安全可靠的电池储能系统，在新能源领域率先开发出全新的商业模式——"光储一体化"，旨在突破传统光伏发电瓶颈，使其满足更加多样化的市场需求，已为国内外数百个储能项目提供安全可靠的储能系统解决方案，推动全球能源低碳转型。

（1）业务布局

B 公司在二次充电电池领域进行全产业链布局，包括从矿产资源开发到电池包产出；在技术上具备深厚的材料研发实力、精湛的电芯以及封装设计能力，同时拥有完备的大规模全自动化生产线，处于国际领先水平；目前产品涵盖镍氢电池、钴酸锂电池、磷酸铁锂电池、三元电池，广泛应用于电子产品、电动汽车、储能等领域。

（2）亮点产品

一是源网侧储能系统产品。MC Cube ESS 是全球首款"佩刀"储能产品，5 易全面优化，5 维超级提升；Cube T28 是全球首款通过 UL9540A 和 GB36276 测试的液冷电池储能系统；20ft ESS，20 尺集装箱采用标准海运箱外尺寸，搭载魔方产品 BMS 技术平台，可实现 1/2/8 路输出灵活搭配 PCS，填补魔方产品 1C/0.5C 应用领域，合理化模组尺寸有效降低箱体维护空间；MC Cube 是全球首款集成刀片电池的工商业电池储能产品，具有高度集成化设计、超高能量密度。

二是工商业储能产品。Chess Pro 储充应用的电池系统适用于各类电动汽车充电站、换电站。

三是 BATTERYBOX，LV5.0 户用储能解决方案采用 CTP 结构，集合了极致安全、灵活拓展、兼容性强、一键适配等特点。

3.5.8.3 C 公司

C 公司是某集团在电子领域的附属企业之一，生产和销售电子零件及其部件。C 公司（中国）是指某集团中国的显像管生产部门，自1996年起分别在天津、上海、深圳、东莞建立了4个生产工厂，是世界上最大的显像管生产基地。2016年9月6日，在C公司已出货或到达消费者手中的约250万部Note 7手机中，70%电池由C公司供应。2023年4月，C公司宣布建立上海新的电池研发中心，提高其在中国的技术竞争力。

（1）业务布局

C公司在先进电池材料、小型电池、二次电池、ESS用二次电池等中大型电池、电子材料领域开展研究和布局，适时开发半导体、显示器、新能源等尖端IT产品上使用的核心材料，致力于开发采用创新技术、质量过硬、具有竞争力的产品；同时还将尖端材料扩展到配件领域。未来C公司将进一步加强在能源未来产业中心构架中的材料技术和实力，力争领先全球储能技术。

（2）亮点产品

C公司开发出一个完整的电池平台组合，能够大规模生产各种先进的汽车电池，开发出高压电池系统的包装方案并为全球汽车的OEM开发各种项目：PHEV电池组采用单一体积功率和能量密度高的电池单元，可以实现更长的电力驱动行驶距离，可应用在插电式混合动力车；HEV电池组的设计重量较轻，并具有高功率密度与高强度，可应用在商用车辆、全混合动力汽车等。2023年6月29日，C公司宣布完成全固态电池的试验生产线，并于2023年下半年开始生产样品。

3.5.8.4 D公司

作为全球电池技术领域的领先企业，D公司业务涵盖动力电池、小型电池、储能系统三大领域，持续深耕电池技术革新及研究与开发30年，在全球拥有25000项专利，专利数量位居全球第一，员工超过34000名。2022年，D公司动力电池装机量70.4GWh，在2022年全球动力电池装机量上排名第三，同比2021年增长18.5%。

（1）业务布局

D公司拥有强大的全球经营网络，并与通用汽车、Stellantis N.V.、现代汽车集团、本田汽车等全球主流汽车品牌合资共建生产基地，涵盖北美、欧洲、亚洲核心区域。D公司布局了三元正极材料、负极材料以及高安全隔膜等核心关键材料技术，已突破常温下快充的长寿命全固态电池技术等，正在开发全固态电池。

（2）亮点产品

作为全球最早量产三元正极材料的公司，D公司聚焦市场对高续航里程、高安全新能源车型的需求，在行业中率先实现了升镍降钴的四元锂电池（NCMA）的量产。与高镍8系NCM三元材料相比，加入铝元素的高镍四元锂电池有着高能量密度、优异的热稳定性等优势。D公司还率先将硅氧应用于动力电池的负极材料，不仅于2019年在全球最早实现采用硅氧负极的产品量产，还不断研发更高效率的硅氧材料，以实现更优异的电池能量密度和快充性能。D公司掌握有高安全隔膜等核心关键材料技术，并开发了应用人工智能和深度学习技术的智能BMS，通过OTA实现大数据和安全诊断算法结果的传送，实时优化电池的安全精准监控与预警。同时应用最新安全技术的模组与CTP高集成设计，实现不起火和自熄灭，大幅提升了高能量密度动力电池的安全性与可靠性。

3.6 生成式人工智能技术

生成式人工智能技术是基于海量训练数据和大规模预训练模型，在现有文本、图像、音频、视频的基础上创造新内容的智能技术集合。自2022年ChatGPT发布以来，全球爆发生成式人工智能热潮，成为人工智能从"感知"智能走向"认知"智能的关键环节，正在被快速集成应用到现实世界的各种人工智能系统中。

3.6.1 主要国家战略规划

美国加快部署生成式人工智能技术研发及其在军事国防领域的应用。2023年5月，美国在更新后的《国家人工智能研发战略计划》中，将"对基础和负责任的人工智能研究进行长期投资"列为第一项战略，并指出致力于开发更易使用和更可靠的人工智能以及评价和管理生成式人工智能相关风险。在ChatGPT推出不到两个月后，美国国防信息系统局便将类似的生成式人工智能技术列入"技术观察清单"，作为美军未来必备的基础能力。美国中央情报局随后宣布将生成式人工智能技术用于情报工作。美国陆军也正在制定使用生成式人工智能的新政策指南。

欧洲致力于生成式人工智能技术的安全与伦理等问题的治理行动。2021年4月，欧盟委员会提出内容包括严格禁止"对人类安全造成不可接受风险的人工智能系统"的《人工智能法案》，经过将近三年的辩论和修订，欧盟于2024年3月13日就《人工智能法案》达成历史性政治协议，该法案将治理生成式人工智能技术发展和产品使用。2023年11月，英国组织召开全球首届人工智能安全峰会，联合28个国家发布《布莱切利宣言》，倡导负责任地设计、开发和使用人工智能系统。

我国高度重视生成式人工智能的技术发展产业应用及安全治理等。自国务院于2017年发布《新一代人工智能发展规划》（国发〔2017〕35号）以来，我国各地持续出台支持政策，加强大模型技术和产业持续发展。科技部从2021年开始布局实施大模型旗舰项目群，支持开发大模型技术开源体系，打造全面支撑大模型技术发展的开源算法体系和一站式基础软件平台，组织研究大模型的伦理治理问题。国家网信办等七部门于2023年7月联合公布《生成式人工智能服务管理暂行办法》，促进生成式人工智能健康发展和规范应用。

其他主要经济体也强调通过生成式人工智能实现科技创新和经济发展。韩国于2023年4月发布《AI大模型竞争力提升方案》，旨在构建人工智能大模型平台，创新人工智能大模型应用服务，利用人工智能加速数字经济发展。新加坡于2023年12月推出《国家人工智能战略2.0》，强调通过生成式人工智能等技术创新不断完善公共服务的效率与效果。俄罗斯于2023年12月更新《国家人工智能发展战略》，将扩大生成式人工智能和大型语言模型领域的基础与应用研究列为重点任务。

3.6.2 主要技术方向

指令微调技术：是一种可以帮助语言大模型实现人类语言指令遵循的能力，在零样本设置中泛化到未见任务上的学习方法。指令微调学习让语言大模型对齐理解人类指令并按照指令要求完成任务，涉及指令理解、指令数据获取和指令对齐等内容。

指令提示技术：通过提供提示来给数据嵌入额外的上下文，以重新组织下游任务，使之看起来更像是在语言大模型预训练过程中解决的问题。主要包括少样本提示、零样本提示和上下文学习三种模式。

思维链技术：推理过程通常涉及多个推论步骤，通过多步推理允许产生可验证的输出，以提高黑盒模型的可解释性。思维链技术已被广泛用于激发语言大模型的多步推理能力，通过增加中间推理步骤增强语言大模型的推理和可解释性，类似于人类使用深思熟虑的过程来执行复杂任务。

知识增强技术：利用知识构建额外的预测目标和约束函数来增强模型的原始目标函数，通过分析和理解大量数据来增强系统的知识库。

3.6.3　主要技术路线

2014 年推出的生成对抗网络（GAN）是早期最为著名的生成模型，随后基于 Transformer 模型的语言类生成模型和基于扩散模型的图像类生成模型相继涌现，适用于多任务、多场景、多功能需求。

最早期的生成模型——生成对抗网络，使用合作的零和博弈框架进行学习，被广泛应用于生成图像、视频、语音和三维物体模型等。生成对抗网络后续也产生了许多流行的架构或变种，如 DCGAN、STYLEGAN、BIGGAN、STACKGAN、Pix2Pix、Age-CGAN、CYCLEGAN、对抗自编码器（AAE）、对抗推断学习（AL）等。

最主流的生成模型——Transformer 网络架构，是一种采用自注意力机制的深度学习模型，最初用来完成不同语言之间的文本翻译任务，主体包括编码器和解码器，分别负责对源语言文本进行编码和将编码信息转换为目标语言文本，广泛使用在自然语言处理、计算机视觉领域。BERT、GPT-3、Lamda 等主流生成式模型都是基于 Transformer 模型建立的。

经典的图像生成器——扩散模型，是受非平衡热力学的启发，定义一个扩散步骤的马尔可夫链，逐渐向数据添加随机噪声，然后学习逆扩散过程，从噪声中构建所需的数据样本。扩散模型相对于生成对抗网络来说，具有更加灵活的模型架构和精确的对数似然计算，可以纯噪声作为唯一输入生成逼真的图片。

先进的图像生成器——Diffusion Transformer（DiT），是一种结合了去噪扩散概率模型和 Transformer 架构的新型扩散模型，使用 Transformer 来训练图像的潜在扩散模型，取代了通常使用的 U-Net 骨干网络，融合了扩散模型与自回归模型的双重特性。DiT 在图像和视频生成任务中展现出了强大的能力，能够生成高质量、逼真的图像和视频内容，具有广泛的应用潜力，包括艺术创作、游戏开发、虚拟现实和数据增强等领域。

3.6.4 未来发展趋势

一是多模态技术将成为人工智能大模型的主战场。2023 年以来，OpenAI 发布的 GPT-4V、Google 发布的 Gemini、Anthropic 发布的 Claude 均为多模态模型，展现出了出色的多模态理解和生成能力。未来，多模态有望实现任意模态的输入和输出，包括文本、图像、音频、视频、3D 模型等多种模态。

二是 3D 生成将是生成式人工智能技术的下一个突破口。目前 3D 生成的主流技术路径大致可分为：①文本—2D，再通过扩散模型完成 2D—3D，或直接通过 2D 素材完成 3D 建模；②直接文本—3D，该路径直接使用 3D 数据进行训练，从训练到微调、到推理都基于 3D 数据。未来，3D 生成技术可广泛应用于 3D 虚拟人、3D 人脸、3D 场景等领域。

三是具身智能有望推动智能涌现从虚拟世界走向物理世界。2024 年 3 月，机器人初创企业 Figure 展示了基于 OpenAI 模型的全尺寸人形机器人 Figure01，机器人动作流畅且所有行为都是学到的（不是远程操作）。当生成式人工智能模型迁移到机器人上，大模型的智能和泛化能力有望加快实现通用机器人。

3.6.5 市场规模

生成式人工智能是当下最炙手可热的人工智能应用方向，全球生成式人工智能市场规模正呈现出惊人的增长趋势。据 Statista 预测，美国生成式人工智能市场预计从 2023 年的 160 亿美元增长到 2030 年的 600 亿美元；欧洲生成式人工智能市场规模将从 2023 年超过 120 亿美元，以每年约 60 亿美元的速度增长。据工信部测算，2023 年我国生成式人工智能市场规模约为 14.4 万亿元，预计到 2035 年将突破 30 万亿元，在全球总市场规模中占比超过 35%，成为全球人工智能产业链的重要一环。

3.6.6 投融资情况

伴随着生成式人工智能的迅速崛起，巨额投资纷纷进入了各类初创公司。过去五年的投资共计超过 220 亿美元，尤其是在 2023 年，投资金额与往年拉开了明显的差距。美国在生成式人工智能领域的投资巨大，2022 年投资总额达到了 474 亿美元，是中国的约 3.5 倍，并且呈现激增态势。高盛预测，到 2025 年美国在大模型相关投资可能达到千亿美元，约占全球的一半。

在企业融资方面，模型制造商 OpenAI 遥遥领先，但 Anthropic、Adept AI、Inflection AI、Aleph Alpha 和其他公司也筹集了大笔资金。同时，垂直领域的模型制造商开始崭露头角，如 Hippocratic.ai 公司以健康为重点的大模型项目获得了 5000 万美元的种子轮融资。在国内，来自"清华系"的生成式人工智能企业获得了风险资本的大力支持，智谱清言 2013 年获得社保基金、阿里、腾讯、高瓴、美团等科技巨头和知名机构超 25 亿元人民币的融资，企业估值已经超过百亿元，是国内当前估值最高的人工智能大模型独角兽。

3.6.7 主要产品

3.6.7.1 文本生成方面产品

文本生成方面主要产品包括 OpenAI 发布的 GPT 系列产品、Meta 开源的 LLaMA 系列模型以及国内的文心一言和 GLM 系列模型。

OpenAI 的 GPT 系列模型是自然语言处理领域的重大突破，其中 ChatGPT 和 GPT-4 是两个代表性模型。ChatGPT 专注于对各种文本指令作出回应，模型的训练过程包括有监督的指令微调与强化学习，可以执行包括代码编写、数学问题求解、写作建议等各种任务。GPT-4 在推理方面的能力比 ChatGPT 更强，同时也减少了幻象的产生，能够更准确地理解和回应复杂问题，从而提供更高质量的答案。

LLaMA 系列模型是一组参数规模从 7B 到 65B 的基础语言模型，它们都是在数万亿个字符上训练的，展示了如何仅使用公开可用的数据集来训练最先进的模型，而不需要依赖专有或不可访问的数据集。LLaMA 模型使用了大规模的数据过滤和清洗技术，以提高数据质量和多样性、减少噪声和偏见。LLaMA 模型还使用了高效的数据并行和流水线并行技术，以加速模型的训练和扩展。

文心一言基于百度文心大模型的知识增强语言大模型，于 2023 年 3 月在国内率先开启邀测。文心一言采用有监督精调、人类反馈的强化学习、提示等技术，还具备知识增强、检索增强和对话增强等关键技术。当前，以文心一言为代表的大模型已经逐步赶超国外最优水平。文心一言基于飞桨深度学习框架进行训练，算法与框架的协同优化后效果和效率都得到提升，模型训练速度达到优化前的 3 倍，推理速度达到优化前的 30 多倍。

GLM 系列模型是清华大学和智谱 AI 等合作研发的开源语言大模型，采用了自回归填空作为预训练任务，并且使用多任务预训练的方式提升模型生成长文本的能力和序列到序列任务的能力。ChatGLM 是基于 GLM 结构开发的具有 62 亿参数量的语言大模型，支持 2048 的上下文长度，能够生成更符合人类偏好的内容。

3.6.7.2 图像生成方面产品

图像生成方面主要产品包括 StabilityAI 公司的 Stable Diffusion、OpenAI 公司的 DALL-E2 和清华的 CogView 等。

Stable Diffusion 采用完全开源模式，因此模型的优化迭代速度非常快，形成了较好的开发者生态，其盈利手段主要通过 API 收费和面向专业领域的 B 端用户提供定制化模型服务；此外，Stable Diffusion 可以作为插件应用嵌入 Photoshop，支持直接在 PS 上生成图像并保存，能够显著提升专业设计工作者的效率和体验。

DALL-E2 通过百亿级大规模参数集进行训练，能够形成稳定和高质量的图像，生成效果更接近真实照片。目前 DALL-E2 采取闭源付费模式，而依托 OpenAI 与微软的深度合作关系，搭载 ChatGPT 能力并将产品嵌入微软的办公生态，将使 DALL-E2 建立起核心竞争优势。

CogView 图像生成产品通过模型调优和知识增强训练，对中文提示词具备更强的理解能力，在美术创作、广告设计等领域已经形成了一定的用户基础。产品通过 API 开放能力，支持与企业人工智能底座的能力对接和模型微调，并提供面向 B 端用户的定制训练和私有化部署服务。

3.6.7.3 视频生成方面产品

视频生成方面主要产品包括美国的 Pika、Sora 以及国内的 Vidu 等。

Pika 是美国人工智能初创公司 Pika Labs 开发的视频生成工具，支持用户通过输入详细的文本描述或脚本生成视频。Pika 可根据文本人工智能算法自动生成相应的视觉场景和动态画面，同时支持上传静态图像作为素材，并将这些图像转化为动态视频。在视频生成后，Pika 提供了视频元素编辑、样式转换、尺寸调整、视觉效果优化以及唇形同步等技术支持，为视频中的角色添加语音对白。

Sora 是 OpenAI 发布的人工智能文生视频大模型，采用了与 GPT 模型相似的 Transformer 架构，并结合了 Diffusion 模型的特点，能够处理长序列数据，并通过自注意力机制捕捉数据中的依赖关系，从而提高生成视频的质量和多样性。

Vidu 是生数科技携手清华大学共同推出的中国首个具备长时长、高一致性、高动态性特点的视频大模型，不仅能够一键生成长达 32 秒的视频，还首次实现了音视频合成功能，为用户带来了更为丰富和生动的视觉与听觉体验，该产品目前尚未正式发布。

3.6.8 创新企业案例

A 公司。A 公司是 2015 年成立的一家非营利人工智能研究公司，由特斯拉创始人马斯克、美国创业孵化器 Y Combinator 总裁阿尔特曼、全球在线支付平台 PayPal 联合创始人彼得·蒂尔等多位硅谷重量级人物创办，启动资金高达 10 亿美元。A 公司最为知名的大语言模型是 GPT 系列。自 2018 年发布 GPT-1 模型以来，OpenAI 陆续推出了 GPT-2（2019 年）、GPT-3（2020 年）、GPT-4（2023 年）、GPT-4Trubo（2023 年）、GPT-4o（2024 年）等，模型性能随结构和规模的提升不断优化。

B 公司。B 公司拥有并运营 Facebook、Instagram、Threads 和 WhatsApp 等产品和服务，与谷歌的母公司 Alphabet、亚马逊、苹果和微软并列美国五巨头信息技术公司。B 公司是 Meta Platforms 旗下的人工智能实验室，旨在开发各种形式的人工智能，改进增强现实和人工现实技术。在大语言模型方面，B 公司于 2023 年发布开源大语言模型 LLaMA2；在视觉大模型方面，B 公司发布了基础模型 Segment Anything Model 并开源，可以集成在任何希望识别、切割对象的应用中，在医疗、农业、气象、天文、媒体等主流行业拥有广阔的应用空间；在多模态大模型方面，B 公司开源了多模态大模型 ImageBind，可跨越图像、视频、音频、深度、热量和空间运动 6 种模态进行检索。

C 公司。2016 年，C 公司战略从 Mobile First 转向 AI First，经过多年布局，陆续发布 Transformer、BERT、T5 等多个重要的基础模型（架构）。2023 年 4 月，C 公司将 Google Brain 和 DeepMind 两个研究部门合并为 Google DeepMind，全力冲刺人工智能大模型研发，8 个月后发布人工智能模型 Gemini。在大语言模型方面，谷歌发布轻量版 PaLM2，可在移动设备上离线运行；在多模态模型方面，谷歌于 2 月发布最新一代专家混合多模态模型 Gemini 1.5，支持超长的上下文窗口，信息处理能力不断强化；在图像生成模型方面，谷歌发布的 Imagen2 通过提供参考风格的图像并结合文字提示，可以生成相同风格的新图像，还支持修补和扩图等图像编辑功能；在视频生成模型方面，谷歌发布 110 亿参数的基础世界模型 Genie，可通过单张图像提示生成交互式环境。

D 公司。作为中国语境的搜索龙头，D 公司拥有更多的中文语料数据参与训练，通过大模型与国产深度学习框架融合发展，打造了自主创新的人工智能底座，大幅降低了人工智能开发和应用门槛。百度亮点产品文心大模型的主要特色是知识增强，百度自研的多源异构知识图谱拥有超过 5500 亿条知识，被融入文心大模型预训练中。文心大模型凭借海量数据和大规模知识的融合学习，可实现更高的效率、更好的效果、更强的可解释性。根据 IDC 发布的《2022 中国大模型发展白皮书》，百度文心大模型在市场格局中在产品能力、生态能力、应用能力等方面国内领先。

E 公司。E 公司"盘古"项目自 2020 年 11 月起立项，从语言大模型、视觉大模型、科学技术大模型多维度布局发展。在文本生成模型方面，华为云盘古自然语言处理大模型于 2021 年 4 月发布，成为当时业界首个 2000 亿参数的中文预训练模型，在 2021 年中文语言理解评测基准总排行榜及分类、阅读理解单项均排名第一，刷新了三项榜单世界历史纪录。在图像生成模型方面，华为计算机视觉大模型包含了 30 多亿参数和 10 亿级别的图像，已经在 100 多个场景中得到了验证，在大型可视化数据集上的小样本分类精度上达到业界最高水平。

3.7 生物制造技术

生物制造是以工业生物技术为核心，以废弃生物质等低附加值产品为原料，利用酶、微生物细胞等生物催化剂，结合化学工程技术进行材料、化学品、能源等目标产品生产的新型制造过程。近年来，全球主要经济体高度重视生物制造技术发展，更新细化生物经济战略规划，大力资助生物质利用和生物基产品转化研发。

3.7.1 主要国家战略规划

美国将发展生物制造和生物技术作为未来经济发展的关键动力。2022 年 9 月，美国总统拜登发布行政命令，宣布启动"国家生物技术和生物制造计划"，宣布将协调多部门参与，投入 20 亿美元资金，探索建立可持续的生物经济发展模式。2023 年 3 月，美国白宫针对生物制造领域发布了《美国生物技术和生物制造远大目标》，提出了未来 5~20 年内利用生物技术和生物制造实现"推进粮食和农业创新""提升产业供应链韧性""促进人类生命健康""优化气候变化解决方案""推动跨领域交叉研发"的战略目标，并明确各战略目标阶段化发展要求。

欧盟致力于到 2050 年实现碳中和目标，从化石能源驱动的经济向循环生物经济过渡。2019 年，欧盟发布《面向生物经济的欧洲化学工业路线图》，确定了在 2030 年将生物基产品或可再生原料替代份额增加到 25% 的发展目标。2020 年 3 月，欧盟生物基产业联盟发布《战略创新与研究议程》，提出 2050 年建立循环生物社会的愿景；

并于 2022 年 6 月发布新版《战略创新与研究议程》，确定了发展循环生物社会要解决的主要技术和创新挑战，并为资助项目和研究计划提供了框架。

我国十分重视生物制造技术的发展及其产业化。自"十五"起，生物制造就被写入规划，"十三五"进一步明确了生物制造领域发展的具体方向。2022 年 5 月，我国颁布首部生物经济五年规划——《"十四五"生物经济发展规划》，明确提出"依托生物制造技术，实现化工原料和过程的生物技术替代，发展高性能生物环保材料和生物制剂，推动化工、医药、轻工等重要产品制造与生物技术深度融合"，明确将生物制造作为生物经济战略性新兴产业的发展方向。

其他主要经济体也在近年的创新和经济发展战略中强调生物制造发展。2023 年 12 月，英国发布《国家工程生物学愿景》，计划投资 20 亿英镑发展工程生物学这一变革性技术；2020 年，德国发布新版《国家生物经济战略》，积极推进可持续资源取代日常产品中的化石原料；日本经济产业省于 2021 年 2 月发布《生物技术驱动的第五次工业革命报告》，将智能细胞和生物制品列为生物经济领域优先发展方向。

3.7.2 主要技术方向

组学研究技术指导生物制造过程的优化和设计。在细胞中异源合成目标产物，必须首先实现该产物合成途径的解析。基因组学、转录组学、蛋白质组学、代谢组学、表观遗传组学等组学技术为解析产物的合成路径提供了数据基础。

合成生物技术为生物制造提供必要的元件和功能模块。生物元件，如脱氧核糖核酸（DNA）序列、核糖核酸（RNA）序列和蛋白质结构域，是合成生物学基本要素，也是构建基于生物体的生物制造平台的基础。DNA 合成、基因片段组装、蛋白质结构功能分析等合成生物技术可用于设计和构建具有特定功能的生物元件。

生物催化工程技术推动新型生物催化剂开发。酶是生物制造的核心。酶的催化效率、专一性等因素决定了合成目标产物的效率和产量。酶资源开发、酶定向进化、工业酶创制等生物催化工程技术可用于开发和设计新型生物催化剂，有效改善酶的催化特性、提升酶的催化能力，用于开发更多新型产品。

生物过程工程技术促进生物制造产品的规模化生产。产品的规模化生产对扩大产业规模至关重要。生物过程优化和控制、生物分离介质、高端生物反应器等生物过程工程技术和相关装备将提升生产效率、提高生产质量、降低生产成本，实现产品的大规模生产。

3.7.3　主要技术路线

从 19 世纪中期发展至今，生物制造技术路线经历了漫长的演变过程。

在原料方面，经历了从粮食到秸秆、再到碳化合物的转变。第一代生物制造技术以淀粉和油脂为原料，淀粉主要来源于粮食作物，油脂主要来源于植物油、废弃食用油。第二代生物制造技术以秸秆为主要原料，将秸秆中的纤维素、半纤维素、木质素等成分转化为生物基材料、生物基化学品等产品。第三代生物制造技术以甲醇、二氧化碳等碳化合物为主要原料，通过碳化合物的固定和转化生产所需产品。

在技术工程体系方面，经历了从自然到半自然、再到全人工合成方式的转变。早期利用自然选育、诱变筛选技术开发生物制造所需的工业菌种，以自然细胞生产产品。20 世纪 50 年代至 21 世纪初，分子生物学的兴起使基因工程、代谢工程、基因组工程等技术得以发展，人们开始利用改造自然细胞等半自然方式生产产品。21 世纪 10 年代以后，随着酶定向进化、成簇的规律间隔的短回文重复序列（CRISPR）基因编辑等技术发展成熟，人们逐渐开始利用无细胞体系、人造仿生体系等全人工合成方式来生产产品。

3.7.4　未来发展趋势

工业菌株和酶成为生物制造技术的核心要素。目前生物技术发展迅速，特别是合成生物学、微生物菌种育种、生物催化剂快速改造技术等使生物制造的工艺成本不断下降，从而使生物基产品的市场竞争力不断上升。因此，利用现代生物技术构建新型工业菌株和酶，突破自然生物体和酶合成功能的局限，是发展先进生物制造技术、催生新的生物产业革命的重大机遇。

生物制造原料将向新型原料转化利用方向发展。近年来，一方面温室气体、低劣生物质和废弃塑料的排放严重影响了自然环境，另一方面传统生物制造原料主要依赖粮食作物，存在与民争粮的问题。因此，碳原料、木质纤维素和塑料的生物转化将是生物制造原料的未来发展趋势。

生物制造技术正在向智能化方向转变。提高生产效率、产品质量、安全性，降低成本等对推动生物制造相关产品进入市场越来越重要。生物技术与过程工程技术、人工智能的加速融合，将推动生物制造能力不断提升，成为将前沿生物技术推向应用、创造经济及社会价值的重要引擎。

3.7.5 市场规模

当前，生物制造产业规模不断扩大，呈现持续上升趋势。根据中金企信统计数据显示，2021年全球高端生物制造市场规模达830亿美元，预计2025年达到1250亿美元，年均复合增长率为10.8%（图3-3）。

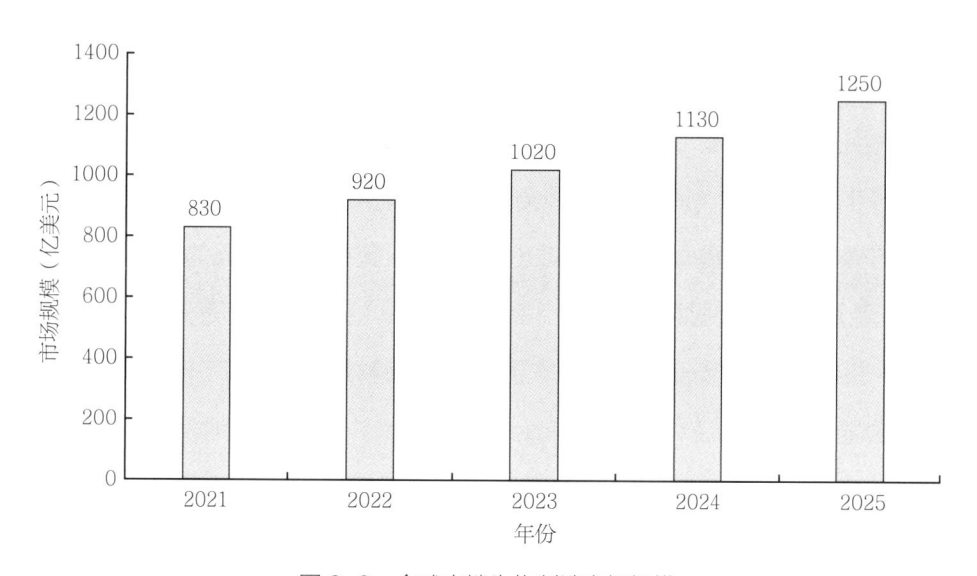

图 3-3 全球高端生物制造市场规模
注：数据整理来自中金企信国际咨询，2023—2025年为预测值。

与此同时，生物制造产品的种类和应用范围也在逐渐扩展，越来越多的新材料、新能源、药物中间体、食品等产品实现生物法生产，推动生物制造成为重新定义绿色产品和生产方式、开启下一代生物经济的重要突破口。

在生物制造产业中，以生物基化学品为代表的化工产品占比最大，超过一半。

2022年全球生物基化学品市场规模达到574.6亿美元,预计2029年将达到1048亿美元,年均复合增长率为8.5%(2023—2029年)。

3.7.6 投融资情况

当前,生物制造已成为世界主要发达经济体科技产业布局的重点领域之一,吸引了大量公共投资和社会资本,形成了价值数百亿美元级别的投资风口。众多科技创新企业致力于生物制造路线研发,并获得投资者关注和市场青睐。

近年来,生物基产业崛起,新材料、新化学品应用加速。2020年8月,中国生物基材料公司凯赛生物公司在科创板上市,该公司通过对微生物进行基因编辑实现长链二元酸生产,成功逼退化学合成法生产商英威达。2021年,中国华恒生物公司在科创板上市,该公司开发了L-丙氨酸厌氧发酵技术,实现L-丙氨酸产业规模全球第一。2023年2月,美国碳捕获创新公司兰扎科技(LanzaTech)在纳斯达克上市,首次公开募股1.85亿美元。

未来食品是近几年最火的生物制造领域投资方向之一。2021年11月,美国植物蛋白肉公司非凡食品(Impossible Food)获得5亿美元的H轮融资。2022年4月,美国细胞培养肉公司优赛食品(UPSIDE Foods)获得4亿美元的C轮融资。2022年5月,以色列人造奶公司意美达乳业(Imagindairy)完成1500万美元的种子轮融资。

此外,生物制造平台公司也在资本的加持下蓬勃发展。2021年9月,美国合成生物平台公司银杏生物工作室(Ginkgo Bioworks)正式登陆纳斯达克,首次公开募股超过7亿美元。2021年4月和11月,美国生命科学云平台研发公司本灵科技(Benchling)分别获得2亿美元的E轮融资和1亿美元的F轮融资,将进一步拓展其云平台的全球覆盖范围,提高其技术能力。

3.7.7 主要产品

生物制造领域相关产品覆盖范围广,涉及能源、化工、材料、医药、食品等多个领域。

3.7.7.1 能源领域

生物燃料泛指由生物质组成或转化的固体、液体或气体燃料，典型产品有燃料乙醇、正丁醇、生物柴油、生物航空燃料等。例如，燃料乙醇以玉米、木薯、秸秆、微藻等生物质材料为原料，通过微生物发酵获得；生物正丁醇被联合国国际能源署列为第二代生物燃料，可以通过生物质发酵法获得，即以淀粉等多糖或单糖为原料，经过生物发酵、分离得到。

3.7.7.2 化工领域

生物基化学品是以可再生生物质为原料生产的化学品，典型产品包括丁二醇、丁二酸、戊二胺、1,3-丙二醇、对二甲苯等。例如，1,3-丙二醇是关键高性能新型聚酯材料聚对苯二甲酸-1,3-丙二醇酯（PPT）的关键原材料，广泛应用于化妆品、涂料、医药中间体等领域。其生物合成方法是以甘油或葡萄糖为原料，经微生物发酵获得。与传统化学合成法相比，生物合成方法具有副产物少、反应条件温和、环境污染小、原料来源可再生等优势。

3.7.7.3 材料领域

生物基材料是利用可再生生物质原料，经由生物、化学及物理手段得到的材料。典型产品有乳酸、戊二胺、长链二元酸、5-羟甲基糠醛（HMF）等单体以及聚羟基烷酸酯（PHA）、聚乳酸（PLA）等聚合物。例如，聚羟基烷酸酯是生物可降解塑料的一种，广泛用于食品包装、一次性生活用品、医用生物材料等领域。聚羟基烷酸酯通常由生物法合成，以葡萄糖、植物油、二氧化碳等为原料，利用微生物发酵获得。

3.7.7.4 医药领域

部分医药化学品，如抗生素、肌醇、甾体激素、芳香族化合物、萜烯类化合物、黄酮类化合物、生物碱等以及生物制品（如疫苗、单抗药物等），可以利用生物制造技术合成。例如，黄酮类化合物是一种结构多样、具有多种生理和药理活性、用途广泛的植物次级代谢产物。传统植物提取的制备方式存在收率低、工艺复杂等缺点，近年来在大肠杆菌、酿酒酵母等宿主细胞中进行黄酮类化合物的从头合成具有巨大潜力。

3.7.7.5 食品领域

食品原料、食品功能因子的生物合成以及食品酶、益生菌的开发与应用推动了食品生物制造的产业化，典型产品有功能糖、人造肉、乳糖酶、双歧杆菌等。例如，人造肉是指不通过传统动物养殖方式获得、接近动物肉制品（色、香、味、口感等）的一类蛋白制品的统称。其中，以植物蛋白为原料制造的人造肉被称为植物蛋白肉，利用动物干细胞直接在培养基上体外培养获得的人造肉被称为动物细胞培养肉。

3.7.8 创新企业案例

3.7.8.1 A 公司

A 公司成立于 2000 年，是一家以合成生物学等学科为基础，利用生物制造技术从事新型生物基材料开发、生产和销售的高新技术企业。2020 年 8 月，A 公司在上海交易所科创板上市。2023 年，A 公司营业收入达 21.14 亿元。

目前 A 公司主要聚焦聚酰胺产业链，利用生物转化法生产生物基聚酰胺及其原料，如月桂二酸、巴西酸等长链二元酸以及生物基戊二胺。生产出的聚酰胺可作为香料、热熔胶、润滑油、涂料等合成原料，广泛应用于汽车、电子电器、纺织、医药、香料等领域。

A 公司的亮点产品是生物法长链二元酸系列产品，在全球市场处于主导地位。传统方法主要通过化学法生产，而公司采用生物转化法生产的产品种类更丰富、成本更低、更环保。2015 年年底，以化学法生产长链二元酸的英威达公司宣布自 2016 年 3 月起关闭其在美国的长链二元酸生产线。目前 A 公司生产的生物法长链二元酸产品占据全球 80% 的市场份额。

3.7.8.2 B 公司

B 公司成立于 2005 年，是一家以合成生物为核心的高新技术企业。公司在细胞内创造了不需要氧气也可以实现氧化还原平衡的新反应，利用"新化学"原理创造出能够在无氧环境下生产氨基酸的细胞工厂。2021年，B公司在上海证券交易所（以下简称上交所）科创板上市。2022年，B公司主营业务收入超过14亿元。

B公司主要产品包括丙氨酸系列（L-丙氨酸、DL-丙氨酸、β-丙氨酸）、缬氨酸、D-泛酸钙、D-泛醇和熊果苷等，广泛应用于医药中间体、日化护理和功能食品等领域。

B公司的亮点产品有L-丙氨酸、L-缬氨酸等，在国际上首次实现了万吨级L-丙氨酸和L-缬氨酸的无氧生物制造。B公司以可再生葡萄糖为原料，每生产1吨L-丙氨酸，相较原有技术可减少0.5吨二氧化碳排放，同时生产成本降低约50%。2022年，B公司以2.8万吨的L-丙氨酸销售量位居全球第一。

3.7.8.3 C公司

C公司成立于2011年，专注于开发肉类、乳制品和鱼类产品的植物性替代品。公司从绿色蔬菜、种子和谷物中选择特定的蛋白质和营养素，以重现肉类和乳制品的体验。公司旨在2035年前建立一个可持续和可拓展的食品生产体系。

C公司的主要产品是植物肉。公司通过基因工程改造的酵母来发酵生产豆血红蛋白，使植物肉的味道和颜色更像真肉；椰子油和葵花籽油让植物肉拥有鲜嫩多汁的口感；甲基纤维素（一种常见于冰激凌、酱料和果酱中的食用黏合剂）和食物淀粉（一种常见于罐头汤等食品的碳水化合物）则起到定型的作用。

C公司的亮点产品有植物牛肉、植物猪肉等。2016年，C公司的首款产品——植物牛肉，在纽约Momofuku Nishi餐厅首发。2018年4月，该公司的植物牛肉在中国香港推出，首次进入国际市场。2020年1月，公司的植物猪肉在2020年消费电子展上首次亮相。

3.7.8.4 D公司

D公司成立于2005年，是一家碳捕获和转化创新公司，利用生物学和大数据来创造绿色材料和燃料，旨在回收大气中的碳并将其转化为生活日用品。2023年2月，公司成功在美国纳斯达克上市。

D公司创建了一个制造平台，利用微生物将钢厂、垃圾填埋场等排放的二氧化碳、甲烷等废气转化为燃料和化学品（如燃料乙醇、乙醇衍生聚酯等）。2018年，D公司与我国首钢集团京唐钢铁厂合作，在中国河北建立了世界上第一座商业废气乙醇工厂，随后又在中国建立了两大商业废气乙醇工厂，年产燃料乙醇超过4700万加仑，相当于抵消了超过24万吨的二氧化碳排放。

3.8 未来显示技术

未来显示是指利用先进的显示技术，以更清晰、逼真、交互的方式呈现图像、视频、文字等信息，为用户提供沉浸式的视觉体验。近年来，全球主要经济体积极布局未来显示技术，加大显示材料、显示面板及显示设备等关键领域的投资力度，以推动下一代显示产品的研发和显示产业结构的优化升级。

3.8.1 主要国家战略规划

美国大力支持半导体及相关技术的发展，重点布局新型显示材料和先进显示器件领域。20世纪80年代至本世纪初，美国政府投资超过6.5亿美元用于高清系统计划，促进显示技术在军事领域的发展。2009年3月，美国能源部发布《2009—2015年固态照明研究和开发多年项目计划》，发展有机发光二极管显示技术和量子点显示技术等先进显示技术。2015—2023年，美国能源部相继启动多个显示材料与显示器件研发项目，以保持其在显示领域的全球领先地位。

韩国将显示产业提升至国家战略技术产业，致力于在全球保持"超级差距"优势。2019年2月，韩国显示产业协会斥资32亿元启动《韩国制造2025战略》，搭建"显示创新工艺平台建设"项目，研发新型材料技术、创新工艺和显示产品。2022年10月，韩国科学技术信息通信部发布《国家战略技术培育方案》，将半导体和显示器等技术列为"12大国家战略技术"。2023年1月，韩国政府将显示产业升级为国家战略技术产业；2023年3月，韩国科学技术信息通信部出台《未来材料研发战略》，将显示领域的8种未来材料列入"12大国家战略技术"开发的100种未来材料中；2023年4月，韩国科学技术信息通信部宣布《三大技术超级差距研发战略》，选定100项未来核心技术，以确保韩国在三大技术领域（半导体、显示器和下一代电池）的"超级差距"优势；2023年5月，韩国产业通商资源部发布《显示产业创新战略》，计划到2027年投资3421亿元用以扩建有机发光二极管显示技术生产线；2023年6月，韩国科学技术信息通信部推出《未来显示器研究开发推进战略》，成立了产、学、研和未来显示器民官协议体，以确保显示器领域世界第一的"超级差距"。

我国高度重视显示技术和显示产业的发展，在"十三五"和"十四五"规划中均对显示领域进行了布局。2011年6月，国家发展改革委、科技部、工信部、商务部和国家知识产权局联合发布《当前优先发展的高技术产业化重点领域指南（2011年度）》，将新型显示器件列为当前优先发展的技术产业化重点领域。2016年12月，国务院将新型显示技术及器件列入《"十三五"国家战略性新兴产业发展规划》（国发〔2016〕67号）。2017年1月，国家发展改革委将新型显示产业列为战略性新兴产业。2018年4月，国家发展改革委、工信部发布《新型显示产业超越发展三年行动计划》，加快研究布局有源矩阵有机发光二极管微显示、量子点显示、印刷显示、微发光二极管显示等前瞻性显示技术。2019年3月，工业和信息化部发布《超高清视频产业发展行动计划（2019—2022年）》（工信部联电子〔2019〕56号），提出加强4K/8K显示面板创新。2020年3月，国家发展改革委将新型显示器列入国家级战略性新兴产业集群建设名单。2022年3月，科技部将新型显示材料与器件研究列入"十四五"国家重点研发计划重点专项。2023年8月，工信部、科技部、国家能源局和国家标准化管理委员会联合发布《新产业标准化领航工程实施方案（2023—2035年）》（工信部联科〔2023〕118号），将未来显示产业列为未来产业布局方向之一。

其他主要经济体也不断加强在新型显示技术领域的战略布局和投资力度。2021年，日本推出《先进显示技术研究开发项目》，通过联合研究和开发促进先进显示技术的发展，包括有机发光二极管显示技术和量子点显示技术等。

3.8.2 主要技术方向

印刷显示技术是柔性显示产品的核心制造技术。印刷显示技术利用喷墨打印等印刷工艺，将显示材料沉积在基底上，具有低成本、高效率和适用于大面积生产等优势。印刷显示技术可基于柔性材料基底制作弯曲、折叠的显示屏幕，从而提升显示产品的可塑性和实用性。此外，该技术不仅摒弃了传统真空蒸镀技术的高温与复杂流程，有效降低了生产成本，更通过卷对卷的生产模式，实现了生产效率的显著提升。

激光显示技术是大型显示产品的最佳解决方案。激光显示技术以激光作为光源，通过非线性光学效应在大气中产生可见光来实现高亮度和高对比度的图像显示。根据光源的产生，可分为三基色纯激光技术、荧光粉＋蓝光技术以及发光二极管＋激光技术 3 种，其中三基色纯激光显示技术是该领域的主流技术。由于高亮度、高色域、长寿命、节能环保和健康护眼等特点，激光显示已成为大屏幕显示领域的主流发展趋势。

微发光二极管显示技术被誉为下一代显示技术。微发光二极管显示技术利用微米尺寸的无机发光二极管器件作为发光像元阵列，实现主动发光矩阵式显示。该技术具有高亮度、高色域、高分辨率、高稳定性、长寿命、低功耗、快速响应、透明、可自由拼接、易于实现柔性等优点，能满足超小和超大显示的需求，在消费电子、车载显示、虚拟现实等领域展现出巨大的应用潜力。当前，微发光二极管显示技术在芯片、巨量转移、全彩化等技术领域尚需攻关。

量子点显示技术是实现真实世界色彩呈现的关键技术。量子点显示技术是基于发光量子点材料开发的新型显示技术，具有高色域、高亮度、高对比度、低功耗、易于实现柔性等优点。根据发光形式的不同，分为量子点光致发光显示技术和量子点电致发光显示技术，目前较为成熟的路线是与液晶显示技术或有机发光二极管显示技术结合的光致发光显示技术。电致发光显示技术虽然性能更优、成本更低，但其商业化还面临蓝色量子点性能不足、镉基量子点毒性和量子点像素图案化困难等挑战。

视网膜显示技术是实现增强现实和虚拟现实等沉浸式与交互式体验的先进技术。视网膜显示技术根据显示原理分为基于平行照射空间光调制器的视网膜投影显示和基于激光光束扫描的视网膜投影显示。视网膜显示技术因具有无辐辏－聚焦冲突、高光效、大视场等优点，成为近眼显示领域的研究热点之一。

全息显示技术是实现真三维显示和空中交互的未来技术。与传统的平面显示技术相比，全息技术能够实现高动态、宽视角、高临场感的全息三维图像再现，从而提供更丰富、更自然的视觉体验。由于全息显示技术仍面临空间带宽积小、计算和传输量大等关键技术制约，目前还处于开发研究阶段，市场化尚需时间。

3.8.3 主要技术路线

显示技术作为信息传输的载体，其技术的发展经历了三个主要阶段：第一阶段为20世纪50年代开始的阴极射线管显示技术，主要应用于黑白及彩色阴极射线管电视；第二阶段为20世纪90年代并行的等离子显示技术和主动矩阵型液晶显示技术，随着液晶显示技术的逐步完善，等离子显示技术逐步退出市场；第三阶段为2010年后发展的有机发光二极管显示技术，其最大优势在于自发光和柔性曲面特性。目前，随着显示应用的扩展和显示需求的不断提升，多种新型显示技术不断涌现，激光显示技术、印刷显示技术、量子点显示技术和微发光二极管显示技术等相继崭露头角。

3.8.4 未来发展趋势

在技术创新和产品创新的相互推动下，显示技术加速迭代，未来发展方向主要有五个方面：一是柔性显示，使显示设备可以被设计成各种形状，具有更大的灵活性和适应性；二是高分辨率和透明显示，使显示屏幕在保持高清晰度的同时，增加环境的融合性，为用户提供更加沉浸式体验；三是情景交互显示，提升用户与显示屏幕的互动体验，通过传感器和人工智能等技术实现更加自然的交互方式；四是无面板显示，通过特殊的显示技术在用户眼前生成虚拟图像或增强现实信息；五是脑机接口显示，实现用户通过思考来控制显示内容的直接输出，为未来的智能人机交互提供新的可能性。

3.8.5 市场规模

从全球新型显示产业市场规模看，据美国信息处理服务公司和中国光学光电子行业协会液晶分会统计，全球新型显示产业市场规模由 2017 年的 1049 亿美元上升至 2023 年的 1876 亿美元（图 3-4）。中国集微咨询公司数据库统计显示，全球显示驱动芯片市场规模由 2018 年的 60 亿美元上升至 2023 年的 118 亿美元，预计 2024 年达到 137 亿美元（图 3-5）。

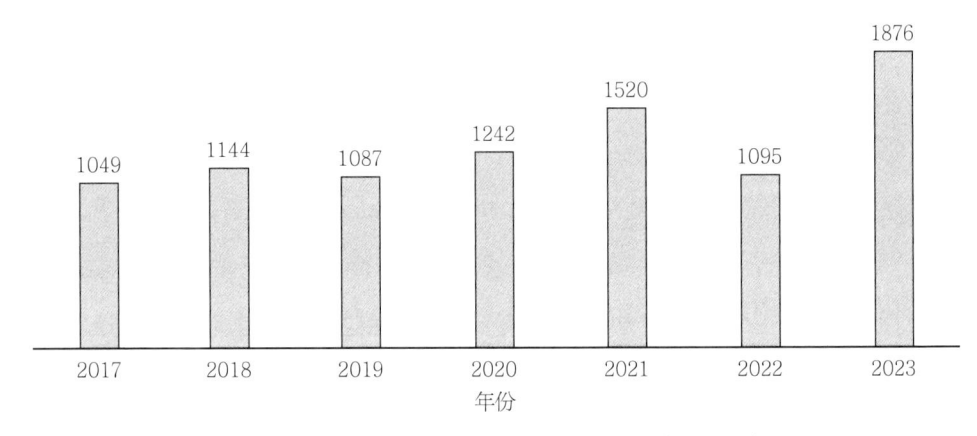

图 3-4　全球新型显示产业市场规模（亿美元）

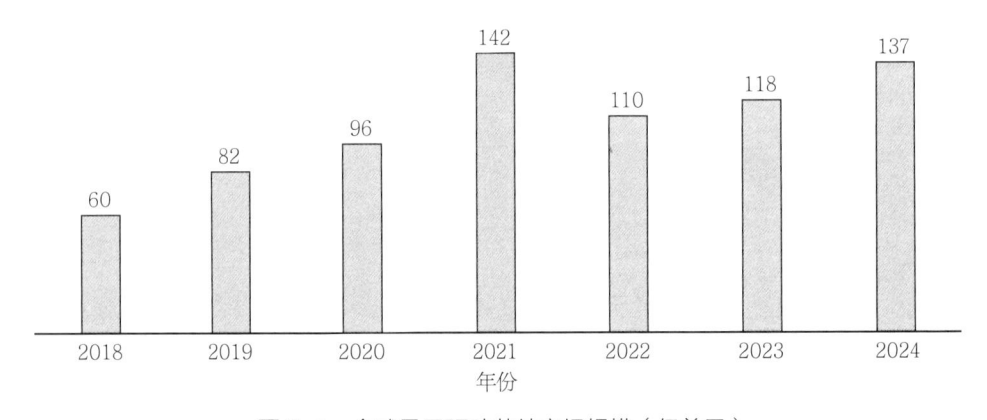

图 3-5　全球显示驱动芯片市场规模（亿美元）

从中国新型显示产业市场规模看，中商产业研究院发布的《2024—2029 年中国新型显示产业市场供需趋势及发展战略研究预测报告》显示，2017—2022 年中国新型显示产业规模从 2758 亿元增长至 7087 亿元，年均复合增长率达 20.8%，预计 2024 年达到 9000 亿元（图 3-6）。中商产业研究院发布的《2024—2029 年中国显示驱动芯片行业市场前景预测及未来发展趋势研究报告》显示，中国显示驱动芯片市场规模由 2018 年的 121.8 亿元上升至 2023 年的 403.9 亿元，预计 2024 年达到 482.1 亿元（图 3-7）。

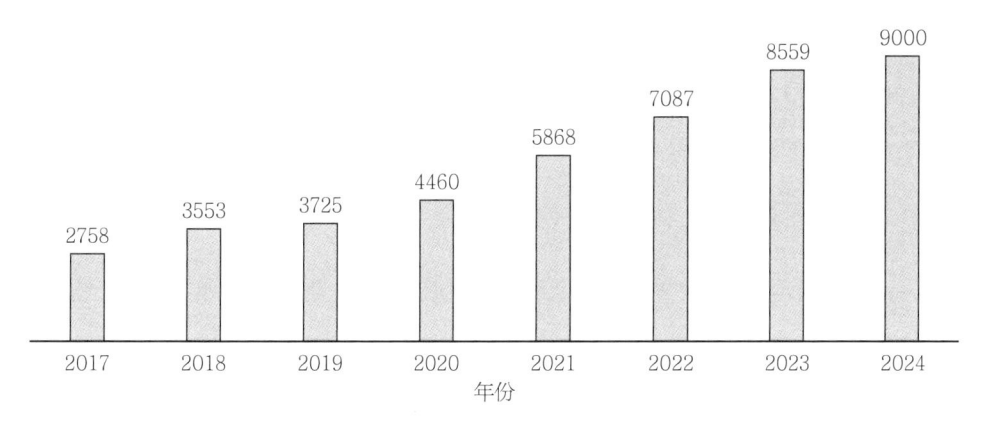

图 3-6 中国新型显示产业市场规模（亿元）

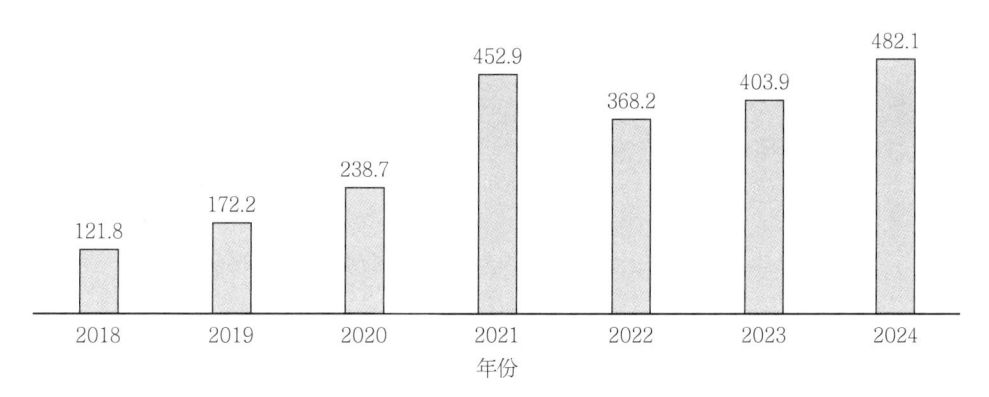

图 3-7 中国显示驱动芯片市场规模（亿元）

3.8.6 投融资情况

从全球显示产业投融资情况看，国际屏幕供应链咨询公司数据库统计显示，2020年全球显示设备投资约 160 亿美元，2023 年显示设备投资约 50 亿美元，预计 2024年全球显示设备投资将反弹至 77 亿美元，较上年增长 54%。其中，液晶显示设备投资 38 亿美元，有机发光二极管显示设备投资 37 亿美元，其余投资为微发光二极管显示设备。

中国电子信息产业发展研究院发布的《中国新型显示产业高质量发展指数（2023年）》报告显示，2023 年我国显示产业吸引投资超过 1.4 万亿元。在显示屏幕行业，新经济创投数据服务商 IT 桔子统计显示，截至 2023 年 3 月共发生投融资事件 119 起，

2018—2023年3月共投资129.72亿元。在显示驱动芯片行业，据前沿产业研究院报告，2015—2023年8月共发生投融资事件32起，投融资金额达134.08亿元。

3.8.7 主要产品

在显示行业的全产业链中，每一个环节都输出着至关重要的产品，这些产品不仅构成了整个产业链的坚实基础，也推动着整个行业的创新和持续发展。

在上游环节，主要产品包括液晶材料、偏光片、玻璃基板、电路板和显示驱动芯片等，代表企业包括八亿时空、东旭光电、杉金光电、欣兴电子和奇景光电等原材料和芯片制造商。

在中游环节，主要产品包括液晶显示面板、发光二极管显示面板、有机发光二极管显示面板、背光模组和触控模组等，代表企业包括京东方、利亚德、三星和欧菲光等显示面板和模组制造商。

在下游环节，主要产品包括电视、笔记本电脑、平板电脑、手机、手表、车载显示器、虚拟现实/增强现实眼镜等，代表企业包括TCL、三星、苹果、华为和小米等终端显示设备制造商。

3.8.8 创新企业案例

A公司。A公司创立于1981年，总部位于中国广东，近年电视市场份额和电视面板市场份额稳居全球第二，8K电视面板市场份额居全球第一。A公司主营业务涵盖半导体、新型光电显示设备、通信设备、家电设备、智能穿戴设备等多个领域，产品包含量子点电视、巨幕电视、虚拟现实/增强现实眼镜等。A公司是最早布局次毫米发光二极管显示技术的品牌之一，2019年推出全球首台次毫米发光二极管显示电视，2024年基于公司首创的全域光晕控制技术，推出了被誉为"画质天花板"的百英寸万级分区量子点次毫米发光二极管电视。

B公司。B公司创立于1993年，总部位于中国北京，是全球领先的半导体显示技术、产品和服务提供商，2023年成为全球最大的手机显示屏供应商。B公司主营业务涵盖显示器件、传感器件、整机产品、商业赋能解决方案和智慧医疗等多个领域，产品包含显示面板、各类显示屏、显示器和超大显示终端设备等。在 2024 年美国国际显示周上，B 公司推出了 0.3 毫米间距的玻璃基主动矩阵微发光二极管显示技术，这是继 0.9 毫米、0.5 毫米间距之后，B 公司再次突破行业技术瓶颈，引领微发光二极管显示技术迈入 0.3 毫米时代。

C 公司。C 公司创立于 1938 年，总部位于韩国京畿道，旗下拥有多家子公司，是全球半导体行业的领导者。近年来，从微发光二极管显示技术到量子点显示技术、再到 Neo 量子点显示技术，C 公司不断推动显示技术的边界。C 公司主营业务涵盖通信设备、音视频设备、家电设备、IT 设备等多个领域，产品包含移动通信产品、家电产品、计算机产品、半导体产品和存储产品等。2022 年，C 公司推出全球首款结合量子点和有机发光二极管优势的量子点－有机发光二极管显示器。在 2024 年国际消费类电子产品展览会上，C 公司推出了搭载人工智能芯片的 8K Neo 量子点显示产品，开启了人工智能屏幕时代。

D 公司。D 公司创立于 1947 年，总部位于韩国首尔，旗下拥有多家子公司，是领导显示行业发展的国际性企业。D 公司主营业务涵盖电子电器、化学能源、通信与服务等领域，产品包含通信产品、家电产品、计算机产品、数字显示产品等。在 2024 年美国国际显示周上，D 公司旗下子公司推出了硅基有机发光二极管显示技术，能够在极小的屏幕上呈现出超高画质，为虚拟现实和增强现实领域带来了技术突破。此外，D 公司旗下子公司还推出了将有机发光二极管显示面板透明度从目前的 45% 提升至 60% 的原型样机，开启了透明有机发光二极管显示的新纪元。

E 公司。E 公司创立于 2012 年，总部位于日本东京，是由索尼、东芝和日立的液晶显示面板业务合并而成的半导体显示技术公司，曾经是全球最大的中小尺寸液晶面板供应商。E 公司的业务主要集中在小尺寸显示技术领域，产品包含智能手机、平板电脑、车载显示屏、虚拟现实显示屏、智能手表等。2022 年，E 公司成功研发无金属掩膜蒸镀技术，是世界上第一个使用半导体曝光工艺替代超精细金属掩模版蒸镀的发光二极管制造技术，克服了超精细金属掩模版工艺的弱点，有望打破大尺寸有机发光二极管制造量产受限的瓶颈。2024 年，E 公司与中国面板大厂惠科签署了战略合作备忘录，计划共同建设世界级的有机发光二极管无金属掩膜蒸镀技术产品线，预计2025年实现量产。

3.9 本章小结

未来产业已成为大国竞争的焦点，特别是在全球范围内，发达国家与新兴经济体对未来产业的争夺逐渐加剧。随着商业应用的不断拓展，脑机接口、量子信息、人形机器人、新型储能、生成式人工智能、生物制造和未来显示等未来产业竞争正在从实验室走向大市场，成为大国产业竞争的重要领域。

思考题

1. 未来产业的特征有哪些？
2. 未来产业与战略性新兴产业的区别有哪些？
3. 除了本章阐述的几个未来产业技术领域，还有哪些技术领域属于未来产业？

下篇 实践技能

第 4 章
尽职调查

技术成果转化过程往往伴随企业的投融资行为,在企业投融资中,尽职调查是必要且重要的一环。技术经理人的职责往往包括协助企业的技术研发和创新,了解尽职调查的相关知识可以帮助他们在项目选择和合作决策中评估技术可行性。通过对技术方面的尽职调查,技术经理人能够更好地判断技术项目的可行性、技术风险和创新潜力。此外,了解尽职调查的相关知识可以帮助技术经理人参与企业投融资决策,评估技术项目的商业可行性、财务风险和投资回报等方面的因素,亦有利于在企业投融资交易中对企业技术秘密的保护。因此,技术经理人应对尽职调查工作有整体的了解和学习,包括尽职调查的类型、工作流程和常见重点难点问题等,以便更好地助力技术成果转化以及与之相伴的企业投融资交易。

本章 4.1 介绍了尽职调查的必要性、类型和流程;4.2 通过企业未来上市融资的视角,从业务、法律、财务角度介绍了开展尽职调查工作需要关注的重点问题;4.3 介绍技术调查的调查事项和工作开展流程,并通过案例介绍技术调查方法的实践运用。

4.1 尽职调查概述

4.1.1 尽职调查的必要性

在技术成果转化、技术资本化及科技型公司股权融资等各类交易中，尽职调查都是必要的流程环节和交易安全的保障措施。尽职调查作为企业投融资交易的一环，通常是在双方达成初步商业意向后开展实施，其在整个交易程序中所处的阶段如图 4-1 所示。

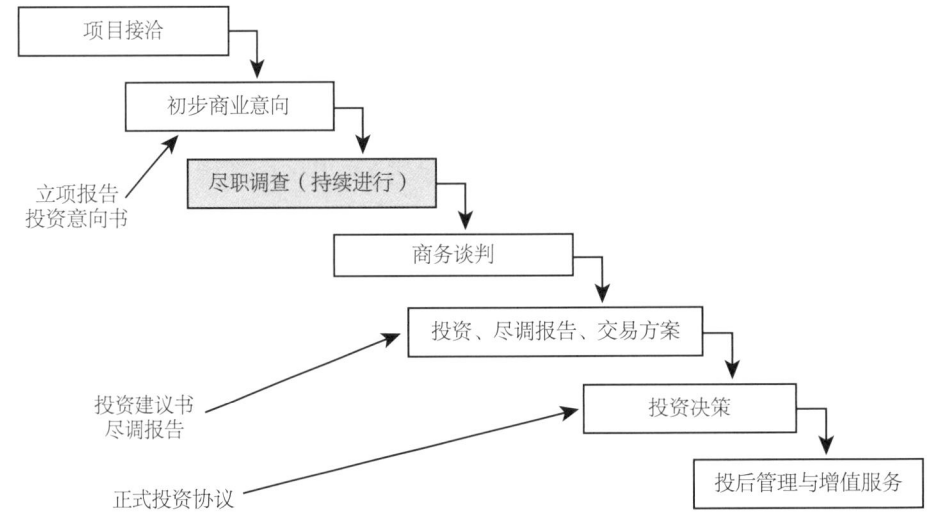

```
项目接洽
   ↓
初步商业意向  ←── 立项报告
   ↓             投资意向书
尽职调查（持续进行）
   ↓
商务谈判
   ↓
投资、尽调报告、交易方案  ←── 投资建议书
   ↓                         尽调报告
投资决策  ←── 正式投资协议
   ↓
投后管理与增值服务
```

图 4-1 尽职调查在技术交易过程中所处阶段示意图

在企业投融资交易中，站在投资方的角度，尽职调查是投资决策的重要依据。尽职调查所发现的目标公司存在的问题，可能对投资方的投资决策产生如下后果和影响：决定不再实施投资；决定实施投资，但需要下调对目标公司的估值；决定实施投资，但需要目标公司完成重组，或将特定事项的完成设置为交割的先决条件；决定实施投资，但将尽职调查发现的若干目标公司瑕疵问题在交易文件中由目标公司作出陈述、保证和赔

偿承诺。同时，站在目标公司的角度，考虑到目标公司引入的投资方对公司治理、战略协同和资本运作的帮助，目标公司亦需对拟引入的投资方进行反向尽职调查，确保投资方及其背后出资人不存在代持或不适合持股主体可能影响目标公司未来的资本运作或影响目标公司无法满足外资准入负面清单的问题，确保引入的投资方不会导致标的公司商业秘密泄露或竞争对手间接入股目标公司等情形。

4.1.2 尽职调查的类型

站在投资人或收购方的角度，由于投资人与企业天然的信息不对称性，投资人需要通过尽职调查的方式对企业情况进行了解。尽职调查是指投资者对目标公司进行全面调查和评估，以便了解其财务状况、经营状况、法律风险和市场前景等，以减少投资风险和增加投资回报。

企业投融资交易中的尽职调查包括多个方面，常见的股权投资尽职调查领域包括财务、法律和业务三类。

财务尽职调查主要关注目标公司的财务状况，包括财务报表、资产负债表、利润表、现金流量表等，目标是分析公司的盈利能力、偿债能力和现金流状况，评估其财务风险。法律尽职调查是对目标公司的法律风险进行评估的调查，包括检查公司的合规性、知识产权、合同、诉讼风险等，确保交易本身和目标公司没有重大法律风险。业务尽职调查是对目标公司所在行业和市场前景进行评估的调查，包括市场规模、市场竞争、市场趋势等，评估目标公司的市场定位和发展潜力；对目标公司的经营状况进行评估的调查，包括公司管理团队、组织架构、生产能力、供应链管理等，了解公司的经营策略和运营情况；对科技公司或依赖技术创新的公司进行技术尽职调查，评估公司的技术实力、研发能力、专利情况等，以确定其技术竞争力和创新能力。

财务、法律、业务仅是尽职调查的基础领域。在具体投融资交易中，投资人将根据企业情况、项目背景决定是否需要开展专项领域的尽职调查。例如，对于典型的科技型公司，特别是具备解决"卡脖子"问题关键技术能力的企业，投资人也会考虑就相关知识产权进行专项尽职调查，委托专业的第三方知识产权团队出具专利自由实施报告或专利稳定性分析报告等。又如，对于投资金额较大的交易，投资机构（特别是外资背景的投资机构）有时会对项目公司和实控人开展商业背调，委托第三方商业调查机构，通过与企业所在地政府部门、前员工、竞争对手、上下游合作方的访谈和独立调查开展调查工作，调查内容涵盖信用状况及不良违约记录、市场口碑、运营发展能力和资产负债情况等。

对于任何一项投资，投资人在选择尽职调查领域、尽职调查范围和尽职调查方式时固然要考虑尽职调查成本与投资收益的关系，但能否在尽职调查前准确识别项目重大风险来源，也需要丰富的投资经验并慎重决策。

4.1.3 尽职调查的流程

投资方的尽职调查的流程一般包括尽职调查准备阶段、尽职调查实施阶段、尽职调查报告编制阶段。

尽职调查准备阶段：确定调查的目标、范围和方法。确定需要进行尽职调查的目标公司，明确尽职调查的目的，并根据交易背景、投资机构内部要求和目标公司的配合度确定尽职调查的范围和方法，准备尽职调查清单。与目标公司确定尽职调查对接人，投资人完成尽职调查中介机构的选聘。

尽职调查实施阶段：收集目标公司尽职调查资料，包括财务报表、法律文件、市场研究报告、竞争对手情况等。尽职调查可以采取现场和线上相结合、访谈与书面审查相结合、接收目标公司信息与独立核查相结合的方式开展。

尽职调查报告编制阶段：分析评估、风险识别、完成尽职调查报告。对收集到的信息进行分析和评估，评估目标公司的财务状况、法律风险、市场前景等，在分析评估的基础上，识别出目标公司存在的风险和潜在问题，并就相关问题的解决提出建议，形成尽职调查报告。

需要注意的是，尽职调查是一个复杂和持续的过程，在交易文件签署后、交易交割前投资机构都会持续地进行尽职调查。在交易交割完成后，投资机构仍会根据尽职调查发现的问题对目标公司进行监督和跟踪，促使发现的尽职调查问题能按照投资协议约定的方式妥善处理，确保其投资目标的实现。

从企业侧角度出发，企业在向投资人提供公司资料时，应务必如实提供相关资料，若因商业秘密等原因不方便提供，可以同投资人直接沟通说明原因。如果企业向投资人提供虚假资料，构成欺诈行为，则企业不但声誉会遭受严重影响，亦需承担合同违约乃至法律责任。

案例：

在上市公司 A 通过发行股份购买资产方式以 4.5 亿元对价收购 B 公司 100% 的股权的交易中，B 公司向 A 公司提供的尽职调查资料中包括其制作的虚假合同（包括通过伪造电子章和电子签名制作虚假合同，或找客户配合签名、签章制作假合同，或用已经取消的合同顶替有效合同等方法）以达到虚增收入和利润的目的，最终被广东省高级人民法院判决 B 公司及其实控人和相关责任人构成合同诈骗罪，相关自然人被判处 4~15 年不等的有期徒刑并处罚金，同时追缴违法所得。

4.1.4 尽职调查的常见资料

根据每个项目的不同背景，尽职调查的范围和重点事项可能会有所差异，因此尽职调查的资料清单亦会有所差异。一般而言，在尽职调查过程中，需要获得的资料包括但不限于以下几类。公司基本信息包括企业注册信息、股权结构、营业执照、公司章程等；财务信息包括财务报表、资产负债表、利润表、现金流量表、审计报告等；业务信息包括业务模式介绍、业务资质等；重大债权债务包括企业与供应商、客户、合作伙伴、员工等相关的合同和协议，融资担保协议等；重大资产包括土地房产、重要机器设备及知识产权；市场调研和竞争情况包括市场规模、竞争对手分析、市场份额、消费者洞察等；企业合规包括环境保护和安全生产、出口管制、数据合规等；人力资源和组织架构包括员工信息、薪酬福利、组织架构、人力资源策略等；诉讼和仲裁和行政处罚包括企业重大诉讼、仲裁、行政调查和处罚等。

4.1.5 尽职调查的常见障碍

尽职调查中可能遇到各种类型的障碍或限制。通常而言，下述工作障碍或限制是股权投资尽职调查项目中常见的障碍或限制。

企业侧配合度不高，提供的信息不完整或不准确：企业出于交易策略、商业保密、知识产权保护等因素考虑，提供的资料不完整、不全面，不愿意透露某些敏感信息，提供资料进度迟缓，这些可导致尽职调查难以全面快速推进。

缺乏客观可靠的核查方法：对于股权代持、有负债、潜在侵权风险等问题，往往缺乏客观可靠的核查手段，且在私募股权投融资尽职调查中，通常可以采取的措施比较有限，例如一般不会采取调取银行流水、大规模走访客户和供应商等调查方法，导致无法通过调查客观全面地排查企业的相关风险。

涉及境外公司的调查往往更为复杂：如果标的公司或相关业务主要在境外开展，则由于相关法律环境、语言和文化的差异，需要对当地法域的法律合规要求进行了解和审查，克服语言和文化差异的障碍，这会导致现场尽职调查工作开展难度较大以及更高的尽职调查成本和更长的尽职调查周期。

时间和资源限制：尽职调查可能需要大量的时间和资源，但因交易时间表的考虑，可能允许尽职调查的时间极为有限。另外，考虑尽职调查的成本，有时在交易中对尽职调查的支持资源相对有限，这些都可能导致尽职调查工作和结果受到限制。

应对尽职调查中工作常见障碍和限制的方法包括：与目标公司建立信任关系，通过不同维度和视角对重点尽职调查问题进行交叉核对并进行合理判断；善于借助境内外专业机构（包括法律、财务、行业等多领域专业机构）力量开展专业尽职调查；对于尽职调查中的"盲区"和风险点，在交易文件中设计相应的风险控制条款；在尽职调查实施前对尽职调查工作进行科学合理的组织与规划，确保在有限的时间和资源范围内发现对交易可能有重大影响的关键问题，等等。

4.2 业务、法律和财务尽职调查关注要点

投资人向公司投资通常会考虑通过独立 IPO 或与上市公司实施重大资产重组等方式实现退出，因此目标公司是否存在无法资本运作的硬伤，是投资机构在尽职调查

中需要特别关注的问题。投资机构会根据企业具体情况结合中国证券监督管理委员会（以下简称证监会）和沪深北交易所审核的重点关注问题进行分析判断。全面注册制实施后，证监会为增强审核工作透明度，统一审核理念和执行尺度，将此前主板、科创板、创业板与首发业务财务审核相关的审核问答予以整合，就审核中常见的财务和非财务问题的关注点、信息披露及核查要求进行了汇编，于 2023 年 2 月 17 日公布并施行了《监管规则适用指引——发行类第 4 号》和《监管规则适用指引——发行类第 5 号》。这两个监管规则适用指引也是很多投资机构制定其项目尽职调查重点事项的参考索引。下面我们选取投资尽职调查中有代表性的业务、法律和财务问题予以说明。

4.2.1 业务类关注问题

4.2.1.1 持续经营能力

应关注公司是否存在以下可能影响持续经营能力的情形：公司因宏观环境因素影响存在重大不利变化风险，如法律法规、汇率税收、国际贸易条件、不可抗力事件等；公司所处行业被列为行业监管政策中的限制类、淘汰类范围，或行业监管政策发生重大变化，导致公司无法再满足监管要求；公司所处行业出现周期性衰退、产能过剩、市场容量骤减、增长停滞等情况；公司所处行业准入门槛低、竞争激烈，导致市场占有率下滑；公司所处行业上下游供求关系发生重大变化，导致原材料采购价格或产品售价出现重大不利变化；公司重要客户或供应商发生重大不利变化，进而对公司业务稳定性和持续性产生重大不利影响；公司由于工艺过时、产品落后、技术更迭、研发失败等原因导致市场占有率持续下降，主要资产价值大幅下跌、主要业务大幅萎缩；公司多项业务数据和财务指标呈现恶化趋势，由盈利转为重大亏损，且短期内没有好转迹象；公司营运资金不能覆盖持续经营期间，或营运资金不能满足日常经营、偿还借款等需要；对公司业务经营或收入实现有重大影响的商标、专利、专有技术以及特许经营权等重要资产或技术存在重大纠纷或诉讼，已经或者将对公司财务状况或经营成果产生重大不利影响。

4.2.1.2 关联交易

应关注关联交易的合法性、必要性、合理性及公允性，以及关联方认定、关联交易履行程序等事项。

对于控股股东、实际控制人与公司之间关联交易对应的营业收入、成本费用或利润总额占公司相应指标的比例较高（如达到 30%）的，应结合相关关联方的财务状况和经营情况、关联交易产生的营业收入、利润总额合理性等，充分关注关联交易是否影响公司的经营独立性、是否构成对控股股东或实际控制人的依赖，是否存在通过关联交易调节公司收入利润或成本费用、对公司利益输送的情形。

4.2.1.3 大客户依赖

应关注公司是否存在单一客户主营业务收入或毛利贡献占比较高的情形，该等情形的合理性、客户稳定性和业务持续性是否存在重大不确定性风险，进而影响公司的持续经营能力。如果公司来自单一客户主营业务收入或毛利贡献占比超过 50% 的，一般认为公司对该客户存在重大依赖。

4.2.1.4 经销商模式

若企业的销售模式主要为经销商模式，则需要关注：经销商模式的商业合理性（包括结合企业的行业特点、产品特性、发展历程、下游客户分布、同行业可比公司情况），分析企业经销商模式的分类和定义，不同类别、不同层级经销商划分标准，以及采用经销商模式的必要性和商业合理性；经销商模式内控制度合理性及运行有效性，包括但不限于经销商选取标准和批准程序，对不同类别经销商、多层级经销商管理制度，终端销售管理、新增及退出管理方法，定价考核机制（包括营销、运输费用承担和补贴、折扣和返利等），退换货机制，物流管理模式（是否直接发货给终端客户），信用及收款管理，结算机制，库存管理机制，对账制度，信息管理系统设计与执行情况；经销收入确认、计量原则；经销商构成及稳定性；经销商与企业的关联关系及其他业务合作。

4.2.2 法律类关注问题

4.2.2.1 出资瑕疵

应关注公司在股东未全面履行出资义务、抽逃出资、出资方式等是否存在瑕疵，或者公司历史上涉及国有企业、集体企业改制存在瑕疵的情形。历史上存在出资瑕疵的，应当在申报前依法采取补救措施，并应关注出资瑕疵事项的影响及公司或相关股东是否因出资瑕疵受到过行政处罚、是否构成重大违法行为及上市的法律障碍。

对于由国有或集体企业改制而来、或主要资产来自国有或集体企业、或历史上存在挂靠集体组织经营的企业，若改制或取得资产过程中法律依据不明确、相关程序存在瑕疵或与有关法律法规存在明显冲突，原则上公司应取得有权部门关于改制或取得资产程序的合法性、是否造成国有或集体资产流失的意见。

4.2.2.2 诉讼、仲裁的影响

应关注对公司股权结构、生产经营、财务状况、未来发展、主要产品、核心商标、专利、技术等方面可能产生较大影响的诉讼或仲裁事项，包括案件受理情况和基本案情，诉讼或仲裁请求，判决、裁决结果及执行情况，诉讼或仲裁事项对公司的影响等。

公司控股股东、实际控制人、控股子公司、董事、监事、高级管理人员和核心技术人员涉及的重大诉讼或仲裁事项比照上述标准执行。

4.2.2.3 环保合规

应关注生产经营中涉及环境污染的具体环节、主要污染物名称及排放量、主要处理设施及处理能力；公司环保投资和相关费用成本支出情况，环保设施实际运行情况；公司是否发生过环保事故或受到行政处罚，具体原因和经过等情况。应关注公司已建项目和已经开工的在建项目是否履行环评手续，公司排污达标检测情况和环保部门现场检查情况，公司是否发生环保事故或重大群体性的环保事件，有关公司环保的媒体报道。

4.2.2.4 社保、公积金

应关注公司是否存在应缴未缴社会保险和住房公积金情形，关注应缴未缴的具体情况及形成原因，是否因此发生过系统性用工纠纷，以及如补缴对公司的持续经营可能造成的影响。

4.2.2.5 土地使用权

若企业存在使用或租赁使用集体建设用地、划拨地、农用地、耕地、基本农田及其上建造的房产等情形的，则应关注企业对其取得和使用相关土地是否符合《土地管理法》等法律法规的规定、是否依法办理了必要的审批或租赁备案手续、有关房产是否为合法建筑、是否可能被行政处罚。如企业生产经营使用的相关土地存在不规范情形且短期内无法整改的，应结合该土地或房产的面积占企业全部土地或房产面积的比例，使用上述土地或房产产生的营业收入、毛利、利润情况，关注其对于企业的重要性。

4.2.3 财务类关注问题

4.2.3.1 财务内控规范性

应关注公司是否存在下述财务内控不规范情形：无真实业务支持情况下，通过供应商等取得银行贷款或为客户提供银行贷款资金走账通道（即转贷）；向关联方或供应商开具无真实交易背景的商业票据，通过票据贴现获取银行融资；与关联方或第三方直接进行资金拆借；频繁通过关联方或第三方收付款项，金额较大且缺乏商业合理性；利用个人账户对外收付款项；出借公司账户为他人收付款项；违反内部资金管理规定，对外支付大额款项、大额现金收支、挪用资金；被关联方以借款、代偿债务、代垫款项或者其他方式占用资金；存在账外账；在销售、采购、研发、存货管理等重要业务循环中存在内控重大缺陷。公司存在上述情形的，中介机构应考虑是否影响财务内控健全有效。

4.2.3.2 应收账款减值

应对企业的应收账款以下方面的事项进行关注：根据预期信用损失模型，企业可依据包括客户类型、商业模式、付款方式、回款周期、历史逾期、违约风险、时间损失、账龄结构等因素形成的显著差异，对应收款项划分不同组合分别进行减值测试；企业评估预期信用损失，应考虑所有合理且有依据的信息（包括前瞻性信息），并说明预期信用损失的确定方法和相关参数的确定依据；如果对某些单项或某些组合应收款项不计提坏账准备，企业应充分说明并详细论证未计提的依据和原因，是否存在确凿证据，是否存在信用风险，账龄结构是否与收款周期一致，是否考虑前瞻性信息，不应仅以欠款方为关联方客户、优质客户、政府工程客户或历史上未发生实际损失等理由而不计提坏账准备；企业重要客户以现金、银行转账以外方式回款的，应关注回款方式；企业应清晰说明应收账款账龄的起算时点，分析披露的账龄情况与实际是否相符。

4.2.3.3 研发支出资本化

研究阶段的支出，应于发生时计入当期损益；开发阶段的支出，在同时满足会计准则列明的条件时，才能按规定确认为无形资产。初始确认和计量时，企业应结合研发支出资本化相关内控制度的健全性和有效性，逐条具体分析进行资本化的开发支出是否同时满足会计准则规定的条件。后续计量时，相关无形资产的预计使用寿命和摊销方法应符合会计准则规定，按规定进行减值测试并足额计提减值准备。

就研发支出资本化事项，应从研究开发项目的立项与验收、研究阶段及开发阶段划分、资本化条件确定、费用归集及会计核算和相关信息披露等方面，关注企业研究开发活动和财务报告流程相关内部控制是否健全有效并一贯执行，包括如下方面：研发支出成本费用归集范围是否恰当，研发支出是否真实、准确，是否与相关研发活动相关；研究阶段和开发阶段划分是否合理，是否与研发流程相联系，是否遵循正常研发活动的周期及行业惯例并一贯运用，是否完整、准确披露研究阶段与开发阶段划分依据；研发支出资本化条件是否均已满足，是否具有内外部证据支持。应重点从技术可行性，预期产生经济利益方式，技术、财务资源和其他资源支持等方面进行关注；是否为申请高新技术企业认定及企业所得税费用加计扣除等目的虚增研发支出；研发支出资本化的会计处理与同行业可比公司是否存在重大差异及差异的合理性。

4.2.3.4 现金交易核查

企业若存在现金交易或以大额现金支付薪酬、报销费用、垫付各类款项的，应关注并核查以下方面：现金交易或大额现金支付的必要性与合理性，是否符合企业业务情况或行业惯例，现金交易比例及其变动情况是否处于合理范围；现金交易的客户或供应商情况，是否涉及企业关联方；相关收入确认及成本核算的原则与依据，是否涉及体外循环或虚构业务；现金管理制度是否与业务模式、内部管理制度匹配，与现金交易、现金支付相关的内部控制制度是否完备、合理并执行有效；现金交易流水的发生与相关业务发生是否真实一致，是否存在异常分布；实际控制人及企业董事、监事、高管等关联方以及大额现金支付对象是否与客户或供应商及其关联方存在资金往来；企业为减少现金交易采取的改进措施及进展情况。

4.2.3.5 第三方回款事项

第三方回款通常指企业销售回款的支付方（如银行汇款的汇款方、银行承兑汇票或商业承兑汇票的出票方或背书转让方）与签订经济合同的往来客户（或实际交易对手）不一致。若企业存在第三方回款，通常应关注：第三方回款的真实性，是否虚构交易或调节账龄；第三方回款有关收入占营业收入的比例，相关金额及比例是否处于合理范围；第三方回款的原因、必要性及商业合理性，是否与经营模式相关、符合行业经营特点，是否能够区分不同类别的第三方回款；企业实际控制人、董事、监事、高管或其他关联方与第三方回款的支付方是否存在关联关系或其他利益安排；涉及境外第三方回款的，第三方代付的商业合理性或合规性；是否因第三方回款导致货款归属纠纷；合同明确约定第三方付款的，该交易安排是否合理；资金流、实物流与合同约定及商业实质是否一致，第三方回款是否具有可验证性，是否影响销售循环内部控制有效性的认定。

其中，与经营模式相关、符合行业经营特点的第三方回款情况包括但不限于：①客户为个体工商户或自然人，通过家庭约定由直系亲属代为支付货款；②客户为自然人控制的企业，由该企业的法定代表人、实际控制人代为支付货款；③客户所属集团通过集团财务公司或指定相关公司代客户统一对外付款；④政府采购项目指定财政部门或专门部门统一付款；⑤通过应收账款保理、供应链物流等合规方式或渠道完成付款；⑥境外客户指定付款。

4.2.3.6 财务报告

财务报告是指企业对外提供的反映企业某一特定日期的财务状况和某一会计期间的经营成果、现金流量等会计信息的文件。财务报告包括财务报表和其他应当在财务报告中披露的相关信息和资料。

财务报表是对企业财务状况、经营成果和现金流量的结构性表述。财务报表至少应当包括下列组成部分：资产负债表；利润表；现金流量表；所有者权益（或股东权益，下同）变动表；附注。财务报表的这些组成部分具有同等的重要程度。

资产负债表、利润表、现金流量表以及所有者权益变动表，这四张表是财务报表体系中的核心组成部分，它们各自具有明确的定义和作用，共同构成了企业财务状况、经营成果和现金流量的全面反映。本部分主要介绍资产负债表、利润表和现金流量表。

（1）资产负债表

资产负债表是反映企业在某一特定日期财务状况的报表，反映企业在某一特定日期所拥有或控制的经济资源、所承担的现时义务和所有者对净资产的要求权。资产负债表可以反映企业在某一特定日期所拥有的资产总量及其结构；可以提供某一日期的负债总额及其结构，表明企业未来需要用多少资产或劳务清偿债务以及清偿时间；可以反映所有者所拥有的权益，以判断资本保值、增值的情况以及对负债的保障程度。此外，资产负债表还可以提供进行财务分析的基本资料，如将流动资产与流动负债进行比较，计算出流动比率；将速动资产与流动负债进行比较，计算出速动比率等，可以表明企业的变现能力、偿债能力和资金周转能力，从而有助于报表使用者作出经济决策。

在我国，资产负债表采用账户式结构，报表分为左右两方，左方列示资产各项目，反映全部资产的分布及存在形态；右方列示负债和所有者权益各项目，反映全部负债和所有者权益的内容及构成情况。资产负债表左右双方平衡，资产总计等于负债和所有者权益总计，即"资产 = 负债 + 所有者权益"。此外，为了使使用者通过比较不同时间点资产负债表的数据,掌握企业财务状况的变动情况及发展趋势,企业需要提供比较资产负债表。资产负债表还就各项目再分为"期末余额"和"年初余额"两栏分别填列。资产负债表的具体格式如表4-1所示。

表4-1 资产负债表

会企01表

编制单位:　　　　　　　　　　　　　年　月　日　　　　　　　　　　　　单位:元

资产	期末余额	年初余额	负债和所有者权益(或股东权益)	期末余额	年初余额
流动资产:			流动负债:		
货币资金			短期借款		
交易性金融资产			交易性金融资产		
衍生金融资产			衍生金融负债		
应收票据			应付票据		
应收账款			应付账款		
应收款项融资			预收款项		
预付款项			合同负债		
其他应收款			应付职工薪酬		
存货			应交税费		
合同资产			其他应付款		
持有待售资产			持有待售负债		
一年内到期的非流动资产			一年内到期的非流动负债		
其他流动资产			其他流动负债		
流动资产合计			流动负债合计		
非流动资产:			非流动负债:		
债券投资			长期借款		
其他债券投资			应付债券		
持有至到期投资			其中:优先股		
长期应收款			永续债		

续表

资产	期末余额	年初余额	负债和所有者权益（或股东权益）	期末余额	年初余额
长期股权投资			租赁负债		
其他权益工具投资			长期应付款		
其他非流动金融资产			预计负债		
投资性房地产			递延收益		
固定资产			递延所得税负债		
在建工程			其他非流动负债		
生产性生物资产			非流动负债合计		
油气资产			负债合计		
使用权资产			所有者权益（或股东权益）：		
无形资产			实收资本（或股本）		
开发支出			其他权益工具		
商誉			其中：优先股		
长期待摊费用			永续债		
递延所得税资产			资本公积		
其他非流动资产			减：库存股		
非流动资产合计			其他综合收益		
			专项储备		
			盈余公积		
			未分配利润		
			所有者权益（或股东权益）合计		
资产合计			负债和所有者权益（或股东权益）总计		

（2）利润表

利润表是反映企业在一定会计期间的经营成果的报表。利润表的列报应当充分反映企业经营业绩的主要来源和构成，有助于使用者判断净利润的质量及其风险，有助于使用者预测净利润的持续性，从而作出正确的决策。利润表可以反映企业一定会计期间的收入实现情况，如营业收入、投资收益、营业外收入各有多少；可以反映一定会计期间的费用耗费情况，如耗费的营业成本、税金及附加、销售费用、管理费用、研发费用、财务费用、营业外支出各有多少；可以反映企业生产经营活动的成果，即净利润的实现情况，据以判断资本保值、增值情况等。将利润表中的信息与资产负债表中的信息相结合，可以提供进行财务分析的基本资料，如将销货成本与存货平均余额进行比较，计算出存货周转率；将净利润与资产总额进行比较，计算出资产收益率等；可以表现企业资金周转情况以及企业的盈利能力和水平，便于报表使用者判断企业未来的发展趋势，作出经济决策。

常见的利润表结构主要有单步式和多步式两种。在我国，企业利润表基本采用多步式结构，即对当期的收入、费用、支出项目按性质加以归类，按利润形成的主要环节列示一些中间性利润指标，分步计算当期净损益，便于使用者理解企业经营成果的不同来源。企业利润表对于费用列报通常应当按照功能进行分类，即分为从事经营业务发生的成本、管理费用、销售费用、研发费用和财务费用等，有助于使用者了解费用发生的活动领域；与此同时，为了有助于报表使用者预测企业的未来现金流量，对于费用的列报还应当在附注中披露按照性质分类的补充资料，比如分为耗用的原材料、职工薪酬费用、折旧费用、摊销费用等。利润表的具体格式如表4-2所示。

表4-2 利润表

会企02表

编制单位： 　　　　　　　　　　　年　　月　　　　　　　　　　　　单位：元

项目	本期金额	上期金额
一、营业收入		
减：营业成本		
营业税金及附加		
销售费用		
管理费用		
研发费用		

续表

项目	本期金额	上期金额
财务费用		
其中：利息费用		
利息收入		
加：其他收益		
投资收益（损失以"－"号填列）		
其中：对联营企业和合营企业的投资收益		
以摊余成本计量的金融资产终止确认收益（损失以"－"号填列）		
净敞口套期收益（损失以"－"号填列）		
公允价值变动收益（损失以"－"号填列）		
信用减值损失（损失以"－"号填列）		
资产减值损失（损失以"－"号填列）		
资产处置收益（损失以"－"号填列）		
二、营业利润（亏损以"－"号填列）		
加：营业外收入		
减：营业外支出		
三、利润总额（亏损总额以"－"号填列）		
减：所得税费用		
四、净利润（净亏损以"－"号填列）		
（一）持续经营净利润（净亏损以"－"号填列）		
（二）终止经营净利润（净亏损以"－"号填列）		
五、其他综合收益的税后净额		
（一）不能重分类进损益的其他综合收益		
1.重新计量设定受益计划变动额		
2.权益法下不能转损益的其他综合收益		
3.其他权益工具投资公允价值变动		
4.企业自身信用风险公允价值变动		

续表

项目	本期金额	上期金额
……		
（二）将重分类进损益的其他综合收益		
1.权益法下可转损益的其他综合收益		
2.其他债券投资公允价值变动		
3.金融资产重分类计入其他综合收益的金额		
4.其他债券投资信用减值准备		
5.现金流量套期储备		
6.外币财务报表折算差额		
……		
六、综合收益总额		
七、每股收益		
（一）基本每股收益		
（二）稀释每股收益		

（3）现金流量表

现金流量表是指反映企业在一定会计期间现金和现金等价物流入和流出的报表。从编制原则上看，现金流量表按照收付实现制原则编制，将权责发生制下的盈利信息调整为收付实现制下的现金流量信息，便于信息使用者了解企业净利润的质量。从内容上看，现金流量表被划分为经营活动、投资活动和筹资活动三个部分，每类活动又分为各具体项目，这些项目从不同角度反映企业业务活动的现金流入与流出，弥补了资产负债表和利润表提供信息的不足。通过现金流量表，报表使用者能够了解现金流量的影响因素，评价企业的支付能力、偿债能力和周转能力，预测企业未来现金流量，为其决策提供有力依据。

在现金流量表中，现金及现金等价物被视为一个整体，企业现金形式的转换不会产生现金的流入和流出。例如，企业从银行提取现金是企业现金存放形式的转换，并未流出企业，不构成现金流量。同样，现金与现金等价物之间的转换也不属于现金流量，如企业用现金购买三个月到期的国库券。根据企业业务活动的性质和现金流量的来源，现金流量表在结构上将企业一定期间产生的现金流量分为三类：经营活动产生的现金流量、投资活动产生的现金流量和筹资活动产生的现金流量。现金流量表的具体格式如表 4-3 所示。

表 4-3 现金流量表

会企 03 表

编制单位：　　　　　　　　　　　　年　月　　　　　　　　　　　　单位：元

项目	本期金额	上期金额
一、经营活动产生的现金流量：		
销售商品、提供劳务收到的现金		
收到的税费返还		
收到其他与经营活动有关的现金		
经营活动现金流入小计		
购买商品、接受劳务支付的现金		
支付给职工以及为职工支付的现金		
支付的各项税费		
支付其他与经营活动有关的现金		
经营活动现金流出小计		
经营活动产生的现金流量净额		
二、投资活动产生的现金流量：		
收回投资收到的现金		
取得投资收益收到的现金		
处置固定资产、无形资产和其他长期资产收回的现金净额		
处置子公司及其他营业单位收到的现金净额		
收到其他与投资活动有关的现金		
投资活动现金流入小计		
购建固定资产、无形资产和其他长期资产支付的现金		
投资支付的现金		
取得子公司及其他营业单位支付的现金净额		

续表

项目	本期金额	上期金额
支付其他与投资活动有关的现金		
投资活动现金流出小计		
投资活动产生的现金流量净额		
三、筹资活动产生的现金流量：		
吸收投资收到的现金		
取得借款收到的现金		
收到其他与筹资活动有关的现金		
筹资活动现金流入小计		
偿还债务支付的现金		
分配股利、利润或偿付利息支付的现金		
支付其他与筹资活动有关的现金		
筹资活动现金流出小计		
筹资活动产生的现金流量净额		
四、汇率变动对现金及现金等价物的影响		
五、现金及现金等价物净增加额		
加：期初现金及现金等价物余额		
六、期末现金及现金等价物余额		

（4）财务分析

可以从偿债能力、营运能力、盈利能力和发展能力四个方面进行财务分析。每种能力分析都涉及一系列特定的比率，这些比率在评估企业财务状况和经营成果时发挥着重要作用。

偿债能力分析。通常可以从流动比率、速动比率、现金比率、资产负债率、产权比率、利息保障倍数等比率来分析企业的偿债能力。

流动比率衡量企业流动资产与流动负债之间的关系，反映企业短期债务的偿还能力。一般认为流动比率在 2 左右为好，过高的流动比率可能表明企业资金利用效率不高。流动比率的计算公式为：

$$流动比率 = \frac{流动资产}{流动负债} \qquad (4\text{-}1)$$

速动比率是指排除存货等变现能力较弱的流动资产后,衡量企业速动资产与流动负债关系的比率,反映企业短期内迅速偿还债务的能力。速动比率在 1 左右通常被认为是较为理想的。速动比率的计算公式为:

$$速动比率 = \frac{流动资产 - 存货}{流动负债} \qquad (4\text{-}2)$$

现金比率是指进一步缩小资产范围后,仅考虑现金及现金等价物与流动负债关系的比率,是短期偿债能力的最直接体现。其计算公式为:

$$现金比率 = \frac{货币资金 + 短期投资 + 应收票据}{流动负债} \qquad (4\text{-}3)$$

现金比率或者更为简单,仅考虑货币资金和交易性金融资产与流动负债关系的比率,即:

$$现金比率 = \frac{货币资金 + 交易性金融资产}{流动负债} \qquad (4\text{-}4)$$

资产负债率反映企业总资产中有多大比例通过负债筹集,是衡量企业长期偿债能力的重要指标。一般认为资产负债率在 40%~60% 较为合理,过高可能增加财务风险,过低则可能表明企业未能充分利用财务杠杆。资产负债率的计算公式为:

$$资产负债率 = \frac{负债总额}{资产总额} \times 100\% \qquad (4\text{-}5)$$

产权比率反映企业负债总额与所有者权益之间的比例关系,是评估债权人权益保障程度的重要指标。产权比率越高,说明企业负债越多,债权人权益保障程度越低。产权比率的计算公式为:

$$产权比率 = \frac{负债总额}{所有者权益总额} \times 100\% \qquad (4\text{-}6)$$

利息保障倍数衡量企业支付利息费用的能力,是评估企业长期偿债能力的重要指标。利息保障倍数越高,说明企业支付利息费用的能力越强,长期偿债能力越强。利息保障倍数的计算公式为:

$$利息保障倍数 = \frac{利息总额 + 利润总额}{利息费用} \qquad (4\text{-}7)$$

利息保障倍数另一种常见的计算方法是息税前利润除以利息费用，即：

$$利息保障倍数 = \frac{净利润 + 利息费用 + 所得税费用}{利息费用} \quad (4\text{-}8)$$

营运能力分析。在营运能力分析中，总资产周转率、流动资产周转率、固定资产周转率、应收账款周转率、存货周转率这些比率分别衡量企业总资产、流动资产、固定资产、应收账款和存货的周转速度，反映企业资产利用效率和营运能力。周转率越高，说明企业资金周转速度越快，营运能力越强。上述比率的计算公式分别为：

$$总资产周转率 = \frac{销售收入}{平均资产总额} \quad (4\text{-}9)$$

$$流动资产周转率 = \frac{销售收入}{平均流动资产} \quad (4\text{-}10)$$

$$固定资产周转率 = \frac{销售收入}{平均固定资产} \quad (4\text{-}11)$$

$$应收账款周转率 = \frac{销售收入}{平均应收账款} \quad (4\text{-}12)$$

$$应收账款周转天数 = \frac{365}{应收账款周转率} = \frac{365 \times 平均应收账款}{销售收入} \quad (4\text{-}13)$$

$$存货周转率 = \frac{销售成本}{平均存货} \quad (4\text{-}14)$$

$$存货周转天数 = \frac{365}{存货周转率} = \frac{365 \times 平均存货}{销售成本} \quad (4\text{-}15)$$

盈利能力分析。在企业的盈利能力分析中，可以通过营业利润率、总资产利润率、净资产收益率、毛利率、净利润率等比率从不同角度衡量企业的盈利能力。

营业利润率衡量企业经营活动（即扣除利息、税费等非经常性项目前的业务）的盈利能力，反映了企业通过日常运营活动赚取利润的能力，其计算公式为：

$$营业利润率 = \frac{营业利润}{营业收入} \times 100\% \quad (4\text{-}16)$$

总资产利润率用于评估企业利用其全部资产（包括流动资产和固定资产）创造利润的能力，其计算公式为：

$$总资产利润率 = \frac{利润总额 + 利息支出}{平均资产总额} \times 100\% \qquad (4-17)$$

净资产收益率能够衡量股东投资的回报率,即企业利用股东资本(净资产)赚取利润的效率,其计算公式为:

$$净资产收益率 = \frac{净利润}{平均股东权益} \times 100\% \qquad (4-18)$$

毛利率和净利润率则分别反映企业产品销售的毛利水平和净利润水平,计算公式分别为:

$$毛利率 = \frac{销售收入 - 销售成本}{销售收入} \times 100\% \qquad (4-19)$$

$$净利润率 = \frac{净利润}{销售收入} \times 100\% \qquad (4-20)$$

发展能力分析。在评估企业未来的发展前景和增长潜力时,可以通过营业收入增长率、营业利润增长率、总资产增长率等来进行分析,这些指标值越大,通常意味着企业的发展能力越强。

营业收入增长率和营业利润增长率分别用于衡量企业销售业务的增长速度和盈利能力的变化趋势,是评估企业成长潜力和经营效益的关键指标。计算公式分别为:

$$营业收入增长率 = \frac{本年营业收入增长额}{上年营业收入总额} \times 100\% \qquad (4-21)$$

$$营业利润增长率 = \frac{本期营业利润增加额}{上期营业利润} \times 100\% \qquad (4-22)$$

总资产增长率是衡量企业资产规模扩张的速度,反映企业资本积累和成长的能力,其计算公式为:

$$总资产增长率 = \frac{本年总资产增长额}{年初资产总额} \times 100\% \qquad (4-23)$$

案例:某初创科技型企业的融资尽职调查

一、案例背景

某电动汽车初创公司 A 计划进行股权融资,以支持公司的生产扩张和技术研发。一家创业投资机构 B 对 A 公司表达了投资意向,在进行投资前,B 投资机构决定进行尽职调查，以评估 A 公司的商业模式、技术实力和市场潜力。

二、尽职调查开展方式

B 投资机构组建了一个尽职调查团队，包括投资经理、工程师、财务分析师和市场专家等。团队与 A 公司的管理层进行了多轮面谈，收集了大量的企业资料，包括财务报表、生产工艺和技术规格等。同时，团队还与 A 公司的供应商和合作伙伴进行了交流，了解生产链和市场反馈。

三、发现的主要问题

在尽职调查过程中，B 投资机构发现了一些问题，包括：

（1）技术可行性：A 公司提出了一种新型电池技术用于电动汽车，但尚未进行大规模的试验验证。B 投资机构担心该技术的可行性和稳定性，需要更多的科学数据和试验结果来支持。

（2）生产扩张：A 公司计划扩大生产规模，但 B 投资机构发现 A 公司的生产工艺和供应链管理还不够成熟。B 投资机构担心生产扩张可能带来的生产质量和交付风险。

（3）市场竞争：电动汽车市场竞争激烈，已有一些知名品牌在该领域占据市场份额。B 投资机构担心 A 公司可能面临来自其他竞争对手的技术挑战和市场份额的争夺。

（4）财务状况：B 投资机构对 A 公司的财务状况进行了详细的分析，发现 A 公司的现金流状况不稳定，短期内可能需要额外的资金支持。B 投资机构担心这可能导致 A 公司的经营风险增加。

四、解决方案

针对发现的问题，B 投资机构提出了以下解决方案：

（1）技术可行性：B 投资机构要求 A 公司提供更多的科学数据和试验结果，以验证新型电池技术的可行性。B 投资机构还建议 A 公司与科研机构或专业的第三方实验室合作，进行更全面的技术验证。

（2）生产扩张：B 投资机构与 A 公司共同制订了生产扩张计划，包括完善生产工艺、提高供应链管理和质量控制等方面的考虑。B 投资机构还提供了生产管理经验和资源支持，帮助 A 公司实现生产扩张的顺利进行。

（3）市场竞争：B 投资机构与 A 公司一起制定了市场竞争策略，包括品牌定位、产品差异化和市场营销等方面的考虑。B 投资机构还提供了市场分析和竞争情报支持。

（4）财务状况：B 投资机构与 A 公司商讨了资金需求和使用计划，共同制定了一份详细的财务规划。

案例：某医疗科技公司的融资尽职调查

一、案例背景

某医疗科技公司 C 计划进行股权融资，以支持公司的产品研发和市场推广。一家私募股权投资公司 D 对 C 公司表达了投资意向，在进行投资前，D 投资机构决定进行尽职调查，以评估 C 公司的商业模式、技术实力和市场潜力。

二、尽职调查开展方式

D 投资机构组建了一个尽职调查团队，包括投资经理、财务顾问、行业专家和法务顾问等。团队与 C 公司的管理层进行了多轮面谈，收集了大量的企业资料，包括财务报表、产品研发进展、市场竞争情况等。同时，团队还与 C 公司的合作伙伴和客户进行了交流，了解市场反馈和产品使用情况。

三、发现的主要问题

在尽职调查过程中，D 投资机构发现了一些问题，包括：

（1）技术实力：尽管 C 公司在医疗科技领域有一定的技术优势，但 D 投资机构认为 C 公司的技术实力还不够成熟。D 投资机构担心这可能影响 C 公司产品的市场竞争力和长期发展。

（2）市场竞争：医疗科技领域竞争激烈，存在多家竞争对手。尽管 C 公司在市场上取得了一些初步的成功，但 D 投资机构认为市场前景仍存在不确定性，且担心市场需求的变化。D 投资机构亦担心 C 公司可能面临来自其他公司的技术挑战和市场份额的争夺。

（3）法律合规：医疗科技领域受到法律法规的严格监管，需要符合相关的法律合规要求。D 投资机构发现 C 公司在一些合规方面存在不完善的情况，担心这可能带来法律风险。

四、解决方案

针对发现的问题，D投资机构提出了以下解决方案：

（1）技术实力：D投资机构要求C公司提供更详细的技术资料和研发计划，并邀请行业内的专家对C公司的技术进行评估。D投资机构还建议C公司加强技术团队建设，提高技术研发能力。

（2）市场竞争：D投资机构与C公司共同制定了市场竞争策略，包括产品差异化和市场定位等方面的考虑。D投资机构提出了一系列市场推广和业务拓展的建议，帮助C公司应对市场不确定性。D投资机构还提供了市场渠道拓展的支持和资源对接，帮助C公司在竞争激烈的市场中脱颖而出。

（3）法律合规：D投资机构与法务顾问合作，协助C公司完善法律合规体系，确保符合相关法律法规的要求。

4.3 技术尽职调查的方法与实务

技术尽职调查是项目尽职调查中非常重要的一环，是指对技术项目投资、技术并购、专利运营、技术转移等重大科技成果转化相关活动中的技术开发、创新、转移情况进行事前调查评价。通过对技术成果的先进性、成熟度、应用可行性、市场前景、经济效益、社会效益、可替代性等进行系统化梳理，评估技术的潜在风险点，为投资并购决策提供支撑。

4.3.1 技术尽职调查主要内容

技术尽职调查通常包括技术能力调查、技术资产调查、技术风险调查、技术市场前景调查等内容。

4.3.1.1 技术能力调查

技术团队：调查目标公司的技术团队规模、组成、专业背景等，评估其技术团队的创新能力和稳定性。

技术研发：了解目标公司的技术研发情况，包括技术工艺水平、技术路线、核心性能指标、技术成熟度、技术创新性、技术先进性等，评估其技术的可行性和竞争优势。

技术产出：调查目标公司的技术产出情况，包括专利、软件著作权、技术报告等，评估其技术能力的核心竞争力。

技术资质：了解目标公司的技术资质情况，包括 ISO 认证、行业认可等，评估其技术能力的可信度和可靠性。

4.3.1.2　技术资产调查

技术设备：调查目标公司的技术设备情况，包括设备类型、数量、使用状况等，评估其技术设备的先进性和完备性。

技术平台：了解目标公司的技术平台情况，包括硬件平台、软件平台、网络平台等，评估其技术平台的稳定性和可扩展性。

技术资源：调查目标公司的技术资源情况，包括技术文档、技术数据库、技术人员等，评估其技术资源的丰富程度和可利用性。

技术合作：了解目标公司的技术合作情况，包括与其他公司、高校、科研院所等的技术合作关系，评估其技术合作的稳定性和效果。

4.3.1.3　技术风险调查

技术实施风险：评估目标公司的技术实施是否具有可行性，技术是否稳定可靠，是否存在潜在的技术缺陷、安全漏洞或故障风险。

技术侵权风险：评估目标公司是否存在侵犯他人知识产权的风险。

技术竞争风险：分析目标公司在行业中的竞争地位以及面临的技术竞争风险。

4.3.1.4　技术市场前景调查

行业趋势：分析目标公司所处行业的技术发展趋势，技术的更新迭代速度，国家出台的行业政策等，以预测技术产品的未来市场变化。

市场需求：分析技术产品的目标市场定位，当前国内外市场规模及增速，评估目标公司的技术产品或服务在市场上的需求情况。

竞争格局：分析目标公司技术产品的核心用户，市场占有率及销售情况，了解目标公司技术产品在市场的竞争地位以及主要竞争对手的情况。

投资方可以委托专业的技术尽职调查机构或者邀请技术领域的专家团队进行调查，以确保调查的全面性和专业性。技术尽职调查方式包括公开文献资料研究、向技术专家调研咨询、向行业专业技术研究机构调研咨询、向第三方专业咨询机构调研咨询、向政府监管部门调研咨询、到目标公司进行实地考察、到目标公司技术产品的产业链上下游机构调研等。在进行技术尽职调查时，投资方可以根据具体情况确定调查的重点和深度，以确保调查结果全面、准确、可靠。同时，还需要考虑保密性和合规性的要求，避免泄露商业机密和侵犯知识产权等问题。

4.3.2 技术尽职调查流程

技术尽职调查需要历经方案策划、信息收集、专家咨询、调研分析、形成报告以及审核交付报告等过程。技术尽职调查流程如图 4-2 所示。面临不同的情况时，可根据实际需要做相应调整。

4.3.2.1 制订方案

根据委托方的要求、技术特点和客观条件等，应组织制订一套合适的调查方案。调查方案一般包括调查目的、调查资料清单、调查内容及方法、调查流程及进度安排、组织实施、成果产出等。

调查初期由于对拟调研技术成果认知不深，某些计划性的内容无法在短时间内完全确定，调查人员可以在后续的调研过程中增补、调整方案，如增加咨询专家、增加现场调研、调整调查人员、调整调查形式等。这种增补与调整应能保证不会影响满足法律法规和委托方要求，否则应及时与委托方沟通协商处理。

调查工作负责人应确保将调查方案确定的内容及时通知到相关人员，如调查工作人员、咨询专家、需要接受调查的目标公司代表等。

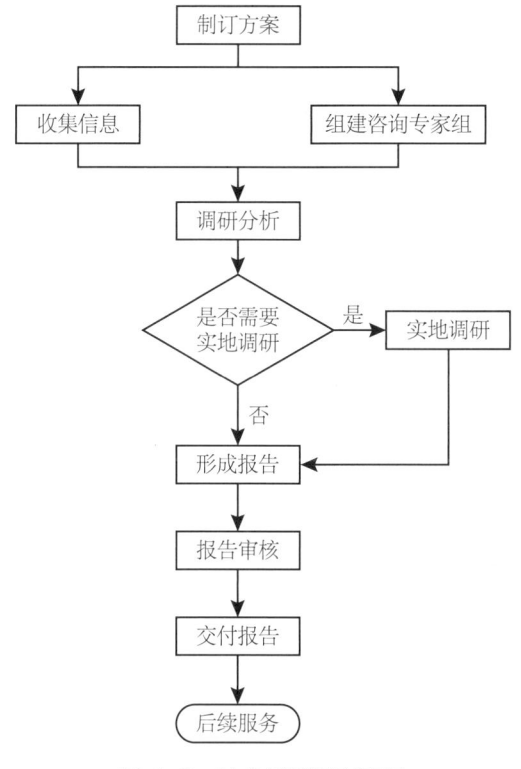

图 4-2　技术尽职调查流程

4.3.2.2　收集信息

调查人员应根据调查要求，收集相关技术成果的国内外发展现状、应用推广情况、市场情况、政策法规、知识产权保护、团队信息等相关信息，以尽量全面、准确地了解该技术成果在相关行业的创新性、先进性、科学性、复杂性、风险及存在的问题，同时了解技术成果的应用价值与市场发展前景。

信息来源包括但不限于：行业协会、行业情报机构、行业管理机构、行业刊物、行业网站、相关政府等带有鲜明行业特点的组织或媒体；知识产权网站、门户网站、搜索引擎等互联网平台；委托方或技术所有方；外部专家；用户或潜在用户；其他相关方，如股东、上级单位、供应商等。

4.3.2.3　组建咨询专家组

调查人员应根据技术成果特点和调查要求组建咨询专家组，协助完成调查工作。咨询专家组一般应包含技术、管理、产业等领域的专家，必要时，可包括投融资、法律等领域的专家。根据实际调查要求，咨询专家组的组织形态可以比较紧密，如共同参与信息搜集、实地调研等；也可以比较松散，如单独为调查人员或调查工作组提供咨询意见等。

咨询专家的专业与数量没有明确限制，原则上应该以能收集到足够支撑调查结论的信息、满足调查要求（包括客观公正性）为基本要求。如果收集到信息不足以满足调查要求，则可增加咨询专家，以进一步获取相关信息。咨询专家的选择应考虑：专家的专业知识与经验（职称、职务、教育培训与工作经历、业绩、专利、论文与著作、荣誉与获奖情况等）；专家的分布与搭配（专业方向、工作单位性质、工作性质、所处区域、年龄等），特别应考虑能代表技术成果使用方的专家；专家以往参与的调查工作及效果（咨询意见质量、咨询态度、成本等）。

4.3.2.4 实地调研

根据调查工作的需要，调查人员可与委托方协调开展实地调研。实地调研内容一般包括但不限于：调查组与目标公司核实确认存在疑虑的问题及信息；实地查看验证技术产品的生产条件及实际进展；实地查验目标公司出于保密考虑无法提供的证明材料等。

实地调研可以由调查工作人员实施，也可委托咨询专家实施，或者调查工作人员与咨询专家共同实施。现场调研后，调查工作人员宜保留相关证据与记录（因保密需要而无法提供的除外）。

4.3.2.5 形成报告

调查报告是技术尽职调查活动的结果，是提供给委托方的产品。调查工作组可综合各方意见，分析阐述技术成果各项调查内容，形成综合调查结论；必要时，邀请咨询专家协助，共同形成调查报告。

调查报告通常由正文、附件等组成，报告正文一般包括调查活动说明、技术成果概述、技术尽职调查结论及风险提示；附件中一般包括调查人员及咨询专家名单、技术成果信息采集表、专家意见摘要、检测报告、专利证书、销售记录等材料和证明文件。

调查报告应尽量保证结论科学准确、描述合理清晰、重要信息可靠、文本结构合理，可提供增值服务等。为了验证调查的符合性、保证报告的质量，调查机构应安排对报告进行审核。审核完毕后，应按合同约定的时间和方式交付报告。

4.3.3 技术尽职调查典型案例

案例：技术尽职调查支撑金融机构投资案例

一、案例背景

金融机构 A 委托某调查机构 B，对某创新型企业 C 研发的 LED 产品和技术开展技术尽职调查，通过对 C 企业产品的技术水平、行业市场、知识产权保护、团队水平、风险等进行综合调查分析，形成技术尽职调查报告，为开展后续的投资工作提供咨询参考。

二、调查过程

A 金融机构向 B 调查机构提出对 C 企业的技术尽职调查需求，A、B 双方初步沟通工作的具体要求和方案，确定重点对 C 企业的白光 LED、Micro LED 产品和工艺的技术先进性、行业趋势等开展调查分析。

A 金融机构成立组织协调工作组，负责整体组织与统筹协调工作，包括协调数据获取及相关调研工作等。B 调查机构成立调查团队，依据 C 企业所在行业、核心技术相关性、政策和产业分析等需求，组建咨询专家组，开展以下具体调研工作。

一是调查团队基于前期资料分析、案卷研究等，经与咨询专家讨论，制订调查方案，确定调查内容和指标体系，设计调查流程，提出拟采集的数据信息等资料清单。

二是调查团队邀请 LED 芯片领域的 4 位技术专家开展调研咨询，主要内容包括：LED 产品涵盖哪些关键核心技术及关键性能指标，C 企业 LED 产品的技术创新性、先进性如何；国内有哪些同类 LED 产品，各对标产品的研发进展及优劣势如何，C 企业在行业内处于何种地位；研讨 LED 行业发展趋势和政策导向，分析 C 企业主要技术产品的市场前景；基于金融机构 A 前期提供的信息和调查重点关注的问题，制定实地调研方案。

三是调查机构 B 会同咨询专家组对 C 企业开展现场调研。调研侧重确认核实前期收集的数据信息，了解公司发展战略、技术产品研发进展、生产线建设、知识产权保护、市场营销策略、人才战略等。

四是 B 调查机构汇总前期案卷研究、信息收集、专家咨询、实地调研等多方面信息，对 C 企业 LED 产品的技术水平、市场应用、竞争风险、团队能力等进行综合分析判断，形成书面报告初稿。

五是 B 调查机构组织咨询专家组对报告进行审核，核查分析数据、报告行文及结论是否准确、规范，对报告质量进行把关。B 调查机构综合委托方及专家意见，对报告修改完善，形成调查报告终稿，提交 A 金融机构。

三、案例点评

经过综合调研分析，确定 C 企业的白光 LED、Micro LED 开发项目针对行业关键技术难题取得较大突破，技术达到国内领先或先进水平，技术成熟度高，已经获得较为广泛应用，具有较低的技术风险。技术尽职调查报告为 A 金融机构开展 C 企业的投资服务提供了科学客观的决策咨询建议。

4.4 本章小结

尽职调查是技术成果转化、技术资本化和科技型公司股权融资等交易中的重要环节，旨在保障交易安全，为投资决策提供依据。尽职调查的主要类型有业务、法律和财务等，根据不同的交易背景和目标，还可以开展专项领域的尽职调查，如知识产权、环境等。

尽职调查的流程一般包括准备阶段、实施阶段和报告编制阶段。在准备阶段，投资方需要确定调查目标、范围和方法，以及选择中介机构和反向尽职调查方。在实施阶段，投资方需要收集目标公司的相关资料，采取现场和线上相结合的方式进行调查。在报告编制阶段，投资方需要分析评估目标公司的各项情况、识别存在的风险和问题，并形成尽职调查报告。在进行尽职调查时，投资方应注意提供资料的真实性，同时保护目标公司的商业秘密和知识产权。

尽职调查的关注要点根据不同的领域和行业有所不同，但一般都涉及目标公司的持续经营能力、关联交易、大客户依赖、经销商模式等业务方面，出资瑕疵、诉讼仲裁、环保合规、社保公积金、土地使用权等法律方面，财务内控规范性、应收账款减值、研发支出资本化、现金交易核查、第三方回款事项等财务方面。投资方应根据证监会和沪深北交易所的审核要点，结合目标公司的具体情况进行重点关注和分析。

技术尽职调查是技术项目投资、技术并购、专利运营、技术转移等活动中的重要组成部分，通过对技术成果的各个方面进行调查评估，为投资方提供技术风险和市场前景的分析。技术尽职调查的主要内容包括技术能力、技术资产、技术风险、技术市场前景等。技术尽职调查的方法包括公开文献资料研究、向技术专家调研咨询、向第三方专业机构调研咨询、到目标公司进行实地考察等。技术尽职调查的流程包括制定尽职调查方案、收集信息、组建咨询专家组、实地调研、形成报告等。

思考题

1. 在企业股权融资交易背景下，企业在配合投资人开展的对企业尽职调查过程中，应该注意哪些事项以保护企业的合理利益？
2. 站在融资企业角度，应对投资人开展哪些方面的尽职调查？
3. 站在投资人角度，对企业的业务、法律、财务尽职调查有哪些主要关注点？
4. 站在投资人角度，如何通过技术尽职调查实现对技术开发风险的充分评估？

第 5 章
科技型初创企业管理

科技成果转移转化进入中后期,随着技术的不断完善、团队的不断健全,必将进入最终的市场化验证阶段。不管是以专利转让或许可的形式取得成果的所有权或使用权,还是自行转化自研技术,绝大部分都将以企业形式参与真正的市场竞争。随着全球经济的快速发展,科技型初创企业如雨后春笋般涌现,成为推动经济发展的新引擎。初创企业以其独特的创新能力和灵活的经营模式不断颠覆传统产业,为市场注入新的活力。然而,初创企业在管理上面临诸多挑战,做不好初创企业的管理,有可能前期所有工作功亏一篑。

本章将从初创企业的特点出发,探讨其管理基础,以期为科技型初创企业的发展提供有益借鉴,也为技术经理人指导初创企业发展壮大提供有力工具。

5.1 科技型初创企业概述

5.1.1 初创企业的概念及特征

20世纪80年代末期，美国最有影响力的管理学家之一伊查克·爱迪思（Ichak Adizes）出版的著作《企业生命周期》提出企业生命周期理论，创造性地把企业从初创到消亡的全部过程按生物成长路径分为十个阶段，即孕育期、婴儿期、学步期、青春期、壮年期、稳定期、贵族期、官僚化早期、官僚期、死亡（图5-1）。爱迪思针对这十个阶段进行研究并归纳出相应阶段的特点，阐明了企业在不同阶段需要采取的应对措施，进一步揭示了企业发展的基本规律。之后，很多学者开始注重对企业生命周期的研究，出现了对企业生命周期的不同划分情况。其中，企业发展的四阶段理论得到了较为广泛的应用，即将企业发展分为初创期、成长期、成熟期与衰退期。

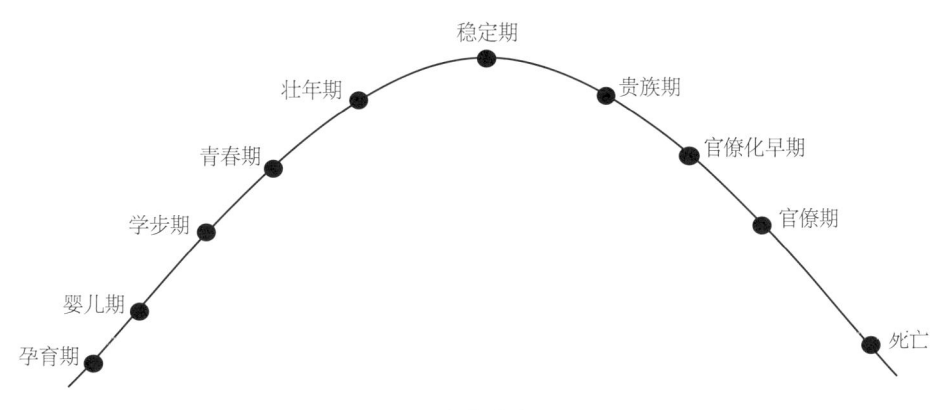

图 5-1 企业生命周期图

初创企业是指创立时间比较短，而且没有足够资金和各种资源的企业。初创企业具有如下特征。

创新意识强：随着高科技行业的兴起，创业企业的总体发展趋向于高科技、智能化，这一类创业企业通常并不是为了满足目前的市场需要，而是要发掘顾客的潜能，通过新技术、新产品弥补市场的不足。

融资缺口大：创业企业的创新能力很强，这就意味着企业需要在产品研发过程中投入很多人力；在生产过程中投入大量资金；在推广阶段投入很多资金拓展渠道、做宣传，从而打开市场。但公司建立之初尚未获得足够利润，造成了很大的资金缺口。

利润率波动大：创业公司在初期大量投资生产技术和进行宣传推广，使企业在很长一段时间难以盈利，这部分资本要等产品被大众所接受并产生收益后，才会逐步收回。企业成长过程中还会面临产品更新迭代、竞争对手不断涌现等问题，因此必须进行持续的研发和技术投入。这就导致公司创业早期的利润不太稳定。

筹资能力受限：由于初创企业盈利能力不稳定、发展状况不明朗，很难吸引到外界投资，所以企业只能靠自己或政府补贴勉强存活。

缺乏高素质人才：虽然公司在创业早期就已经拥有了一定团队，但是要想实现核心技术的研发，就必须有很多的高端人才和合作机会。而且，随着公司规模越来越大，这一需求会更加强烈。

5.1.2　科技型初创企业的概念及特征

科技型初创企业是指以科技人员为主体或由科技人员主导创办，主要从事高新技术产品研制、生产、销售，以科技成果商品化以及技术开发、技术服务、技术咨询和高新产品为主要内容的处于创立初期的知识密集型经济实体。

一般而言，科技型初创企业需要同时满足"初创"和"科技"两方面的要求，即同时满足以下条件：在中国境内（不包括港、澳、台地区）注册成立、实行查账征收的居民企业；接受投资时，从业人数不超过 300 人，其中具有大学本科以上学历的从业人数不低于 30%；资产总额和年销售收入均不超过 5000 万元；接受投资时，设立时间不超过 5 年（60 个月）；接受投资时以及接受投资后 2 年内，未在境内外证券交易所上市；接受投资当年及下一纳税年度，研发费用总额占成本费用支出的比例不低于 20%。

关于最后一条，国家税务总局《关于创业投资企业和天使投资个人税收政策有关问题的公告》（国家税务总局公告 2018 年第 43 号）进行了解释："研发费用总额占成本费用支出的比例，是指企业接受投资当年及下一纳税年度的研发费用总额合计占同期成本费用总额合计的比例。"这意味着企业只需在接受投资及下一纳税年度满足平均研发费用占比超过 20% 即可。举例而言，假设某科技型初创企业接受投资当年发生研发费用 100 万元，成本费用 1000 万元，研发费用占比 10%，低于 20%；次年发生研发费用 800 万元，成本费用 2000 万元，研发费用占比 40%。根据上述文件的计算方式，投资当年及次年企业研发费用平均占比为（100+800）/（1000+2000）=30%，满足科技型初创企业的要求。该项政策考虑了企业在研发过程中的实际情况，在更大程度上允许科技型初创企业按照自身的发展节奏调整研发进度。

另外，"从业人数不超过 300 人"包括企业接受的劳务派遣人员，并以企业接受投资前连续 12 个月的平均数计算。

科技型初创企业具有如下显著特点：对技术与研发有很强的依赖，在很大程度上依赖于技术研发团队这样的人力资本，一些硬科技公司对技术团队（人力资本）的依赖甚至超过对物质资本的依赖；技术背景的创始人或发起人的出资往往包含技术（无形资产）出资；研发投入大，对物质资本的需求大，早中期非常需要引进风险投资等外部资本；技术型创始团队往往需要职业经理人等外部人力资源的搭配，共同运营公司；经常以产品思维为导向，战略规划、技术路线、产品定位有可能背离市场需求，有必要设计合理的决策制衡机制。

5.2 科技型初创企业治理与运营模式

5.2.1 科技型初创企业的治理模式

现代公司特别是股份有限公司常见治理分为内部治理和外部治理两部分（图 5-2）。内部治理是指公司内在结构治理，外部治理是指企业依据市场规则完善公司内部规则的

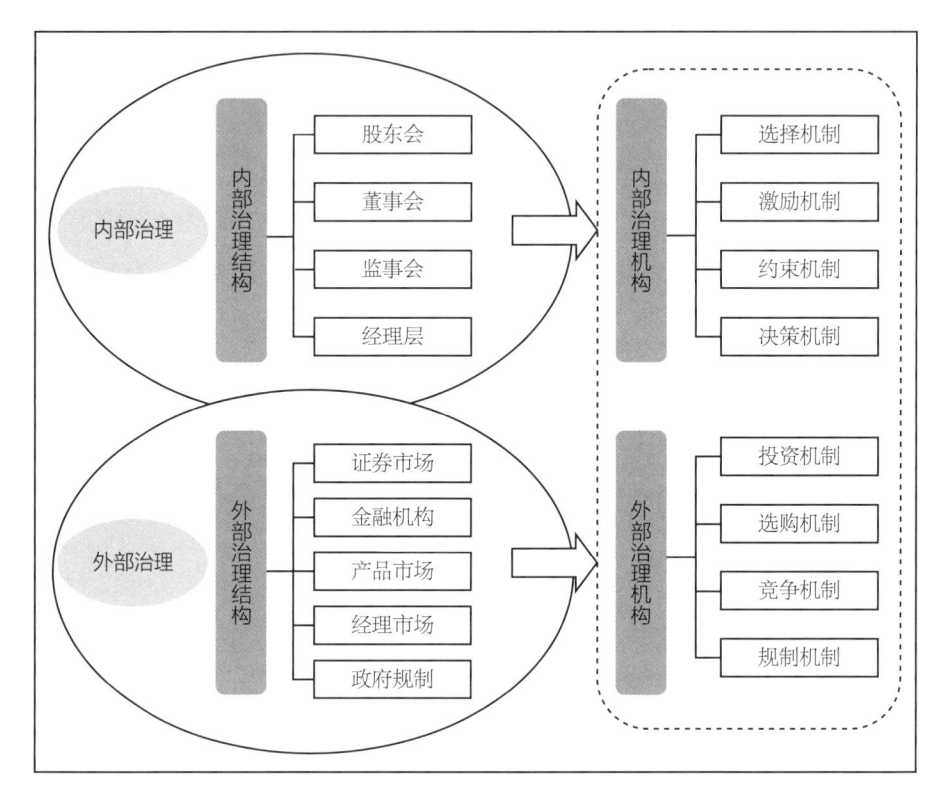

图 5-2 公司内部治理与外部治理

过程。初创公司的治理关键是内部治理,只有有效完善内部治理结构才能推动企业走向市场。内部治理需要公司设置一套有效的内部规则,约束各方行为范围、激活企业内在驱动力,驱使企业生长发展。因此,企业可能需要设置股权激励机制、利润分配机制、公司运营管理机制等。

由于科创型初创企业的特点,公司治理在处理核心技术团队(实控和非实控)、投资人(包括风险投资人)、职业经理人等相关利益方的责权利关系上(治理机制),以及设计公司股东会、董事会、监事会和经理层等的权力分配结构上(治理结构)存在一些特殊难题。

5.2.1.1 技术背景创始人为实控人的情形

(1)与投资人(包括风险投资人)可能存在的治理冲突

不完善的公司治理结构会加深投资人的疑虑,从而限制公司的融资渠道,加剧资金短缺问题。投资人进入企业后，其在投资人保护条款上的一系列约定又对科创企业的公司治理构成挑战。对于投资由技术背景的创始团队实际控制的科创企业，由于存在技术、管理能力等信息不对称，投资人往往会提出一系列要求，其中涉及公司治理方面的主要包括：在技术背景创始人如何出资（货币还是无形资产）、技术作价入股的估值和所占比例等方面设置条件；要求创始人和核心技术团队对竞业禁止等予以承诺；要求拥有董事会名额，并对财务等个别关键岗位派出人员等；要求对重要事项的一票否决权，甚至设置特别投票权条款，提高在股东会、董事会中的表决权等；提出创始团队业绩对赌、股权回购承诺、上市截止期等间接影响公司治理的要求（对公司战略定位、经营思路、团队构成等产生影响，甚至左右技术研发路线，与技术自身的研发周期和产业化规律发生冲突）。

以上治理冲突的主要解决思路在于：①确保技术的产权清晰、无瑕疵，确保持有的技术是关键核心技术（专利须是核心专利、有效专利等），出资给企业的技术要定义好范围和边界，以免在无形资产出资中留有瑕疵，继而产生纠纷，影响股权结构的稳定性。②双方在核心技术的价值评估上需达成一致。对技术类无形资产过低或过高的评估都有可能在未来对公司治理产生影响。过于低估将导致创始人动力不足，而过高估对于创始团队也是"双刃剑"。过高的估值会使投资人投入更多货币资金（一定比例下）并承担更高风险，使其对创始团队有更短的产业化时间要求或更高的财务回报要求，使创始团队在承担更高压力的同时（如签有对赌条款），有失去控制权的风险，从而带来股权结构和经营的不稳定，影响企业发展。因此，科技型企业对于"当家技术"的价值评估需要建立在科学评估和与其他股东方、投资人达成一致的基础上，或者设计出各方认可的技术权益兑现找补机制，避免未来因技术产生的商业价值未达或远超预期而对公司治理稳定性产生不必要的破坏。③为消除科创团队的道德风险，投资人会要求创始人在技术（无形资产）出资的同时投入货币资金。技术背景的创始人如可满足这样的要求，更能促成投资人在一些可能影响公司治理的关键事项上（如重大决策、日常监督、对赌和股权结构设置等）做出让步。④核心创始人不能兼职，必须全职投入。投资人（尤其是专业的风险投资机构）一般不会投资兼职技术人员（如教授等）创办的公司，如果只能兼职，就不适合作为公司的实控人。⑤技术背景的创始团队可通过设置特别股权结构或特别投票权条款，或在释放股权比例上进行限制等方式，对投资人的一些保护条款作出必要制衡。对于科创企业而言，由于成长发展需要，在引入外部股权投资时往往造成创始人/团队股权的稀释，在不允许特别投票权的情况下，创始人/团队对公司的控制权也随之被削弱。而设置特别投票权后，尽管获得投资后公司创始人/团队分红权比例下降，但有利于公司创始人/团队始终保持对公司的控制。⑥设立正常运作的董事会、监事会（大部分初创公司并不重视董事会、监事会），与投资人股东等商定规范有效的董（监）事会运行规则，确保投资人委派董事充分拥有知情权、投票权、监督权等，有利于公司治理的长期稳定。⑦对投资人委派的首席财务官（CFO）等重要岗位人员，应纳入董事会对经营班子的统一绩效考核、授权体系中，接受董事会任命、监事会监督等，使其真正扮演与创始团队"同呼吸共命运"的角色，保持与公司利益的长期一致。

（2）与非技术背景首席执行官可能存在的治理冲突

科创企业的实控人往往排斥引进外部首席执行官（CEO）。但由于技术背景创始人的优势往往不在于管理，当企业做大面临发展瓶颈时，聘请外部职业经理人担任CEO、首席运营官（COO）等变得不可避免。治理的矛盾往往体现在，CEO可能强于生产运营，但弱于技术的理解，对技术团队的管理无法做到全面和专业，尤其对研发团队绩效、成本控制、技术路线选择等的优劣判断缺乏专业能力。鉴于这种专业上的弱势，如果没有建立一套合理的授权体系和管理制度，明确得到技术背景创始人的实质支持，则易出现技术背景实控人对CEO工作过多干预的情况，影响后者工作积极性和对公司信任感、忠诚度的建立，从而使这种代理关系难以为继。

科创企业通常基于一项或多项高新技术进行产业化研究开发，新产品一开始缺乏市场、技术等参照标准，不得不面对技术、市场等多重不确定性，创始团队对发展方向、目标缺乏科学、明确的规划，往往边发展边规划，"摸着石头过河"，不但难于形成董事会对CEO等管理层的有效考核和监督，更让处于非实控人角色的CEO经常不知所措、难以制订实施长远的工作计划。特别地，如果在股权激励上没有考虑向外部引进的CEO或骨干成员倾斜，也非常不利于公司的长期发展。

主要的解决思路是：①通过董事会等建立对CEO明确的授权体系，建立包括技术团队管理在内的完善合理的管理制度等，让 CEO 真正扮演好代理人角色，拥有充分的经营权，发挥其能动性；②创始股东和实控人应制订较为明确的战略规划（虽然早期非常难），并在不断试错中尽快确定清晰的战略路线图、市场定位、产品定位，给予职业经理人团队明确的发展方向和目标；③发挥股权激励作用，在权利分配和公司治理上满足更复杂的利益相关者的利益诉求。

5.2.1.2　非技术背景创始人为实控人的情形

（1）与技术背景联合创始人（或股东）可能存在的治理冲突

由于实控人非技术出身，使得其对技术背景的联合创始人（股东）形成非常强的依赖，双方的利益绑定更加紧密，同时实控人不得不让渡一些权力。

主要的解决思路是：①在治理结构设计上要充分考虑技术背景联合创始人的股权比例，但也要防止纯技术出资下技术背景股东违约成本过低的现象，建议有货币出资要求；即使没有货币出资，也应该确保全职工作，毕竟一项技术作为出资进入公司并不能必然带来商业价值，后续仍需要技术持有人或研发团队持续不断地投入。②要锁定关键技术和核心专利为公司所有。③为避免不必要的公司治理危机，可将核心技术独家许可、授权或转让给科创企业，以规避股权分配上的棘手问题，将公司治理简单化。④设置好技术研发无法跟上公司发展时的技术股东退出机制，为引进新的技术团队预留股权等。

（2）与技术股东、引进 CEO 三者关系的协调

对于一个非技术背景的实控人，要处理好与技术背景的股东、外部引进 CEO 的关系，颇具挑战。如上所述，这主要涉及对两种人力资本的定价和协调问题，完善的治理结构需要很好地协调技术背景股东投入的专用性人力资本和企业家（CEO）人力资本之间的利益分配。好在作为实控人，非技术背景的股东有制订"游戏规则"的先天优势。

主要的解决思路是：①非技术的实控人和技术股东首先要理顺各自在企业中的分工和定位，防止股东之间的矛盾外化到公司经营层面；②实控人和技术股东等通过董事会或执行董事建立授权体系、管理层运行规则和激励考核制度，明确 CEO 和技术股东中参与日常运营人员在公司运营层面的责权利，在实控人、技术股东和引进 CEO 三者间形成"合约式"的委托代理关系；③实控人在日常运营中要时刻关注 CEO 与技术股东可能产生的影响公司治理的冲突，关注利益和权力的平衡分配，实现两种不同人力资本的"1+1>2"。

5.2.1.3 较完美情形下可能存在的公司治理问题

有没有一种情形对于科技型初创企业的治理是相对容易的？显然，通过以上剖析，比较完美的情形是科创企业的实控人既为核心技术的拥有者，又兼具企业家素质，这种科技型企业将处于"强人治理"中。

科技创业者同时作为企业的实控人，是一种自然的解决科技专用性人力资本与投资人物质资本之间可能存在冲突的方式；科技创业者兼具企业家素质，又是一种自然的解决以创业者为首的科技专用性人力资本与企业家人力资本之间可能存在冲突的方式。当这种比较完美的情形凑巧出现时，企业通常在初期就会出现较大的成功，而且该企业总是由一个强势领导者控制，他起到了企业所有者所应起到的作用，保证了企业是"理性经济人"。

这种情形在科创企业发展初期可能并无大碍，企业往往执行力强、适应市场并获得较高的管理效率。但发展到一定阶段后，如果创始团队无法在引进各类人才上设计出更为创新的治理结构，必将严重制约企业发展。这也是我国科技型企业普遍"长不大"的原因所在。

5.2.2 科技型初创企业的运营模式

初创企业的运营模式是指企业在初始阶段选择的经营方式和策略，其选择通常基于企业的产品或服务特点、市场需求、竞争环境以及可用资源等因素。初创企业的运营模式包括但不限于以下几种。

5.2.2.1 直接销售模式

直接销售模式是一种高效的市场营销模式，它通过消除中间商来减少商品流通过程中的成本，从而获得更多利润。简单地说，就是生产者将产品直接卖给消费者，而不通过中间商。这种模式能够快速获取用户反馈并建立品牌认知，通常适用于产品较为标准化、需求稳定的行业。

5.2.2.2　订阅模式

初创企业提供基于订阅的产品或服务，用户按照一定周期（如月度或年度）支付费用获取服务。这种模式可以帮助企业建立稳定的收入流，并促使用户长期留存。

初创企业可以通过持续优化订阅服务的内容、定价和用户体验，扩展和优化其运营策略。首先，企业可以不断丰富和优化订阅服务的内容，吸引更多用户；通过定期更新内容、推出新的功能或增值服务，提升用户的满意度和留存率。其次，建立灵活的订阅方案和定价策略，以满足不同用户群体的需求和预算；积极进行市场营销和推广活动，扩大品牌知名度和用户基础。最后，建立健全的客户服务体系，保持与用户的密切沟通和关系，及时解决用户的问题和反馈，能够增强用户对企业的信任和忠诚度。

国内典型的订阅商业模式案例包括知乎会员、豆瓣 FM 等：①知乎提供按月或按年订阅的会员服务，会员可以享受专属权益、优质内容和社区特权；②豆瓣 FM 是一款按月订阅的音乐流媒体应用，用户可以通过订阅获得无限制的音乐收听和个性化推荐；③虎牙提供按月或按年订阅的会员服务，用户可以享受游戏特权、主播福利和虎牙商城优惠。

5.2.2.3　平台模式

初创企业可以通过构建一个平台来连接供应方和需求方，提供中介服务。在这种模式下，平台本身不直接生产产品或提供服务，而是提供一个中介环境，让供应方和需求方进行交互。平台通常具有技术支持、交易保障、用户管理等功能，以促进交易的顺利进行。

平台模式的优势在于能够快速扩大规模、实现盈利，具有较高的灵活性和创新性，具有网络效应，适用于构建共享经济或社交网络平台。典型的平台模式企业包括：①电商平台，如亚马逊、淘宝、京东等；②共享经济平台，如 Uber、Airbnb 等；③社交网络平台，如 Facebook、Twitter、LinkedIn 等；④内容平台，如 YouTube、Twitch 等；⑤金融科技平台，如支付宝、微信支付、蚂蚁金服等。

5.2.2.4　服务模式

初创企业提供专业化的服务，满足用户特定需求，如咨询、培训、技术支持等。这种模式通常依赖专业人才和良好的口碑来获取业务，其特点为专业性强、灵活性高以及对人力资源的需求较大。

典型的服务模式企业包括：①咨询公司，如麦肯锡、BCG、普华永道等；②培训机构，如新东方、培训猫等；③技术服务提供商，如 IBM、思科等；④人力资源服务公司，如猎头公司、招聘平台等；⑤设计和创意服务公司，如 IDEO、Frog Design 等；⑥法律和会计服务公司，如律师事务所、会计师事务所等。

5.2.2.5　裂变增长模式

裂变增长模式是一种通过用户的参与、分享和推荐，实现用户数量迅速增长的商业模式。在这种模式下，企业利用用户之间的社交关系和传播效应，通过用户自发的行为将产品或服务推广给更多的潜在用户，从而实现用户规模的快速扩张。裂变增长模式的特点包括用户参与度高、传播效果强、成本低廉等。

典型的裂变增长模式企业包括：①社交网络平台，如 Facebook、Twitter、Instagram 等；②共享经济平台，如 Uber、Airbnb 等；③社交媒体应用，如 TikTok、Snapchat 等；④优惠和返利平台，如美团、大众点评等。

5.2.2.6　定制模式

定制模式是企业根据客户的个性化需求，提供定制化的产品或服务。在这种模式下，企业与客户建立了密切的合作关系，通过深入了解客户需求，为客户量身定制产品或服务，有效提升客户满意度和品牌忠诚度。定制模式的特点包括个性化强、专业化程度高、客户互动频繁等。

典型的定制模式企业包括：①家居定制企业，如宜家、索菲亚等；②服饰定制企业，如麦奇乐、施华洛世奇等；③婚庆服务企业，如爱彩婚礼、喜事多等；④定制化电子产品企业，如苹果公司、三星等；⑤定制化教育培训企业，如新东方、好未来等。

5.3 科技型初创企业管理流程

初创公司的经营管理流程通常包括以下几个步骤。

确定企业愿景与目标：在初创企业的经营管理流程中，确定企业愿景与目标是至关重要的第一步。初创企业应明确企业的愿景和长期目标，并设定具体的可量化目标，为企业发展规划制订方向和目标。定期审视和更新愿景及目标，以确保与企业实际情况一致。

制订业务计划：制订业务计划是确保企业顺利发展的关键步骤之一。在业务架构阶段，企业需要制订详细的业务计划，确定业务方向，明确各部门的职责和工作流程；制订财务规划和预算安排；设计组织架构和人力资源规划，以及制订流程规划和执行策略，帮助企业确定发展方向、了解市场需求、合理规划资金使用、建立高效组织和流程，并最终实现企业的长期目标。

能力分析和验证：初创企业需要深入分析自身能力，识别并了解企业的潜在短板，并寻找外部能力补给以提升竞争力。这可能涉及对团队成员进行技能培训以提升团队的专业水平和执行能力。另外，企业还可以通过引入外部合作伙伴来获取额外的专业知识和资源，以弥补内部能力不足，推动企业的持续发展和壮大。

部署能力的应用：公司需要确保设计能力在实际操作中的有效性和适用性，不断优化和调整。

管理业务过程：初创企业需要建立管理体系，对业务过程进行有效管理，包括组织运作、资源分配、任务执行等，以确保企业运营的顺畅和高效。通过建立明确的流程和责任分工，企业能够更好地协调各项业务活动，提高效率，降低成本，并确保产品或服务的质量和客户满意度。

建立品牌形象：初创企业需要注重建立和提升自身的品牌形象，包括品牌定位、品牌宣传、品牌推广等。通过明确的品牌定位，企业能够准确传达自身的核心价值观和特点，吸引目标客户群体的关注。同时，通过有效的品牌宣传和推广活动，企业能够提升品牌知名度，树立良好的企业形象，从而增加客户信任度，并促进销售和业务发展。

反馈和评估：初创企业应持续关注管理体系的运行情况，收集员工和外部反馈意见，不断创新产品和服务，以适应市场变化和客户需求。持续改进管理和运营模式，评估和调整管理流程，使企业提高效率、降低成本、增强竞争力，实现持续发展。

5.4 科技型初创企业管理方法

初创企业管理应遵循以下基本原则：以人为本，注重人才的培养和激励，充分发挥员工的主观能动性；强化执行力，确保企业战略的有效实施；注重创新，不断推动企业产品和服务的升级换代；合规经营，遵守国家法律法规，确保企业合法合规发展。

5.4.1 组织架构与团队建设

5.4.1.1 组织架构的设计

组织架构是企业运行的基础，一个合理高效的组织架构能够为企业的发展提供有力保障。初创企业的组织架构设计应当注重灵活性、创新性和执行力。首先要明确企业的愿景、使命和目标，以此为基础设计组织架构；其次要合理划分部门和岗位，确保各部门和岗位之间的协同配合；最后要注重降低管理成本，提高管理效率。此外，还应考虑企业的规模、行业特点和发展阶段，以适应不断变化的市场环境。

5.4.1.2 核心团队的构建与培养

在构建核心团队时，要注重寻找具备互补技能的成员，以便在企业运营过程中实现高效协作；加强团队成员之间的沟通交流，培养团队精神，提高团队凝聚力；关注团队成员的个人成长，提供培训和晋升机会，让团队成员在企业发展中实现自我价值。

5.4.1.3　团队协作与沟通机制

团队协作和沟通机制是确保企业高效运转的重要环节。初创企业要建立健全的沟通机制，确保信息在团队成员之间畅通无阻。可以通过定期召开会议、设立意见箱、采用信息化工具等方式，促进团队成员之间的交流。要注重团队协作，鼓励团队成员相互支持、相互信任，共同面对企业挑战。在团队协作中，要明确分工，确保每个人都承担起自己的责任；同时也要注重团队合作，避免出现内部竞争，确保企业目标的顺利实现。

5.4.2　产品策略与市场定位

5.4.2.1　产品策略的制订

在产品策略的制订过程中，要明确产品定位，即产品的核心竞争力、特点和价值；要考虑产品的市场需求、竞争情况和未来的发展趋势，注重产品的创新和差异化；还要考虑产品的成本和利润，以确保企业的盈利能力。此外，初创企业还应该注重产品的可持续发展，以适应市场变化和未来发展需求。

5.4.2.2　市场调研与分析

市场调研是制订产品策略的重要环节。通过市场调研，初创企业可以了解目标市场的需求、竞争情况和市场趋势，为产品策略的制订提供有力支持。在市场调研过程中，初创企业可以通过多种方式获取市场信息，如问卷调查、访谈、竞争对手分析等。

5.4.2.3　目标市场的选择与开拓

在确定了产品的定位和市场需求后，初创企业需要选择合适的目标市场进行开拓。目标市场的选择应该基于市场调研和竞争分析结果，选择有需求、有潜力、适合自己的市场。

在开拓目标市场时，初创企业应该注重市场推广和品牌建设，提高产品的知名度和美誉度；通过优质的产品和服务满足客户需求，建立良好的口碑和客户关系。此外，初创企业还应该注重市场的持续开拓和扩大，以实现企业的可持续发展。

5.4.3 营销策略与品牌建设

5.4.3.1 营销策略的制订

制订营销策略时,企业需要明确目标市场和目标客户,了解用户需求和喜好。同时要考虑如何通过各种营销手段和渠道,提高品牌知名度和影响力,吸引更多潜在客户。

5.4.3.2 品牌建设的途径与方法

建立和维护品牌形象的方法包括制订一致的品牌信息,确保产品和服务符合品牌承诺;通过广告和宣传提高品牌知名度;通过提供优质的客户服务和售后支持,增强品牌信誉。同时需要不断优化品牌策略,以适应不断变化的市场和消费者需求。

5.4.3.3 营销渠道的选择与管理

企业需要根据目标市场和目标客户,选择最合适的营销渠道(如电商平台、社交媒体、线下零售等)来推广其产品和服务;要通过有效的渠道管理,确保产品和服务能够以最高效的方式到达客户手中;要定期评估和优化营销渠道,确保营销投资能够带来最大回报。

5.4.4 人力资源管理

5.4.4.1 人力资源规划与招聘

人力资源规划是初创企业管理工作中的重要组成部分。合理的规划可以帮助企业确定所需人才类型、数量和能力要求,以确保企业能够顺利运营。在招聘方面,初创企业需要制订一套科学、高效的招聘流程,包括招聘信息的发布、简历筛选、面试安排等环节;要关注招聘渠道的选择,如在线招聘平台、社交媒体、校园招聘等,以拓宽招聘渠道,吸引更多优秀人才。

5.4.4.2　员工培训与发展

企业应根据员工的不同需求和企业发展目标，设计有针对性的培训课程，包括专业技能培训、团队合作培训、领导力培训等；需关注员工的职业发展规划，为员工提供晋升机会，激发员工的工作积极性和创新能力。

5.4.4.3　绩效管理与企业文化建设

绩效管理是衡量企业员工工作效果的重要手段。初创企业需要建立一套科学、公正的绩效评价体系，包括设定绩效目标、定期进行绩效评估、提供反馈等环节；关注绩效管理与企业文化的融合，通过塑造积极向上的企业文化，提高员工的工作满意度和忠诚度；建立完善的激励体系，通过薪酬激励、晋升激励等措施来调动员工的积极性和创造性。

5.4.5　企业运营管理

5.4.5.1　运营流程优化

运营流程优化是提高企业效率、降低成本和提升客户满意度的重要手段。为了实现这一目标，企业需要对现有的运营流程进行深入的分析和改进。

首先，企业需要明确自身的核心业务流程，并对其进行详细描述和分析。在这个过程中，企业可以借助流程图等工具，以便更直观地了解业务流程的各个环节。接下来，企业需要对现有的运营流程进行评估，找出其中的瓶颈和问题，并针对这些问题提出解决方案。这可能涉及流程的重新设计、人员的重新配置、设备的更新等。最后，企业需要对改进后的运营流程进行监控和持续优化，以确保其能够有效地运行。

5.4.5.2　质量管理体系建设

质量管理是企业运营管理的重要组成部分。通过质量管理系统的建立，可以提高企业产品质量，减少不良品的产生，提高顾客的满意度，进而提高企业的竞争能力。

为了建立有效的质量管理体系，企业需要制订明确的质量目标和指标，并将其贯穿于整个企业的运营过程中；要建立健全的质量管理组织结构，明确各个部门的职责和权限；在实际运营过程中，需要通过各种质量管理工具和方法（如质量计划、质量检查、质量改进等）来监控和改进产品质量。同时，企业还需要对员工进行质量管理培训，增强其质量意识和技能。

5.4.5.3 信息化建设

在当今的信息化时代，企业信息化建设已成为企业运营管理的重要组成部分。企业信息化建设可以帮助企业提高运营效率、降低成本、提高客户满意度，从而提升企业的竞争力。

为了实现企业信息化，企业首先需要制订明确的信息化战略和规划，明确信息化的目标和路径；选择合适的信息技术和管理系统（如 ERP、CRM 等）以支持企业运营管理；在实施过程中，要注重数据的管理和保护，确保数据准确性和安全性。最后，企业需要不断地对信息化系统进行更新和优化，以适应企业发展需要。

5.4.6 财务管理

5.4.6.1 财务管理策略与实施

财务管理是初创公司的核心工作，公司要健康有序发展，必须建立健全财务管理体系，并不断完善财务运行机制，为公司未来长足发展提供有效保障。初创企业的财务管理主要通过以下七个要点全方位把握。

明确财务部门职责：企业财务部门主要负责会计、结算、税务、预算、统计、资金、融资、绩效等方面的管理（具体根据公司业态及规模等实际情况确定），包括财务核算、业务结算、成本管理、税务管理、资产管理、综合统计管理、档案管理、预算管理、资金管理、融资管理、绩效管理等。

明确岗位设置及职责：依据明确后的财务部门职责确定具体岗位，一般包括会计、出纳、税务、统计、预算、融资等岗位。可以一人一岗、一人多岗或者一岗多人。需要特别注意的是，出纳人员不得兼管稽核、会计档案保管和收入、费用、债权债务账目的登记工作；会计人员的工作岗位应当有计划地进行轮换。

建立会计账簿：按照国家统一会计制度的规定和会计业务的需要设置会计账簿，进行会计核算，及时提供合法、真实、准确、完整的会计信息。会计账簿包括总账、明细账、日记账和其他辅助性账簿。

明确红线要求：会计凭证、会计账簿、会计报表和其他会计资料的内容和要求必须符合国家统一会计制度的规定，不得伪造、编造会计凭证和会计账簿，不得设置账外账，不得报送虚假会计报表。

制订财务管理制度：根据《中华人民共和国会计法》和国家统一会计制度的规定，结合单位类型和经营管理的需要，建立健全相应内部会计管理制度。一般包括财务管理基本制度、会计核算管理制度、费用报销管理制度、现金管理制度、银行账户管理制度、公司网上银行管理制度、财务会计报告管理制度、资产管理制度、税务管理制度、会计档案管理制度、财务印章管理制度、资金管理制度、融资管理制度、预算管理制度。

定期编制财务报告：按照国家统一会计制度的规定，定期编制财务报告。财务报告包括会计报表及其说明。会计报表包括会计报表主表、会计报表附表、会计报表附注。会计报表应当根据登记完整、核对无误的会计账簿记录和其他有关资料编制，做到数字真实、计算准确、内容完整、说明清楚。

明确公司财务稽核工作：明确稽核工作的组织形式和具体分工、稽核工作的具体职责及权限；细化审核会计凭证和复核会计账簿、会计报表的方法、具体的稽核工作要点等，有效实施财务监督职能。

5.4.6.2 融资渠道及融资方式

确保充足的资金对于创业公司支付初始成本和运营费用以及实现业务增长至关重要。初创企业通常需要外部资金来加速成长并实现目标，资金主要用于：开发产品原型和 MVP、市场研究和验证、打造专业团队、营销和获客、扩大运营规模、进入新市场。

5.4.6.3 融资渠道分类

根据来源性质不同，可以把创业企业获得的资金分为股权性质的资金和债权性质的资金两类。

（1）股权融资

权益性基金是一种具有投资性的资金。投资人拥有企业的股票，对企业进行一定程度的控制，与经营者共同承担公司的经营风险。一般情况下，股本型基金的出资方无法将资本撤出，所以权益型投资人的收益与公司的营运情况有关。

初创企业的股权融资渠道主要有三种：创业者自筹、天使投资和风险投资。

创业者自筹资金是指创业者及其亲属朋友等将个人资金投入企业并获得相应股权。创业企业的性质使其很难通过传统的债券融资方式获得银行贷款，因此自筹资金是90%以上创业企业资金的主要来源（表5-1）。

表5-1 自筹资金的两种来源比较

	自力更生	亲属朋友
资金来源	包括使用个人储蓄或企业产生的收入为其运营和增长提供资金	朋友和家人的资金汇入
优点	完全控制业务，无股权稀释，无债务，精益运营	可靠来源，快速获得资金，一般低利率
缺点	资金有限；与资金充足的竞争对手相比，增长速度较慢，潜在个人财务风险	若业务失败，个人关系会紧张；与机构投资者相比，资本有限；可能出现冲突和误解
适合阶段	早期及后续阶段，特别适合有一定初始资金的创始人	早期阶段，创始人需要初始资金来验证想法或构建原型

天使投资是由个人或非正式投资机构出资，投资人享有部分股权。与其他投资形式相比，天使投资是最早介入创业企业的外部股权资金。

天使投资通常有三个特征：①个人或非机构投资人会直接向企业进行股权投资；②天使投资人不仅会向创业企业提供资金，有时还会提供专业知识和社会资源来支持企业发展；③投资程序相对简单。对于许多初创企业来讲，天使投资是除自筹资金以外非常重要的一个股权融资渠道。

天使投资的优点表现为天使投资人通常具有专业知识，可能提供一些创业指导，有利于搭建行业人脉关系；缺点则是企业会失去部分业务控制权和股权，天使投资者可能对回报有很高期望，寻找合适的天使投资者可能很耗时。

风险投资是专业投资机构向极具增长潜力的创业企业提供资金，并且参与创业企业管理的股权资本。如果创业企业得到发展，风险投资就可以通过股权退出的方式获得投资回报，是一种高风险高回报的股权投资方式。

风险投资具有如下重要特征：①风险投资是以股权方式投资高增长潜力的小微创业企业，从而与创业企业形成风险共担、收益共享的机制，因此风险投资者在投资时不会十分强调创业企业当时的规模和盈利状况，而是更加关注创业企业的发展前景，希望通过企业未来的高速增长来获得股权投资增值的高额回报；②风险投资机构往往通过投资协议来获得企业的部分投票权，从而参与创业企业的发展；③风险投资机构并不经营具体产品，而是通过投资方式支持创业企业发展，从而获得股权增值。

风险投资的优点是大量资本可用于创业企业快速扩张、风险投资公司具有专业知识和资源以及广泛的行业联系网络；缺点则表现为创业企业股权稀释和失去控制的可能性很大、面临快速增长和盈利的压力以及严格的审查和报告要求。这种投资渠道适合成长阶段及后期，当初创公司拥有成熟的商业模式并准备快速扩张时。

（2）债权融资

债权性质的资金是一种借贷性质的资金，由资金所有者向创业企业注资，在一定期限内将资本（本金）收回，并得到事先商定的固定报酬（利息）。资金所有者不过问企业的经营状况，也不承担企业的经营风险。创业企业的债权融资渠道包括银行贷款、租赁融资、商业信贷、政府融资、私人借贷和网络借贷等。

银行贷款是最为常见的一种企业债权融资方式，即企业通过提供抵押物或凭借信用从商业银行贷款，并按照贷款合同到期还本付息。当前，许多银行为创业者和创业企业推出了个人金融类贷款、个人创业贷款、企业资产权质押贷款等新的金融产品，使更多的创业企业能够通过银行贷款方式补充资金缺口。银行贷款和信用额度作为一种融资方式，其优点是无须放弃股权即可获得资本，可预测利率；缺点是需要良好的信用记录、抵押品和定期还款。适合成长阶段的初创公司，即拥有良好的业绩记录、收入和资产来获得贷款。

租赁融资指创业企业向融资租赁公司以租赁设备的方式获取融资。在租赁融资中，企业指定自己需要购买的设备，而资金的提供者保留这些设备的产权，将设备租赁给企业使用。企业以占用资金提供者资金的时间为计算依据，根据双方商定的利息计算租金。资金提供者拥有租赁物的所有权，以控制承租人偿还租金的风险，在租赁融资合同结束时，所有权有可能转移给承租人。租赁融资实际上是以传统租赁为基础的一种金融交易方式。

商业信贷是上下游企业因资金支付时间和货物所有权转移时间的不同而形成的债务（预收账款或者应付账款）。获得预收账款的一方，相当于向对方取得了短期信贷资金，所以也被归为获得债权性融资的一种方式。

政府融资常通过科技创新资金拨款资助的方式直接为创业企业提供资金，也可以通过支持创业贷款贴息降低创业企业的融资成本，或通过提供创业小额贷款担保帮助企业从商业银行获得贷款。

私人借贷指创业者或者创业团队成员向个人进行借贷，从而获得资金的一种方式。这种方式往往以个人信用或亲缘关系为基础。

（3）其他融资（表5-2）

表5-2 其他融资来源

方式	资金来源	优点	缺点	适合阶段
补助金和竞赛	政府、非营利组织和企业为创新型初创企业提供资助和奖励	以较低利率（贷款）获得资本；为特定目的提供补助且无须偿还	贷款偿还和利息可能成为经济负担；补助可能有严格的资格标准且资源有限	早期及以后阶段，取决于具体的贷款或赠款计划
企业合作伙伴/战略联盟	与老牌公司合作，可以提供资金、资源和市场准入	来自成熟企业的资本注入，获得行业专业知识、资源和分销渠道	与企业投资者存在潜在利益冲突，所有权和控制权稀释，可能不会像独立初创企业那样受到同等程度的关注	成长阶段，初创企业可以从与企业投资者的战略合作伙伴关系中受益
企业孵化/加速器	提供资金、指导和资源，以换取股权和参与	以资金、指导和资源换取股权，加速初创公司增长和发展	股权稀释和失去控制权，加入加速器计划的过程竞争激烈，短期需要专注于实现加速器计划目标	早期阶段，初创公司可以从指导和结构化计划中受益，完善商业模式

5.4.6.4 股权融资和债权融资比较

对于创业者来讲，股权融资的优点主要体现在：①投资者不要求创业企业提供债权融资通常要求的担保、抵押等，对于资产规模很小且抵押物不足的创业企业来讲，减少了融资的条件；②投资者不能从企业抽回本金，可以保证资金的可持续性；③投资者与创业企业共同承担经营风险；④创业企业不仅能够获得资金，在绝大部分情况下还可以获得投资者所拥有的各种资源，如关系网络、人力资源、管理经验等。股权融资的缺点主要表现在控制权问题上，股权融资必然伴随股权稀释，投资协议中也会对控制权转移有一些对赌的安排。因此，创业者有可能在某些特定的情况下失去对企业的控制权。另外，由于投资者拥有股权，创业者在作重大决策时，必须考虑投资者的意见，如果双方意见不同，有可能造成决策效率的下降。

本书第 9 章会从实操角度重点讲述企业股权融资的一般流程和注意事项、企业价值投资的逻辑、价值评估方法与价格定价方法、企业股权估值方法的市场共识等，具体内容详见相关章节。

债权融资的主要优点体现在：①创业者可以保持企业的有效控制权，只要企业能够按期偿还贷款，债权方就无权过问企业的经营状况；②债权方只会要求固定的本金和利息回报，不分享经营风险，也不要求分享企业未来发展可能带来的高额回报。主要缺点是：企业必须按时清偿债务。如果企业的经营收益低于资本成本，则企业负债越多，亏损越大，这时债权融资将增加企业负债率。一旦企业负债率上升，就会影响企业的再筹资能力。

5.4.6.5 影响融资方式选择的因素

通常来讲，创业企业在选择融资方式时会受到创业所处阶段、企业自身特点、融资成本比较和创业者对控制权的态度的影响。

（1）创业所处阶段

创业融资需求具有阶段性特征，不同阶段企业的资金需求和风险程度是不一样的，不同融资渠道能提供的资金量和要求也是不一样的。因此，创业企业需要对不同阶段的融资需求与融资渠道进行匹配。

从图 5-3 中可以看出，创业企业在种子期的主要资金来源是创业者自筹资金和亲属朋友的支持，还有可能获得天使投资和战略合作伙伴的支持，而风险投资很少在这个阶段介入，获得银行贷款等其他融资方式难度更大。在这个阶段，创业企业获得资金通常都是基于亲缘或是信任关系。

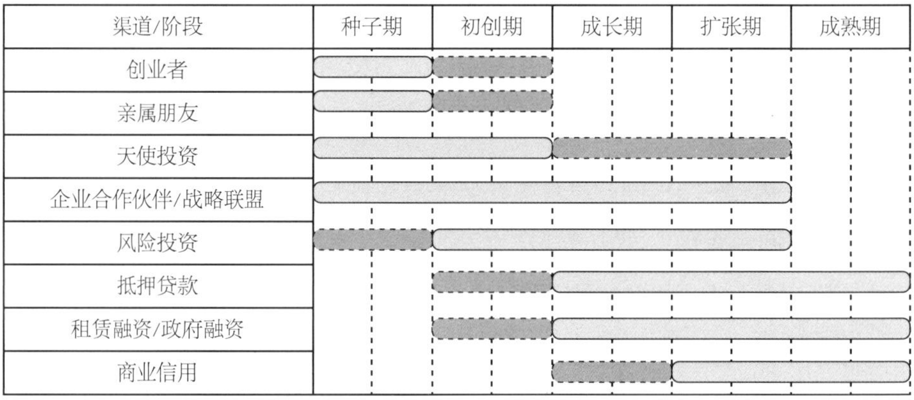

渠道/阶段	种子期	初创期	成长期	扩张期	成熟期
创业者	■	■			
亲属朋友	■	■			
天使投资	■	■	■		
企业合作伙伴/战略联盟	■	■	■	■	
风险投资	■	■	■	■	
抵押贷款		■	■	■	
租赁融资/政府融资		■	■	■	
商业信用			■	■	

图 5-3 创业融资阶段性需求特征

初创期企业的实体已经存在并且有了产品，甚至可能有一些收入。创业者和亲朋提供的有限资金已经不能满足创业企业的需求，风险投资、抵押贷款、租赁融资等开始成为企业的选择之一。部分企业在这个阶段开始获得政府投资的支持。

进入成长期后，企业已有了前期的经营基础，发展潜力开始呈现，资金的需求量开始增加，政府投资、贸易、信贷开始成为重要资金来源。但是在这个阶段，部分企业可能还没有实现正现金流，想获得大量银行贷款的难度比较大，所以往往选择风险投资来获得大量的资金支持。

进入扩张期后，企业迅猛增长，开始具有一定的资产规模，此时银行贷款、商业信用等成为企业获得债权融资的主要渠道。

企业到成熟期后，股票市场、债券市场等资本市场开始成为企业获得资金来源的重要渠道。

（2）企业自身特点

创业企业所处的行业、初始的资源背景、风险程度、预期收益、市场竞争状态、行业发展阶段、企业经营状况等都会影响创业企业对融资渠道的选择。不同类型的创业企业，其融资方式的选择可参考表 5-3。

表 5-3　创业企业自身特点影响下的融资方式选择

创业企业类型	创业企业特征	融资方式选择
高风险、预期收益不确定	现金流较小、负债率高、中等成长、未经证明的管理层	向亲朋融资、私人借贷
高风险、预期收益较高	高成长、得到证明的管理层、独到商业创意或竞争优势	股权融资
低风险、预期收益稳定	稳定的现金流、低负债率、优秀的管理层、良好的资产负债表	债权融资

（3）融资成本比较

债权融资的主要成本是所要支付的利息，特点是支付时间短、支付金额较固定。不同债权融资渠道的利息水平、借贷时间长度、融资要求不尽相同，因此建议企业对各种不同的债权融资渠道进行搭配，既要保证企业的资金需求，同时尽量降低企业的资金使用成本。

股权融资的主要成本是企业发展的未来收益分成，特点是不需要向投资人定期支付利息，但投资人会分享未来收益，且这种收益没有上限。投资者为了保护自己的投资利益，通常会要求企业控制权，介入企业经营管理。通常来讲，经过两三轮股权融资后，创业者的股权比例会被大量稀释，决策效率和控制权都有可能受到影响。

（4）创业者对控制权的态度

创业者对控制权的态度也会影响创业企业的选择。根据哈佛大学诺姆·沃瑟曼的观点，创业者往往需要在"富翁"和"国王"之间进行选择。

如果创业者选择当"富翁"，说明他更加看重企业是否能够快速扩张、取得跳跃式的发展来获得大量的财富，就会倾向于引入股权融资。因为只要能够让企业发展得更快，让这个"蛋糕"做得更大，他们不介意让渡自己的控制权甚至是管理权。如果需要，他们甚至可以把企业平稳地过渡给他人进行管理，从而实现自己的财富支持。

如果创业者选择当"国王"，说明他更看重企业的控制权，一般不愿意将自己一手建立的企业与他人分享。这一类创业者更可能选择债权融资的方式，以保留对企业的控制决策权。但是这种情况往往会因为没有足够的外部资金支持，导致企业发展相对缓慢，企业价值可能受到影响。

5.4.6.6　财务风险管理

（1）公司创立阶段的财税说明

税务登记。新办公司必须在取得营业执照后的 30 日内去税务局办理税务登记。公司主体的纳税人分为小规模纳税人和一般纳税人，区别在于公司的规模以及增值税征收方式不同，小规模纳税人采用简单的增值税征收方式。

设置账簿。新办公司需按规定设置账簿（记账），从事生产、经营的纳税人应当自领取营业执照或者发生纳税义务之日起 15 日内，按照国家有关规定设置账簿。所有公司需要有一套完整的财务管理体系。建立账簿是会计核算工作的基本方法和重要环节之一，是公司查账、对账、结账以及随时了解财务状况和经营成果的关键阶段。公司的规模和行业不同，所需要注意的事项也会有区别，会计人员要依据公司的规模和所属行业，按照《企业会计准则》《小企业会计准则》及相关行业法规的要求，建立满足公司管理需要、便于厘清会计信息的会计账簿。

（2）公司经营过程中的财税注意事项

纳税申报。纳税申报是指纳税人按照税法规定的期限和内容，向税务机关提交有关纳税申报事项的书面报告法律行为，是纳税人履行纳税义务、承担法律责任的主要依据，是税务机关税收管理信息的主要来源和税务管理的一项重要制度。纳税人必须依照法律、行政法规规定的申报期限、申报内容如实办理纳税申报，报送纳税申报表、财务会计报表以及其他纳税资料。需要特别注意的是，公司注册后，无论有无收入、收入多少，都需要按时纳税申报，没有收入不产生税款也必须进行零申报，有收入的要按时申请并且纳税。逾期申报纳税的公司将面临税务机关的罚款和滞纳金。

票据入账。公司经营过程中的票据主要有以下几类。①收入：销售发票的记账联；②成本：所销售产品的进货发票、购买原材料、提供劳务；③费用：水电费、租赁费、购买办公用品费、餐饮住宿费、打车费、加油费等与公司经营相关的票据；④其他：公司人员的工资单、银行对账单回单、税务机关的完税凭证，现金业务往来需备注。

办理企业所得税汇算清缴。公司应当在纳税年度终了之日起 5 个月内（次年 1 月—5 月 31 日），向税务机关报送年度企业所得税纳税申报表并汇算清缴，结清应缴应退税款。

向市场监督管理部门报送年度报告。公司需要在每年 1 月 1 日—6 月 30 日向市场监督管理部门报送年度报告。过期未按时申报公示的，将被列入经营异常名录。公司对年度报告的真实性、及时性负责，并接受社会监督。市场监督管理部门对企业的年度报告不再进行事前审查。

（3）公司注销时的财税注意事项

公司不经营时要注销或转让。有些公司创业失利，经营者在不知情的情况下，将公司弃置，或想先保留公司以供下次创业再使用，但也不进行纳税和申报。若放任公司不管，擅自走逃，会被税务机关列为非正常户，甚至被列入工商税务黑名单，留下不良信用记录。

列入经营异常或严重违法公司名单的限制。县级以上政府及其有关部门建立健全信用约束机制，在政府采购、工程招投标、国有土地出让、授予荣誉称号等工作中将企业信息作为重要考量因素，对被列入经营异常名录或者严重违法企业名单的企业依法予以限制或禁止。此外，被列入严重违法企业名单的企业法定代表人、负责人、股东、监事等都会受到限制，不能买高铁票、机票等，且 3 年内不得担任其他企业的法定代表人。

5.4.7　法律风险与管理

5.4.7.1　企业注册与法律法规遵守

企业注册是初创企业迈向市场的第一步，也是确保企业合法合规经营的基础。在注册过程中，企业应遵循相关法律法规，提交真实、完整的资料，并按照法定程序进行；需了解并遵守所在行业的特定法规，以确保企业运营不违反相关法律法规。

法律法规的遵守不仅体现在企业注册过程中，还贯穿于企业运营的各个方面。初创企业应密切关注法律法规的更新，及时调整经营策略，确保企业始终遵循法律法规。此外，企业还应建立健全内部管理制度，加强员工法律法规培训，增强员工的法治意识。

5.4.7.2 知识产权保护与管理

知识产权是初创企业的重要资产，也是企业核心竞争力的重要组成部分。初创企业应重视知识产权的保护与管理：企业应充分了解并掌握自主知识产权，包括专利、商标、著作权等；企业应通过申请专利、签订保密协议等方式，确保自主知识产权不受侵犯；积极应对知识产权侵权行为，维护自身合法权益。此外，企业在经营管理过程中应尊重他人知识产权，确保企业运营不侵犯他人的知识产权。

5.4.7.3 合同管理与纠纷处理

企业应建立健全合同管理制度，确保合同的签订、履行、变更、解除等环节合规合法；需关注合同风险，加强对合同内容的审查，避免因合同纠纷导致企业损失；在合同履行过程中，企业应严格按照合同约定履行义务，确保合同目标的实现。

若发生合同纠纷，企业应采取有效措施及时化解纠纷，降低纠纷对企业运营的影响。对于合同纠纷的处理，初创企业应了解相关法律法规，明确合同纠纷解决途径。在实际操作中，企业可通过协商、调解、仲裁或诉讼等方式解决合同纠纷。同时，企业还应加强合同法律风险防范，提高合同管理水平，降低合同纠纷的发生率。

5.4.8 社会责任与可持续发展

5.4.8.1 社会责任的履行与影响

初创企业不仅要追求经济效益，还应关注社会责任。企业社会责任指企业在经营过程中对员工、客户、供应商、社区和环境等各方负责。初创企业应积极履行社会责任，这不仅能提高企业形象，还能促进企业可持续发展。企业社会责任主要包括员工权益保护、产品质量安全、环境保护、公益慈善等。

5.4.8.2 环保与绿色经营

环保与绿色经营是初创企业社会责任的重要组成部分。随着社会对环保意识的提高和环保法规的不断完善，初创企业应积极响应国家政策，采取绿色生产方式，降低对环境的影响。

绿色经营主要包括节能减排、绿色生产、循环经济等。初创企业可以采用先进的环保技术，提高资源利用效率，降低废弃物排放。同时，初创企业还可以开展绿色营销，满足消费者对环保产品的需求，提升企业竞争力。

5.4.8.3 企业可持续发展战略

初创企业要实现可持续发展，需要制订长期战略规划。企业可持续发展战略包括业务拓展、创新研发、人才培养、企业文化建设等。

案例：增材制造领域初创企业

一、案例背景

众所周知，增材制造行业无论国内还是国外都在不停进行着洗牌，一些新兴公司逐渐成为独角兽，一些企业如今却销声匿迹不见踪影。近日，增材制造技术前沿注意到，德国3D打印风险投资咨询公司AM Ventures发布了题为《增材制造初创公司：成功的关键因素是什么》的白皮书，揭示了增材制造行业创业成功的因素组成及未来愿景，分析了金融专家关注的创业难度、整体生存率以及如何获得独角兽地位。白皮书指出，在不断发展的增材制造行业中，初创公司一直在为重大技术创新作出贡献。通过颠覆性的新工艺、新材料及设计方法，他们正在推动3D打印走向产业成熟。分析认为，团队的人力资本、专利保护和对企业对企业（B2B）市场定位显著增加了成功的可能性。此外，商业模式的选择也很重要，因为它是竞争优势的关键来源。

当前，越来越多的公司正在采用3D打印技术制造最终用途产品，这意味着该技术正在走向工业成熟，在未来可以预期大规模生产的场景。AM Ventures从其不断更新的数据库中发现了一项显著变化，越来越多的企业正在基于3D打印技术应用而创业。白皮书得出的一个重要发现是，基于应用的3D打印初创公司成功率最高。相比之下，材料创业公司的存活率最高，软件创业公司最有可能倒闭。从数据中可以观察到，2019年AM Ventures的初创公司总数（220家）中只有27%开展应用业务；到2021年，这一数字显著增长，有47%的初创公司（840家）专注于增材制造应用。AM Ventures 指出，过去10年，3D打印在多个行业的应用数量增加，是由近10年来新成立的初创企业的创新所驱动的。Desktop Metal、Velo3D、Xometry、Markforged、Nano Dimension、Fast Radius 和 Massivit 3D 推出的新产品和服务改变了整个行业。这些参与者，即今天的上市公司，都是初创企业，通过采用行之有效的创业方法和冒险的心态而变得成熟。"老牌"企业如 3D Systems、Stratasys 或 EOS 着力于从底层开始设计公司，并意识到传统制造结构的逐渐变化无法促使新技术获得成功应用。初创企业则一切围绕增材制造技术，通过更为激进的、全新的思维和方法颠覆了公司设计。自1986年3D打印技术首次出现以来，许多初创公司进入了市场，并通过提出新概念、工艺和方法挑战了制造业的现有企业。工业3D打印的许多技术突破都是由初创公司实现的，而不是大型公司。这些年轻的创新公司一直是行业背后的推动力量。

AM Ventures 将3D打印初创公司的目前状态分为三个层级：失败、生存、成功。失败意味着破产，生存则意味着获得了天使轮或种子投资。一家初创公司至少获得了 a 轮风险投资，甚至成功上市或被其他公司收购，都会给被贴上"成功"的标签。此外，AM Ventures 还用公司规模来描述创业公司的成功。对于高科技初创公司来说，员工数量的增加是增长的直接指标，因为它代表着管理复杂性的增加。

二、案例分析

1. 创业成功的关键因素1——团队

对855名风险投资专家的调查显示，团队是初创公司成功的关键因素。考量团队因素的方法之一是评估创始人所拥有的人力资本，尤其是企业家在创建公司之前是否已经有过创业经验。在3D打印领域创建一家初创公司是复杂和具有挑战性的。首先，在最初开发阶段，企业需要大量资金。在这方面，连续创业者具有领导素质和行业经验，了解风险投资，心中有粗略的融资和规模路线图，知道如何与投资者联系，克服资金需求。其次，有经验的创业者具有强大的社交和专业关系网络有助于与供应商合作，更易获得成功。最后，连续创业者具有与公司增长导向一致的明确愿景，拥有更好的管理和技术技能，从而更好地发现和利用新的商业机会。刚刚进入3D打印领域的创业公司需要了解自己的商业机会。在国内，有不少已获得多轮融资的新兴创业公司创始人均来自业内知名实力公司。

2. 创业成功的关键因素 2——商业模式

增材制造行业的客户在采用该技术时会面临各种挑战，购买设备通常需要较高的费用支出，整个制造链条也需要学习 3D 打印知识。为了充分利用该技术的优点，工程师需要从根本上重新思考如何为 3D 打印设计零件。此外，该技术的快速发展，导致了软件、硬件、工艺和材料发展方面不断变化的创新。用户在购买设备时不得不考虑的一个问题是，以当前较高的价格去购买供应商的初代或所谓较新设备是不是存在风险。事实用户确实会经历这一情况——设备很快因供应商的快速迭代而过时。在这种背景下，近年来出现了新的服务形式来分散此类风险，即客户不必进行大额投资购入设备进行内部生产，而是委托给供应商按需定制。增材制造行业从资本支出转向运营支出大幅缩短了上市时间和投资需求。以 B2B 市场为目标增加了创业成功的可能性。分析认为这有三个原因：首先，3D 打印技术在 B2B 市场中有着较长的传统；其次，B2B 通常是一个更专注的客户市场，具有长期导向关系；最后，说服客户购买产品需要较少的营销和沟通。

创业型公司在寻找可行的商业模式时遇到了巨大的挑战。增材制造中的科技型风险投资公司具有高度的不确定性和模糊性。因此，在不太成熟、资本高度密集和高速发展的行业中，采用一种商业模式对成功至关重要。因此，不能静态来看待商业模式的选择，而是要有动态的机制。AM Ventures 一直在观察一种新颖的创新商业模式能否随着时间的推移得到开发和应用，但他们发现没有一家与其合作过的公司凭借其原有的商业模式获得成功。

商业模式选择与成功可能性之间存在积极而重要的关系。对于初创公司（现金流稳定）、客户（即使存在流动性限制也能获得新技术）和投资者（可预测收入的积极信号）来说，经常性收入是有吸引力的。但当客户扩大 3D 打印业务规模时，只有为数不多的初创公司推出了新的服务来满足这一需求。对 3D 打印初创公司营收机制的研究发现，有 69% 的收入来自一次性支付。

3. 创业成功的关键因素 3——专利保护

3D 打印行业是一个研究密集型行业。专利保护被视为为研发创造一种创新激励，并帮助资产有限的新风险企业进入，以回收研究开发费用。通过提供新材料、工艺或应用的独家商业化权利，专利可以为 3D 打印市场中的初创公司提供跳板，使其在相对于其竞争对手的商业地位上占据优势。AM Ventures 在并购背景下看到了专利在增材制造生态系统中的价值。当通用电气收购 Arcam 和 Concept Laser 时，GE 不仅获得了两种不同的 3D 打印技术，还获得了与这些技术相关的专利。收购后，GE 至少拥有 346 项相关专利。最后，专利保护作为知识产权，可以向风投公司展示公司质量。

研究发现，专利保护对成功的可能性有积极影响。这一发现与之前的研究一致，即在复杂的产品行业，如生物技术、半导体或信息技术，专利与筹集资金的可能性和初创企业获得的投资数量呈正相关。专利是保护创业公司市场地位强有力的保护机制。

5.5 本章小结

本章系统讲解了初创企业的概念、管理基础、治理与运营模式、管理流程、管理方法，并总结出一系列策略和方法。

很多管理专家和资深技术经理人认为：初创企业的管理基础在于对领导力与团队建设、产品开发与市场定位、财务管理与资金筹集、客户关系与售后服务的深入理解和实践；领导力与团队建设是初创企业的核心，一个有远见和执行力的领导团队是企业成功的基石；产品开发与市场定位是初创企业成功的关键，准确的市场定位和优秀的产品设计是获取市场认可的前提；财务管理与资金筹集是初创企业必须面对的挑战，合理的财务规划和有效的资金筹集是企业持续运营的保障；客户关系与售后服务是初创企业与客户建立信任和忠诚度的关键，良好的客户体验和服务是企业口碑的来源；企业愿景与战略规划是企业发展的指引，明确的愿景和战略规划能够帮助企业聚焦目标、持续发展；企业文化与价值观塑造是企业内部的共识，良好的企业文化能够激发员工积极性和创造力；创新能力与可持续发展是企业长期竞争力的来源，持续的创新能力和适应能力是企业可持续发展的关键；合作伙伴与产业链关系是企业外部环境的重要组成部分，良好的合作伙伴和产业链关系能够帮助企业获取资源、提高竞争力。

思考题

1. 科技型初创企业如何做好管理？
2. 做初创型科技企业需要注意什么？
3. 近年来科技型初创企业的融资优惠政策有哪些？体现了怎样的投资趋势？
4. 技术经理人如何挖掘初创企业技术需求、做好供需对接？
5. 结合本章案例，谈谈技术人投身创业公司前，应当考虑什么？

第 6 章
科技型企业股权架构设计与激励

技术成果转化的重要路径之一是以企业形式为载体，通过企业运营实现知识产权商业化。企业的股权架构设计与公司治理密切相关，股权激励则是企业吸引、激励和留住优秀人才的重要手段。技术经理人了解企业股权架构设计和股权激励的相关知识，可以帮助技术经理人理解公司治理结构和决策逻辑，更好地参与公司管理决策过程和制度设计，为企业的技术发展和创新提供支持。因此，技术经理人应了解不同企业形式的基本特点和适用情形，并掌握公司架构设计的一般原则和常见重点关注事项以及股权激励的类型和操作要点等知识，便于在不同项目背景下灵活运用并设计合适的公司股权架构与激励方案。

本章探讨了企业法律主体与股权架构的法律规定、实践原则、重点问题和典型案例。介绍了企业法律主体的一般概念，以及公司制、有限合伙制两种常见形式。结合 A 股上市对公司股权架构的审核要求，介绍了股权架构设计的一般原则和实践考量，讨论了实控人认定、代持、红筹架构、突击入股等特殊问题。介绍了股权激励的一般作用和类型，在此基础上讨论了 IPO 关注要点和国有企业股权激励的特殊要求等。

6.1 股权架构设计概述

企业法律主体通常与非企业法律主体相对,企业法律主体通常被认为具有营利目的,而非企业法律主体常见的为民办非企业单位,民办非企业单位不得从事营利性经营活动。企业法律主体形式从不同维度可以有不同划分,比如按是否独立承担责任的角度可以划分为法人企业和非法人企业,从所有制角度可分为国有企业、民营企业、外商投资企业等。

6.1.1 公司制法律主体介绍

从企业上市融资角度,公司是最常见的企业法律主体形式。公司的一大特点为公司享有法人独立地位,具有独立的法人财产,享有法人财产权。公司以其全部财产对公司的债务承担责任,而公司股东承担有限责任,其中有限责任公司的股东以其认缴的出资额为限对公司承担责任;股份有限公司的股东以其认购的股份为限对公司承担责任。

我国公司的组织和运营要遵守《公司法》规定。《公司法》于 1993 年制定实施,后续经过四次修正和两次修订,最近一次修订为《公司法(2023 修订)》,修订后的《公司法》于 2024 年 7 月 1 日正式施行。修订后的《公司法》共 15 章 260 条,与修订前的《公司法》相比实质新增和修改了 70 条左右。《公司法》的修订主要涉及完善公司设立、退出制度;优化公司组织机构设置;完善公司资本制度;强化控股股东、实际控制人和董事、监事、高级管理人员的责任。此外,此次修订在加强公司社会责任、坚持党对国有企业的领导和完善国家出资公司特别规定方面亦有所强化。除非另有说明,本书中的《公司法》均指 2023 年修订后的版本。

公司可以划分为有限责任公司(以下简称有限公司)和股份有限公司(以下简称股

份公司），两者主要区别在于传统认为有限公司侧重于"人合性"，而股份公司更侧重"资合性"，因此有限公司的股东人数上限、股东转让时其他股东的优先购买权、公司增资时老股东的优先认购权等方面与股份公司的规则均存在差异。具体来说，根据《公司法》的规定，有限公司的股东人数上限为 50 人，而股份公司的股东人数上限为 200 人；有限公司的股东向现有股东外的第三方转让股权时，除非公司章程另行约定，否则其他股东享有优先购买权，而股份公司则无相关规定；当公司增资时，有限公司的股东在同等条件下有权优先按照实缴的出资比例认缴出资，但是全体股东约定不按照出资比例优先认缴出资的除外，而股份公司发行新股时，老股东不享有优先认购权，公司章程另有规定或者股东会决议决定股东享有优先认购权的除外。

历史上，由于有限公司在组织机构设置和公司治理方面较股份公司更加简便和灵活，初创型公司设立时通常采用有限公司形式。根据证监会 2023 年 2 月 17 日公布施行的《首次公开发行股票注册管理办法》规定，A 股上市的发行人必须是依法设立且持续经营三年以上的股份公司，因此有限公司上市前都需要改制为股份公司，通常称为"股改"。有限公司股改在股权结构、资产、业务等方面均维持同一公司主体，将有限公司整体以组织形式变更的方式改制为股份公司，并将公司经审计的净资产额相应折合为股份公司的股份总额。股改完成后，企业仍然是同一个持续经营的法律和会计主体，仅仅是公司组织形式发生改变。

6.1.2 有限合伙企业法律主体介绍

根据《合伙企业法》，合伙企业是指自然人、法人和其他组织依照本法在中国境内设立的普通合伙企业和有限合伙企业。有限合伙企业由普通合伙人和有限合伙人组成，普通合伙人对合伙企业债务承担无限连带责任，有限合伙人以其认缴的出资额为限对合伙企业债务承担责任。

有限合伙企业的一大特点为普通合伙人负责执行合伙事务，对合伙企业具有天然的管理权力，而有限合伙人不执行合伙事务，合伙企业无须设置与公司制企业股东会或董事会类似的合伙人大会对相关事项进行民主表决处理。除《合伙企业法》明确规定的若干需要经过全体合伙人一定比例同意的事项外（如普通合伙人、有限合伙人身份互转,合伙企业解散,指定清算人等事项),普通合伙人可以依法自行决定对合伙企业的管理。

基于上述特点,有限合伙企业的普通合伙人通常可以将有限合伙企业所持项目公司表决权的管理归于普通合伙人的职权,便于普通合伙人控制和扩大其在项目公司的表决权。因此,有限合伙企业常常作为员工持股平台实施的法律形式,也是绝大多数私募股权投资基金所采取的企业组织形式。

此外,根据《中华人民共和国企业所得税法》的规定,企业所得税法不适用合伙企业,因此合伙企业无须就其所得以合伙企业名义缴纳企业所得税,这也是合伙企业作为持股平台被广泛使用的原因之一。

6.2 基于上市的股权架构设计

6.2.1 股权架构设计的背景知识

6.2.1.1 A股上市对公司股权架构的要求

A股上市规则对发行人的股权架构有原则性要求。根据《首次公开发行股票注册管理办法》的规定,发行人应满足如下要求:股份权属清晰,不存在导致控制权可能变更的重大权属纠纷,IPO股票并在主板上市的,最近三年实际控制人没有发生变更;首次公开发行股票并在科创板、创业板上市的,最近两年实际控制人没有发生变更。

在满足上述规定的情况下,创始人可根据本企业具体情况、自身需求以及同投资人的博弈谈判等因素,设计和调整本公司的股权架构。

6.2.1.2 公司实际控制人的认定

在讨论拟上市公司的股权架构时,公司实际控制人(亦称"实控人")的认定是个重要问题,因为这个问题不但涉及公司日常管理的实际控制和影响,亦是A股上市的重要发行条件。A股上市公司的实控人在IPO申请时和上市后的日常运作中要承担更严格的信息披露、不竞争、减持限制、减少和避免关联交易等诸多义务。结合 A 股 IPO 审核要求，简要介绍如下几个与实控人认定相关的议题。

（1）如何认定实控人

根据《〈首次公开发行股票注册管理办法〉第十二条、第十三条、第三十一条、第四十四条、第四十五条和〈公开发行证券的公司信息披露内容与格式准则第 57 号——招股说明书〉第七条有关规定的适用意见——证券期货法律适用意见第 17 号》（以下简称"《证券期货法律适用意见第 17 号》"），实控人是指拥有公司控制权、能够实际支配公司行为的主体。

在确定公司控制权归属时，应当本着实事求是的原则，尊重企业的实际情况，以公司自身的认定为主，由公司股东予以确认。应从以下方面核查和论证公司实控人：①公司章程、协议或者其他安排以及公司股东大会（股东出席会议情况、表决过程、审议结果、董事提名和任命等）、董事会（重大决策的提议和表决过程等）、监事会及公司经营管理的实际运作情况，对实际控制人认定发表明确意见；②公司股权较为分散但存在单一股东控制比例达到 30% 情形的，若无相反证据，原则上应当将该股东认定为控股股东或者实控人。

（2）共同实控的认定

公司主张多人共同拥有公司控制权的，应当符合以下条件：①每个人都必须直接持有公司股份或者间接支配公司股份的表决权；②公司治理结构健全、运行良好，多人共同拥有公司控制权的情况不影响公司的规范运作；③多人共同拥有公司控制权的情况，一般应当通过公司章程、协议或者其他安排予以明确。公司章程、协议或者其他安排必须合法有效、权利义务清晰、责任明确，并对发生意见分歧或者纠纷时的解决机制作出安排。

（3）无实控人的认定

公司不存在拥有公司控制权的主体或者公司控制权归属难以判断的，如果符合以下情形，可视为公司控制权没有发生变更：①公司的股权及控制结构、经营管理层和主营业务在首发前 36 个月（主板）或者 24 个月（科创板、创业板）内没有发生重大变化；②公司的股权及控制结构不影响公司治理有效性；③公司能够提供证据充分证明公司控制权没有发生变更。

为确保公司股权结构稳定、正常生产经营不因公司控制权发生变化而受到影响，公司没有或者难以认定实际控制人的，公司股东应当按持股比例从高到低依次承诺其所持股份自上市之日起锁定 36 个月，直至锁定股份的总数不低于发行前股份总数的 51%。位列前述应当予以锁定的 51% 股份范围的股东，符合下列情形之一的，可不适用上述锁定 36 个月的规定：①员工持股计划；②持股 5% 以下的股东；③非公司第一大股东且符合一定条件的创业投资基金股东。

6.2.1.3 不同持股比例的影响

在上市背景下考虑公司股权架构时，股东持股比例的多少往往是创始人关注的问题之一。结合《公司法》、IPO 规则和上市公司规范运作、重大重组的相关规定，我们将股份制公司背景下股东不同持股比例的意义和影响简要介绍如下。

（1）持股 67% 以上

通常认为对公司有绝对控制权。因为根据《公司法》规定，股东会决议应当经出席会议的股东所持表决权的过半数通过。股东会作出修改公司章程、增加或者减少注册资本的决议，以及公司合并、分立、解散或者变更公司形式的决议，应当经出席会议的股东所持表决权的 2/3 以上通过。超过 67% 的持股比例，意味着其他股东合计的持股比例不足 1/3，难以对《公司法》默认规定的股东会决议事项形成否决权。

（2）持股 50% 以上

通常认为对公司拥有控制权并可以代表公司。除上段所列特别事项外，《公司法》规定股东会决议由出席会议的股东所持表决权过半数通过。

（3）持股 34% 以上

通常认为对公司的重大事项（修改公司章程、增加或者减少注册资本的决议，以及公司合并、分立、解散或者变更公司形式）拥有否决权。

（4）持股 30% 以上

通常认为对公司拥有控制权。根据《上市公司收购管理办法》的规定，投资者可以实际支配上市公司的股份表决权超过 30%，将被认定为对上市公司拥有控制权。

（5）持股 20% 以上

根据《上市公司收购管理办法》的规定，投资者及其一致行动人拥有权益的股份达到或者超过一个上市公司已发行股份的 20% 但未超过 30% 的，应当编制翔实权益变动报告书，即在上市公司收购情况下负有更高的信息披露要求。

（6）持股 10% 以上

根据《公司法》的规定，连续 90 日以上单独或者合计持有公司 10% 以上股份的股东可以自行召集和主持股东会议。公司经营管理发生严重困难，继续存续会使股东利益受到重大损失，通过其他途径不能解决的，持有公司 10% 以上表决权的股东可以请求法院解散公司。

（7）持股 5% 以上

该股东将构成上市公司的关联方，并被认定为上市公司的大股东，其减持上市公司股票需遵守《上市公司股东减持股份管理暂行办法》。

（8）持股 3% 以上

根据《公司法》的规定，连续 180 日以上单独或者合计持有公司 3% 以上股份的股东有权查阅公司的会计账簿、会计凭证。

（9）持股 1% 以上

根据《公司法》的规定，单独或者合计持有公司 1% 以上股份的股东，可以向股东会提出临时提案，有权为公司利益以自己的名义起诉侵害公司利益的董事或监事。

值得注意的是，虽然《上市公司收购管理办法》规定持股 30% 以上的投资者将被认定为上市公司的实控人，但不意味着实控人的持股比例必须高于 30%。实践中，存在不少控股股东的持股比例低于 30% 甚至低于 20% 的情形。从对股东会表决权的影响看，《公司法》规定股份公司的股东会表决机制是"应当经出席会议的股东所持表决权过半数通过"。上市公司作为公众公司，召开股东会时，通过现场和网络投标参与股东会表决的股东数量往往较低，在这一情形下，虽然控股股东持有的股权比例低于 30% 甚至低于 20%，仍可能对上市公司的股东会决议形成控制或重大影响，再综合控股股东对公司董事会和日常经营管理的影响，该等股东一般被认定为是上市公司的控股股东或实控人。

6.2.2 股权架构设计的原则

对于拟上市公司而言,每个企业的背景和特点不同,并无普适的最优架构。拟上市公司的创始团队应结合上市相关法律法规要求并根据自身背景和融资需求,设计最适合的股权架构。设计股权架构时,建议平衡股权架构的稳定性与灵活性。

6.2.2.1 股权架构设计的稳定性

所谓股权架构的稳定性,主要是实控人控制权的稳定。根据相关上市规则,公司实际控制权的准确认定和稳定性是上市审核的红线要求(主板要求上市前实际控制人 36 个月不变,科创板和创业板需要 24 个月不变)。创始团队可结合企业发展阶段、融资环境、融资资金需求等,测算未来多轮融资中对实控人持股比例的稀释影响,并反推股权融资的金额和估值、释放股比等信息。

如果实控人持股比例已经较低,可以考虑通过实施员工股权激励并控制员工持股平台的表决权、签署一致行动协议、委托持股协议等方式来扩大和增强实控人的表决权;亦可考虑由其他股东放弃表决权、作出不谋取控制权承诺等方式,维持或扩大实控人与少数股东的表决权比例差距。

实控人考虑控制权的稳定性问题时,不仅要考虑上市前满足 IPO 实控人认定所需达到的条件,还应考虑上市发行及上市后再融资导致的股权稀释对公司控制权可能造成的影响。从这些角度出发,实控人若能控制上市公司超过 30% 的表决权就成为控制权稳定性的一个重要筹码。《上市公司收购管理办法》规定投资者持有一个上市公司的股份达到该公司已发行股份的 30% 时,继续增持股份的,将触发要约收购义务。要约收购义务对投资者有较高的资金要求,且上市公司其他股东为保持或争夺控制权可以发出"竞争要约",故而打算"敌意"收购上市公司的收购方在这种股权架构下将面临较高的收购成本和结果的不确定性。若控股股东的持股比例不到 30%,则其他投资人可通过二级市场增持和协议受让、一致行动等方式不断增加对其控制的上市公司表决权且无须触发要约收购义务。因此,控股股东的表决权比例低于 30% 的上市公司更容易成为"敌意"收购的标的。

6.2.2.2 股权架构设计的灵活性

所谓股权架构的灵活性，是指设计股权架构时应兼顾不同需求和持股安排，如员工持股主体应考虑员工减持的便利性和持股管理的便利性、公司未来搭建或转化为红筹架构（海外持股）的可能性、不同类型股东的持股税务筹划、不同轮次财务投资人的持股方式、控股股东控制权的维持或增强、客户或供应商入股的便利性及管理等因素。

股权架构设计难以满足全部不同诉求目标的实现，但可以根据目标重要性的优先劣后选择合适方案。以实控人持股形式为例，根据目前的税收法规，在无特殊情况、实控人直接持股情形下，实控人从目标公司取得分红和转让公司股权所得适用的税率均为20%；实控人通过合伙企业或有限公司方式持股，其转让公司股权所得最终分配到自然人名下时，实控人所需承担的税率高于20%。在实控人自然人直接持股的方式下，实控人从公司减持股票或取得公司分红，会即刻产生纳税义务；但通过有限公司持股，则在持股公司不向实控人分配的情况下，实控人无须即刻纳税，相关分红或减持所得可以在作为持股平台的有限公司层面被用于投资和其他经营所需，并以该有限公司作为实控人家族财富分配和管理的平台。此时，实控人在选择其持股形式（自然人直接持股、通过合伙企业持股或通过有限公司持股）时，应考虑其持股架构选择的首要目标是什么，当然也不乏在存在多重目标且难以取舍的情形下，实控人最终选择通过多种持股形式相结合的方式进行持股，并酌情分配不同持股形式下所持有的股份数量。

需要注意的是，发行人股权权属清晰、实际控制人认定准确是公司IPO的红线条件。

6.2.2.3 股价架构设计的特殊问题

（1）代持问题

代持安排在民营公司的股权结构中较为普遍。代持作为一种灵活的股权安排方式，具有持股隐蔽性、股权管理便利性等特点，因此民营企业特别是初创期规范程度不高的企业常常存在股权代持的情形。

关于代持行为的效力，根据《最高人民法院关于适用〈中华人民共和国公司法〉若干问题的规定（三）》，公司的实际出资人与名义出资人订立合同，约定由实际出资人出资并享有投资权益，以名义出资人为名义股东，实际出资人与名义股东对该合同效力发生争议的，如无合同法第五十二条规定的情形，人民法院应当认定该合同有效。前款规定的实际出资人与名义股东因投资权益归属发生争议，实际出资人以其实际履行了出资义务为由向名义股东主张权利的，人民法院应予支持；名义股东以公司股东名册记载、公司登记机关登记为由否认实际出资人权利的，人民法院不予支持。由此可见，在不存在法律、行政法规规定的协议无效情形前提下，股权代持安排的效力会被法院支持。

放在企业上市申请的前提下看，证监会于2021年2月发布的《监管规则适用指引——关于申请首发上市企业股东信息披露》规定"发行人历史沿革中存在股份代持等情形的，应当在提交申请前依法解除，并在招股说明书中披露形成原因、演变情况、解除过程、是否存在纠纷或潜在纠纷等。"进一步地，《公司法》第140条规定"上市公司应当依法披露股东、实际控制人的信息，相关信息应当真实、准确、完整。禁止违反法律、行政法规规定的代持上市公司股票。"由此可见，公司若申请IPO或成为上市公司，则需要根据证监会的规则解除代持安排，而不能带着代持安排申请上市。证监会不允许公司股权存在代持，有其法理基础：如果上市公司的真实股东不清晰，对于上市公司的信息披露要求、关联交易审查、高管人员任职回避等监管举措将会落空，有可能损害广大投资者的权益，从而损害资本市场基本交易秩序与交易安全。

此外，代持安排容易产生纠纷。首先，代持协议往往约定较为简单，甚至有些出于保密目的，代持双方并未签署书面协议，仅通过口头方式约定代持相关事宜，因此难免就双方权利义务（包括代持还原机制、股权转让处理以及代持所涉的股权表决权、经济利益、董事安排、信息权、进一步出资义务等事项）约定不充分，容易导致纠纷。此外，代持股权在公司设立初期价值不高，若出现后续股权价值大幅升值的情形，则代持方违约的道德风险也会增加。其次，代持安排可能产生税负风险，名义股东收到的股权投资分红和转让收益后，该等收益再次转让给实际股东可能存在二次纳税的风险，而实际股东要求按照名义价格实施还原代持的交易可能存在被纳税调整的风险。最后，代持安排下，若名义股东死亡、离婚或被债权人起诉，则所涉代持股权有可能被纳入继承财产、被配偶主张纳入需分割的婚内财产，以及成为被债权人冻结和申请强制执行的财产，代持所导致的纠纷风险亦会增加。

综上，公司在设计股权架构时，应尽量避免股权代持。

（2）红筹架构

红筹架构通常指企业的主要经营活动在中国境内，但以在境外注册的企业名义基于境内企业的股权、资产、收益或其他类似权益进行私募融资或上市。

对于红筹架构的企业申请于 A 股上市的，证监会和交易所会重点关注其红筹架构带来的特殊问题。根据证监会的相关规则，红筹企业的股权结构、公司治理、运行规范等事项适用境外注册地公司法等法律法规的，其投资者权益保护水平（包括资产收益、参与重大决策、剩余财产分配等权益）总体上应不低于境内法律法规规定的要求，并保障境内存托凭证持有人实际享有的权益与境外基础证券持有人的权益相当。红筹企业具有协议控制架构或者类似特殊安排的，应当充分、详细披露相关情况，特别是风险和公司治理等信息，以及依法落实保护投资者合法权益规定的各项措施。

实践中，因为红筹架构企业还涉及外汇监管和外资准入等产业政策问题，因此证监会需同步征询该红筹企业境内实体实际从事业务的行业主管部门和国家发展改革委、商务部意见；同时，证监会要求拟上市主体需在申报前就存量股份减持等涉及用汇的事项形成方案，由证监会征求外汇部门意见。鉴于上述跨部门监管的困境，截至目前，以红筹架构模式在 A 股上市的企业数量仍为个位数。

（3）表决权差异安排

注册制实施后，已允许符合特定条件的发行人在上市前设立具有表决权差异安排的类别股制度。以创业板为例，根据《深圳证券交易所股票上市规则（2023 年修订）》，发行人具有表决权差异安排的，市值及财务指标应当至少符合下列标准中的一项：①预计市值不低于 200 亿元，且最近一年净利润为正；或②预计市值不低于 100 亿元，且最近一年净利润为正，最近一年营业收入不低于 10 亿元。在满足前述条件情形下，上市公司章程可以规定每份特别表决权股份的表决权数量大于普通股份的表决权数量，但最高不能超过每份普通股份的表决权数量的 10 倍，且表决权差异安排机制亦需遵守其他相关规则和限制。

实践中，由于表决权差异安排的规则限制和监管态度，目前 A 股带有表决权差异安排的公司申请上市的数量仍较为有限。

（4）信托持股

信托持股指发行人的间接股东中存在信托安排。深交所上市审核中心编制的《创业板注册制发行上市审核动态》在 2022 年第 1 期中比较全面地展现了监管层对信托持股的态度。根据前述审核动态文件，交易所目前仍不接受在发行人的控股线条上存在信托安排，主要原因有：第一，信托财产权具有独立性与特殊性，权利关系主要依赖信托协议的约定，容易导致股份权属不清晰；第二，各国信托立法及实务一般都授予受托人很大的信托权限，拥有管理、收益分配和投资决定权，因此受托人的权限范围及决策机制关乎信托的控制权，从而可能影响发行人的控制权；第三，境内 A 股市场相关规则体系在实控人认定以及责任承担方面均有较高要求，信托财产的破产隔离机制可能导致规避现行规则规定的实际控制人的责任，不利于监管责任落实；第四，离岸家族信托仍存在外汇监管上的要求。因此，控制权相关股权中存在信托持股的，原则上应当在申报前予以清理。

对于非控制权相关股权存在信托持股的情形，深交所认为虽然有过未拆除信托结构的案例，但并不意味所有的非控制权条线的信托持股均可以参照适用。这是因为注册制下对股东、股权结构和其他股权安排已经给予相当的包容性和灵活性，但同时信托持股架构具有复杂性和隐秘性，存在规避监管要求的操作空间，对股份权属清晰、控制权稳定等影响较大，审核实践中需要综合考虑、区别处理。

（5）股权质押、冻结或发生诉讼仲裁的影响

公司发展中难免主动或被动地遇到公司股权纠纷或诉讼的情形。根据《监管规则适用指引——发行类第 4 号》，对于控股股东、实际控制人支配的发行人股权出现质押、冻结或诉讼仲裁的，发行人应当按照招股说明书准则要求予以充分披露，应关注上述情形的原因，相关股权比例，质权人、申请人或其他利益相关方的基本情况，约定的质权实现情形，控股股东、实际控制人的财务状况和清偿能力，以及是否存在股份被强制处分的可能性、是否存在影响发行人控制权稳定的情形等。

对于发行人的董事、监事及高级管理人员所持股份发生被质押、冻结或诉讼纠纷等情形的，发行人应当按照招股说明书准则的要求予以充分披露，并向投资者揭示风险。

（6）特殊主体（客户、供应商、外部顾问）入股注意事项

企业为了发展、融资和业务合作的需要，有时希望引入客户、供应商作为股东，有时亦希望安排自然人顾问成为企业股东，这些基于企业发展真实、合理需求的持股安排不存在违法违规或违约情形的，不会对企业未来上市造成重大不利影响。

客户、供应商和外部顾问作为企业股东身份有其特殊性，在企业未来 IPO 审核中也会成为审核关注的重点问题之一，因此企业若希望引入这类特殊主体持股，建议提前了解审核关注事项，并做好解释准备工作。下面通过两则案例，进一步说明特殊主体入股对企业 IPO 的影响和监管关注要点。

案例：A 公司重要客户入股案例

A 公司于 2017 年 6 月首次提交创业板 IPO 申请。B 公司为 A 公司的单一第一大客户，2015—2017 年三年报告期内，A 公司向 B 公司的销售收入占主营业务收入的比重分别约为 60%、64% 和 76%。B 公司于 2015 年 10 月通过增资战略投资 A 公司并持有 20% 的股权，且 B 公司的增资价格显著低于 A 公司同期实施的其他股权转让或增资的价格。后经其他股东增资稀释，截至 A 公司首次 IPO 申报前，B 公司持有 A 公司 18% 的股份，B 公司自愿作出 A 公司上市后 36 个月内锁定的承诺。B 公司作为 A 公司持股 5% 以上的股东，是 A 公司的关联方，因此 A 公司的营业收入中大部分是关联销售形成，A 公司的持续经营能力、对关联方的重大依赖、关联交易的公允性等问题成为证监会重点关注的事项。A 公司于 2018 年 5 月撤回了首次 IPO 申请。

A 公司于 2020 年 9 月第二次提交 IPO 申请，在该次申请前，B 公司对 A 公司的持股通过股权转让和被动稀释等交易已降低至 4.8%，根据《深圳证券交易所创业板股票上市规则》，B 公司不再构成 A 公司的关联方。A 公司在第二次 IPO 申报的三年报告期内对 B 公司的销售占比分别约为 74%、73%、71%，交易占比仍然较高。深交所在三轮审核中都有问及 A 公司对 B 公司的销售安排是否存在故意规避关联交易、是否影响 A 公司持续经营能力、是否存在利益输送等问题。在上市委审核 IPO 申请时，上市委现场仅提出一个问题，即关注报告期内发行人对 B 公司销售占比较高，构成重大业务依赖，并请发行人代表说明客户集中是否对发行人持续经营构成重大不利影响。A 公司于

2021年7月通过深交所上市委审核，并于2022年9月完成IPO发行。

案例：A公司外部顾问参与股权激励案例

A公司于2022年6月提交创业板IPO申请。B有限合伙为A公司的直接股东，是发行人的员工持股平台。在B的合伙人中，邢某、张某和李某系发行人顾问，并非发行人员工，三人间接取得A公司的股份价格与同期的员工股权激励价格一致，均低于彼时的公允市场价格。根据A公司的披露文件，三位外部顾问中，李某现任某外资公司车载软件测试工程师，向发行人提供自动化测试软件、射频技术指导服务；邢某现任某公司副总经理，向发行人提供深度学习算法、自动检测、自动控制、视觉识别算法指导服务；张某现任某大学副教授，向发行人提供计算机视觉检测、显示器检测指导服务。

深交所审核中心及上市委均关注了三名外部顾问间接持股的情况，关注点包括：①授予外部顾问股份的时间及价格；②结合顾问具体工作内容，说明对其实施股权激励的原因；③顾问是否与发行人及其客户、供应商等存在利益关系；④顾问服务是否违反竞业禁止和保密协议，是否侵犯其所在单位知识产权、商业秘密。A公司于2023年6月通过深交所上市委的审核。

6.3 非上市公司股权激励

6.3.1 股权激励的作用和类型

股权激励的作用是多方面的，实施股权激励可以加强员工的归属感与企业凝聚力，调动员工积极性与责任感，促进公司持续发展、实现双赢；股权激励是一种薪酬支付方式，且企业无须支付现金，通过对员工实施股权激励，可以增加企业的薪酬竞争力；企业在私募融资中，投资人往往看中企业是否实施了股权激励、管理层是否获得足够的激励以达成公司上市的目标；实施股权激励亦可帮助公司调整股权架构，增强实控人对公司的控制；在一些交易中，股权激励可以作为公司支付收购对价的支付手段。

非上市公司的股权激励有多种形式，包括期权、限制性股票和虚拟股票等。表6-1

从不同维度对比了几种常见的股权激励形式的特点。

表 6-1　常见股权激励形式的特点

	限制性股票和股票期权	虚拟股票
机制介绍	限制性股票：指激励对象按照激励方案规定的条件，获得的转让等部分权利受到限制的公司股票。限制性股票在解除限售前不得转让、不享有收益权和表决权。 股票期权：公司授予激励对象在未来一定期限内，以预先确定的条件购买公司一定数量股权的权利。	影子股票：将影子股票作为公司总股权池的一部分，并按照其股权比例分享企业年度分红收益。 股票增值权：员工出资购买虚拟股票，不但拥有该等虚拟股票对应的分红收益，且在公司净资产或估值提升的情形下，可通过将该股票增值权转让给其他员工或回售给企业的方式获得增值部分收益。
股票来源	公司原股东转让； 增发新股。	因激励对象不持有股票，无须股票来源。
持股方式	通常通过设立有限合伙企业的形式作为持股主体，员工通过持有有限合伙企业的合伙份额间接持有标的公司的股权权益。	激励对象不直接或间接持股，不拥有股票所有权及公司股东权利，而享有基于合同或制度文件约定的相关权利、承担相应义务。
激励对象持股的时点	限制性股票：通常自授予日即进行工商登记，即持有激励股权； 股票期权：在行权期内，若员工选择行权，则自完成工商登记起即持激励股权。	
资金	限制性股票：激励对象在被授予股票时，即需支付对价； 股票期权：激励对象在被授予期权时无须支付对价，行权时需支付对价。	影子股票：激励对象通常无须支付资金； 股票增值权：激励对象通常需支付资金。
未达成业绩考核条件的处理方法	限制性股票：当期解除限售的条件未成就的，公司回购尚未解除限售的限制性股票； 股票期权：当期行权条件未成就的，股票期权不得行权或递延至下期行权考核。	激励对象无法获得分红，股票增值权亦可能受到限制。
IPO 接纳程度	惯常操作，IPO 接纳程度高。	通常 IPO 前需要清理。

基于上述股权激励形式的不同特点和 IPO 审核的态度，目前期权和限制性股票是非上市企业普遍采用的股权激励方式。

6.3.2　从 IPO 角度看股权激励的关注要点

股权激励事项是 IPO 审核的重点关注问题之一。根据《证券期货法律适用意见第 17 号》，企业上市前实施的员工持股计划应当符合下列要求：①发行人应当严格按照法律、行政法规、规章及规范性文件要求履行决策程序，并遵循公司自主决定、员工自愿参加的原则，不得以摊派、强行分配等方式强制实施员工持股计划。②参与持股计划的员工与其他投资者权益平等，盈亏自负、风险自担，不得利用知悉公司相关信息的优势侵害其他投资者的合法权益。员工入股应当主要以货币出资，并按约定及时足额缴纳。按照国家有关法律法规，员工以科技成果出资入股的，应当提供所有权属证明并依法评估作价，及时办理财产权转移手续。③发行人实施员工持股计划，可以通过公司制企业、合伙制企业、资产管理计划等持股平台间接持股，并建立健全持股在平台内部的流转、退出机制，以及所持发行人股权的管理机制。参与持股计划的员工因离职、退休、死亡等原因离开公司的，其所持股份权益应当按照员工持股计划章程或者协议约定的方式处置。

除上述要求外，在 IPO 申请中，交易所就公司存在的股权激励安排，经常会从下面几个角度进行关注和提问：①关注持股平台的合规性，包括平台的股权结构、资金来源、合伙人身份（职级、年限）与份额的匹配性，是否与实控人、董监高、客户或供应商存在关联关系，持股平台合伙人变动情况及原因，平台是否存在代持、信托或其他利益安排，是否存在规避 200 人问题；②关注股权激励方案的要点，包括股权激励是否履行内部决策程序，股权激励对象的确定原则及合理性，激励股权的购买价格、定价依据及合理性，是否依法纳税，激励员工离职后所持股份的处置；③关注股权激励计划对发行人股权稳定性的影响，包括是否存在正在执行的股权激励计划、激励计划是否会影响股权结构稳定性；④关注股权激励的有关会计处理，包括是否构成股份支付、股份支付公允价值的确定、股份支付费用分摊是否合理等。

6.3.3 首发申报前制订、上市后实施的期权激励计划

在注册制实施前，非上市公司的股权激励必须在 IPO 申报前实施完毕。以股票期权为例，如果申报时仍有未授予完毕的期权，或期权已授予员工，但员工尚未行权的，则公司必须提前授予或终止股权激励计划，或要求员工提前行权，确保公司股权在 IPO 审核期间不发生变化。对于希望参与股权激励的员工而言，员工必须在公司上市申请前支付对价，以取得公司股权。但如果公司上市失败，则员工亦面临投资无法退出的风险。

在注册制实施后，注册制下允许发行人在 IPO 申报前制订期权计划，在公司上市成功后再行权实施期权计划，这对于拟参与公司股权激励的员工无疑是个利好——拟参与公司股权激励的员工可以按照公司上市发行期的"原始股"价格获得股权，只需在公司确定完成上市后再出资实缴，无须承担公司上市失败的风险。实际上，该等上市前制订、上市后实施的股权激励制度在境外资本市场早已有之，注册制下允许该等激励制度在 A 股实施，无疑增加了在 A 股上市的科技型公司的人才竞争力。当然，对于此类跨越 IPO 时点的股权激励，证监会亦有相关的操作规范要求：①激励对象应符合相关上市板块的规定；②激励计划的必备内容与基本要求、激励工具的定义与权利限制、行权安排、回购或者终止行权、实施程序等内容，应当参考《上市公司股权激励管理办法》的相关规定执行；③期权的行权价格由股东自行商定确定，但原则上不应低于最近一年经审计的净资产或者评估值；④发行人全部在有效期内的期权激励计划所对应股票数量占上市前总股本的比例原则上不得超过 15%，且不得设置预留权益；⑤在审期间，发行人不应新增期权激励计划且相关激励对象不得行权，最近一期末资产负债表日后行权的，申报前须增加一期审计；⑥制订期权激励计划时，应充分考虑实际控制人稳定，避免上市后期权行权导致实际控制人发生变化；⑦激励对象在发行人上市后行权认购的股票，应承诺自行权日起 36 个月内不减持，同时承诺上述期限届满后比照董事、监事及高级管理人员的相关减持规定执行。

6.3.4 非上市国有企业股权激励的规则

国有企业员工持股/股权激励需要根据国有企业监管的相关规则实施，国家层面的规则主要包括《关于国有控股混合所有制企业开展员工持股试点的意见》（国资发改革〔2016〕133号，以下简称133号文）、《国有科技型企业股权和分红激励暂行办法》（财资〔2016〕4号，以下简称4号文）、《关于规范国有企业职工持股、投资的意见》（国资发改革〔2008〕139号）以及《促进科技成果转化法》等。地方国资监管机构及大型国企集团公司等亦有适用其监管对象的员工持股、股权激励事项方面的规章和要求。

实践中，按照133号文和4号文实施员工持股/股权激励的国企占了大多数。表6-2列举了两个文件的主要差异。

表6-2　133号文和4号文的主要差异

事项	133号文	4号文
持股比例限制	员工持股总量原则上不高于公司总股本的30%。单一员工持股比例原则上不高于公司总股本的1%。企业可采取适当方式预留部分股权，用于新引进人才。应保证国有股东控股地位，且其持股比例不得低于公司总股本的34%。	按照企业规模，大型企业的股权激励总额不超过企业总股本的5%；中型企业的股权激励总额不超过企业总股本的10%；小、微型企业的股权激励总额不超过企业总股本的3%。单个激励对象获得的激励股权不得超过企业总股本的3%。企业不能因实施股权激励而改变国有控股地位。
锁定期要求	设定不少于36个月的锁定期。上市后再锁定不少于36个月。锁定期满后，董事和高管每年转让不超过持股总数的25%。	激励对象自取得股权之日起，5年内不得转让、捐赠。
持股人员范围	可参与持股的人员：在关键岗位工作并对公司经营业绩和持续发展有直接或较大影响的科研人员、经营管理人员和业务骨干，且与本公司签订了劳动合同。不得持股的人员：党中央、国务院和地方党委、政府及其部门、机构任命的国有企业领导人员。外部董事、监事（含职工代表监事）不参与员工持股；直系亲属多人在同一企业时，只能一人持股。	激励对象：与本企业签订劳动合同的重要技术人员和经营管理人员。企业不得面向全体员工实施股权或分红激励。企业监事、独立董事不得参与企业股权或者分红激励。股权奖励的激励对象：仅限于在本企业连续工作3年以上的重要技术人员。

续表

事项	133号文	4号文
股权来源	主要采取增资扩股、出资新设方式开展持股。	向激励对象增发； 向现有股东回购； 现有股东依法向激励对象转让其持有的股权。
出资方式	以货币出资为主，并按约定及时足额缴纳。 不得无偿赠予股份或者提供财务资助：试点企业、国有股东不得向员工无偿赠予股份，不得向持股员工提供垫资、担保、借贷等财务资助。 持股员工不得接受与试点企业有生产经营业务往来的其他企业的借款或融资帮助。	出资方式未作规定。 股权激励中的股权奖励实为无偿赠予，单个获得股权奖励的激励对象，必须以不低于1∶1的比例购买企业股权，且获得的股权奖励按激励实施时的评估价值折算，累计不超过300万元。 不得提供财务资助：不得为激励对象购买股权提供贷款以及其他形式的财务资助，包括为激励对象向其他单位或者个人贷款提供担保。
员工离职后股权处置	持股员工因辞职、调离、退休、死亡或被解雇等原因离开本公司的，应在12个月内将所持股份进行内部转让。 转让给持股平台、符合条件的员工或非公有资本股东的，转让价格由双方协商确定；转让给国有股东的，转让价格不得高于上一年度经审计的每股净资产值。 国有控股上市公司员工转让股份按证券监管有关规定办理。	因本人提出离职或者个人原因被解聘、解除劳动合同，取得的股权应在半年内全部退回企业，其个人出资部分由企业按上一年度审计后的净资产计算退还本人。 因公调离开本企业的，取得的股权应在半年内全部退回企业，其个人出资部分由企业按照上一年度审计后的净资产计算与实际出资成本孰高的原则返还本人。

国有企业实施133号文下的员工持股或4号文下的科技人员股权激励通常与国企混改交易同时实施，国有企业需履行的资产评估、进场交易等国资管理程序均需根据国资监管规定予以满足。

6.4 本章小结

A股上市对公司股权架构的要求和影响：A股上市规则要求发行人的股份权属清晰、实控人认定准确、控制权稳定，并根据《公司法》和《上市公司收购管理办法》等法律法规，说明了不同持股比例对股东会表决权、股权转让、要约收购等方面的影响。

股权架构设计的原则和注意事项：股权架构设计应考虑股权结构的稳定性和灵活性的平衡，以及不同股东的需求和持股安排，并举例说明了代持、红筹架构、表决权差异安排、信托持股、特殊主体入股等股权架构的特点、风险和监管态度。

非上市公司股权激励的作用和类型：阐述了股权激励的多方面作用，如增强员工归属感、提高薪酬竞争力、调整股权架构等，并比较了期权、限制性股票和虚拟股票等几种常见的股权激励形式的机制、优缺点和 IPO 接纳程度。

思考题

1. 有限合伙作为员工持股平台的优势有哪些？
2. 增强创始团队对企业股权的控制权有哪些措施？
3. 设计企业股权架构时应考虑哪些因素？
4. 在非上市公司股权激励形式中，期权与限制性股票有何差异？

第 7 章
科技成果转化项目投后管理

在技术经理人进行科技成果转化对接的诸多资源中，资金融通是非常重要的一环。很多技术经理人会承担传统的投资经理角色，同时管理和服务多个被投企业，保证所投资金获得收益。部分专业的科技成果转化机构也会自行出资扮演投资方的角色。对于科技成果转化项目投后的不同阶段，投后管理需要实时跟踪并随变化及时调整服务策略，解决成果持有人各阶段的痛点问题，从战略布局、资源对接、市场营销、品牌塑造、资本结构等角度综合考虑，做到统筹兼顾、多元实践。在投后项目管理实践过程中，技术经理人需要将项目管理思想与投后管理实践深度结合，了解背景、确定目标、厘清重点、制订计划、防控风险等，上述工作都要细致规划，缺一不可。

投后管理一方面是技术经理人和技术转移机构自身业务所需，另一方面通过投后管理确保已投资本的保值增值，还可以吸引更多的投资机构加入，使科技成果转化企业在后期发展壮大阶段所需资金具有接续性和扩展性。此外，投后管理还可以吸收投资机构的管理经验、客户资源，将风险投资与科技成果转化深度结合，实现要素协同发力。因此，技术经理人如何做好投后管理，具有很强的现实意义。

本章从投后管理的概念与作用引入，深入探讨投后管理的主要工作内容，重点分析项目投后的运作与内容，理清项目投后管理实施步骤，并通过典型案例展示投后管理头部机构的成功经验。

7.1 投后管理的概念与作用

7.1.1 技术经理人为什么要了解投后管理

科技成果转化包含了技术产生、研发一直到市场化的全部过程,《促进科技成果转化法》中定义的科技成果是指通过科学研究与技术开发所产生的具有实用价值的成果。科技成果转化是指为提高生产力水平而对科技成果进行的后续试验、开发、应用、推广直至形成新技术、新工艺、新材料、新产品,发展新产业等活动。可见,科技成果转化过程极其复杂,转化过程中需要诸多条件,如技术、人才、政策、资金、服务等一系列创新资源。

技术经理人在科技成果转化过程中起着重要的促进作用,从早期的技术经纪人发展到现阶段的技术经理人,技术经理人在科技成果转化过程中的参与度与重要程度不断加强。更有深度参与科技成果转化的高级技术经理人也可能作为科技成果转化的合伙人之一,高度绑定和陪伴科技成果持有人共同完成科技成果后续产业化过程。

在科技成果转化过程对接的诸多资源中,资金资源是对接助力非常重要的一环。技术的研发、试验、产品化、商业化都需要大量资金用以购买设备、支付研发人员报酬、进行商业推广等。因此,可以将资金比作科技成果转化过程中的血液,只有源源不断地为转化过程输入血液,才能保证科技成果转化持续进行。科技成果转化的资金来源一般包括以下几种常见形式:创业者的自有资金、政府的政策性资金、横向课题委托费用、投资机构风险投资等。由于创业初期创业者一般自身资金有限,横向课题研究经费一般都是以科研院所或者高校的名义获得且资金仅可用于研发阶段支出,不足以支撑科技成果转化后续所有量产及产业化的全过程,而政府的政策性资金和投资机构的风险投资可提供的资金额度较大，且随着产业化进程的不断推进，通过已投资本的增值可以吸引更多此类投资机构的加入，使资金来源具有接续性，因此，这两类资金来源是现阶段科技成果转化资金来源的主力。这两类资金虽来源主体不同，一个来源为政府，另一个来源为投资机构，但本质上都属于风险投资。

风险投资（又称创业投资）是指向主要属于科技型的高成长性创业企业提供股权资本，并为其提供经营管理和咨询服务，以期被投企业发展成熟后，通过股权转让获取中长期资本收益的投资行为。风险投资的特点表现为高风险、长周期、高收益。通常情况下，风险投资更关注已经进入产品试验之后的科技成果，但近几年随着风险投资的不断成熟，风险投资呈现投资前移的趋势。风险投资的前移趋势是指风险资本越来越注重在新技术商业化进程的前期投入，表现为风险资本对新技术商业化进程中的早期介入频率越来越高、数额越来越大，甚至已经向基础研究的末期和应用研究的早期投入，从而使基础研究、应用研究与产业化之间的界线越来越模糊。这也是风险投资追求高风险收益的必然趋势。如北京一家聚焦战略新兴早中期的风险投资机构，受限于传统风险投资机构的职能范围，为了更早参与创新研究与科技成果转化过程，成立一家科技成果转化平台公司，将风险投资与科技成果转化相结合，将风险投资机构的经验融入科技成果转化早期发展过程中，深度参与技术研发、专利布局、协助管理等科技成果转化工作，完成风险投资前移。

因此，从技术经理人与风险投资经理角度来看，一方面技术经理人帮助科技成果持有人推进产业化、持续为科技成果转化赋能是技术经理人的天然属性，并在完成产业化过程中使投入科技成果转化的资本获得高额收益；另一方面风险投资经理需要帮助投资人降低投入资本的风险并保证投入资本的高收益，就需要帮助科技成果持有人完成产业化过程，这两个过程的匹配性与目的性高度重合，使科技成果转化过程中的技术经理人与投资经理人角色出现部分重叠。现实中，近两年风险投资机构与专业科技成果转化机构的运作模式也在发生融合和重叠，风险投资机构更早介入科技成果转化过程，部分专业的科技成果转化机构也会自行出资到转化形成企业扮演投资方的角色，一种情况是技术经理人承担传统的投资经理角色，同时管理和服务多个被投企业，保证所投资金获得收益；另一种情况是技术经理人更深度参与被投企业，承担企业的职业经理人，深度参与企业的经营和管理。因此,技术经理人需要了解风险投资的运作方式,了解如何在科技成果转化过程中保证投入资本收益。

7.1.2　投后管理的概念

风险投资的投后管理概念起源于美国,1984年美国经济学家Tybjee和Brno首次提出投后管理这一概念。他们将风险投资活动分为交易发起、项目筛选、项目评价、交易契约设计以及投后管理五个连续环节,同时将投后管理总结为四个方面——帮助招募关键员工、帮助制订战略计划、帮助筹集追加资本、帮助组织兼并收购或公开上市等。国内投资人冀文宏在《投后管理》一书中,将投资过程总结为价值寻找(项目承揽)、价值发现(投资分析)、价值锁定(投资入股)的过程,将投后管理过程总结为价值评估(投后复盘)、价值创造(投后赋能)、价值调整(对赌)、价值实现(退出)的过程。

这两个定义分别从实操角度和价值角度对投后管理给出了释义。从这两个定义可以看出,风险投资主要包括两个阶段过程,即投前与投后:投前工作重在选择有高收益可能性的项目作为投资标的,并在确定标的后进行风险规避设计;投后工作重在监控和赋能,防控资本减值风险并采取行动保证投资收益。投前为投后做好铺垫,投后为投前反哺经验,投前与投后相辅相成、互相促进,目的就是一个——保证投资资本获取高额收益。

单从投后管理名称上看,"投后"两字重在界定启动的时间范围,即这项工作的启动时间是从投资协议签署之后开始,到投资退出完成。"管理"二字是从项目管理的角度对投后过程和活动进行组织和实现。从科技成果转化的过程来看,一大批待转化的科技成果仍停留在实验室阶段或更早期(如概念验证阶段),无论是技术稳定性还是市场前景都不明朗,更需要通过项目管理手段对项目进行监控和赋能,因此,对于介入早期科技成果转化的风险投资来说,投后工作内容对于防控风险、保证收益更为重要。结合科技成果转化与风险投资的概念,科技成果转化项目投后管理是指以科技成果产业化为手段,以实现投资资本高额收益为目的,对被投科技成果进行管理和服务的过程与活动。

7.1.3　投后管理的特点

科技成果转化是从技术发展角度进行定义，落实到投后管理的具体工作，投资的表现实体不是技术，而是企业，因此，此处投后管理主要是针对科技成果转化形成的科技型企业来说的。

通常意义上，科技成果转化项目的"投后管理"涉及两个方面，即"管理"和"服务"。"管理"侧重对被投企业运营、财务状况的监督和考察，目的是及时防范投前已预见或未预见风险。"服务"代表投后增值服务，通过解决被投企业遇到的问题，提供不同维度的知识和资源赋能的一系列活动，旨在提升被投企业价值。投后管理主要具有以下特点（图7-1）。

图7-1　投后管理的特点

7.1.3.1　长期性

科技成果转化项目通常周期较长，而投后管理阶段始于投资协议签订完成，延续至项目最终退出，是整个转化周期中时间占比最大、跨度最长的流程段。同时，为了降低投资风险，确保对被投企业有更为全面和深入的了解，必须保持长期、持续的跟踪与监控，这也使投后管理成为涵盖环节多、关联范围广的重要阶段。

7.1.3.2 系统性

投后管理是一项复杂的系统工程,在涉及主体上,包括成果转化机构本身、其他出资方、被投企业及其利益相关者等;此外还涉及企业经营的内部与外部环境,以及社会政治发展的多重因素。在内容上,投后管理不仅涉及投资实施、法人治理、日常运营、内部管控、增值赋能等关键领域,还包括对机构设置、制度体系、运作机制以及资源禀赋的深入考量。无论是信息的收集与整合、分析与辨别,抑或对策的选择与优化,都需要运用系统化的思维和管理方法。

7.1.3.3 动态性

企业如同一个生命体,其稳定性只是暂时的,变化才是其永恒的主题。鉴于市场环境、行业政策、技术进步以及员工状态等因素的不断演变,企业需要对其产品结构、工艺流程、生产布局、管理体系、规章制度、经营策略和管理方法进行持续的调整与优化,这使企业和股权投资充满了不确定性。因此,投后管理在应对这种不确定性带来的风险的同时,还需保持自身的灵活性和动态管理能力,以提高应变效率、降低应变成本。

7.1.3.4 持续性

风险投资的周期长且存在有效退出的压力,投资对象多数是初创期或成长期企业,不少还有多轮次投资情况,只有持续跟踪监控被投企业经营、管理、财务和市场指标、宏观政策、行业态势、产业链上下游影响等动态,才能克服信息不对称或可能存在的过度包装等问题,准确把握被投企业的真实运行情况并及时发现发生的变化和异常,提高投后管理的针对性和有效性。

7.1.3.5 专业性

投后管理覆盖企业经营管理的全过程和全要素,涉及行业趋势、政策变动、技术创新、管理优化、财务稳健以及法律合规等多个维度。此外,还考量文化融合、领导风格、内部沟通以及协调合作等软性因素,具有高度的专业性和综合性。有效的投后管理，一方面需充分利用企业内部各部门的专长和职能，形成齐抓共管的协同力量；另一方面需依赖具备专业知识和技能的管理人员。在必要时，还需寻求外部专业机构的支持和协助。

7.1.3.6 时效性

风险投资的目的是获取收益，投后管理的任务之一就是通过对被投企业全面及时的监控和服务，精准把握最佳的投资退出时机和方式，从而最大化资本回报，确保投资方回笼本金并获取回报资金。同时，投后管理的核心目标是预测或规避被投企业的经营风险，能够越快速度获知和判断风险、越短时间提示或干预风险，就越能彰显投后管理的成效。

7.1.4 投后管理的作用

投后管理对促进被投企业发展、保障基金健康运营、增强基金盈利的确定性具有重要作用，如图 7-2 所示。

图 7-2　投后管理的作用

7.1.4.1 防控投资风险

有效的投后管理能够及时识别并应对投资后风险，不仅能够验证投前风险评估的准确性，而且能够补充和完善风险防控。此外，还有助于降低投资风险，从主观和客观两个层面减少投资的显性或潜在风险，确保投资的价值和增长。

对于被投企业，投后管理需要深入了解其发展风险，特别是在关键人员变动、财务透明度、资金管控以及法律合规等方面稳固投资基础，避免因管理不善导致的声誉、财务和业务损失。在人力资源方面，常见的风险包括核心人员不稳定、管理层执行不配合以及利益相关者的负面行为等；在财务方面，可能的风险包括资金管理不当、财务体系不完善、流程不规范、融资方案缺陷以及潜在的税务、债务和小股东风险等；在法律层面，可能涉及法律合规红线事项管控不到位、法律纠纷以及关键合同与协议的审核不足等风险。

7.1.4.2 提升投资价值

依据投资的不同阶段，影响投资价值的因素可分为交易前和交易后两类。有效的投后管理可以严密监督投资协议的履行，确保交易前相关因素得到持续且严谨的关注与落实。此外，投后管理还能通过提供价值赋能、管理优化、资本运作和战略指导等增值服务，灵活应对内外部环境变化，提升被投企业和相关资产的价值。

7.1.4.3 反哺投前管理

投后管理对被投企业的长期、持续监测和纠错改善，有助于深化对所投行业及企业的认知，不仅能检验和复盘投前的研究、逻辑与估值，还能及时发现并总结投后环节中可能存在的问题，为后续的投资活动提供警示，促进投前管理质量的提升。投后管理反馈的经验教训，有助于指导投资方调整投资布局、完善商业模式，有效降低投资风险，并进一步扩大投资的增长空间，形成投前投后相互支持的良性循环机制。

7.1.4.4 增强竞争优势

随着资本市场的日益繁荣，优质投资项目愈发稀缺，竞争日趋激烈。从科技成果转化角度看，被投企业不再仅仅关注投资方所能提供的资本规模，而是更加注重所能带来的资源与价值。当科技成果转化机构充当投资方角色时，将给予被投企业极大的资源和赋能价值，同时也会吸引市场目光，提升获取优质项目的能力，获取被投企业的信任，得到更合适的退出方式和时机，在确保资本实现盈利的同时，保障安全性。

7.2 投后管理的主要工作内容

投后管理的工作内容主要包括日常管理和监督、风险监控、外派人员管理、提供增值服务四类，如图 7-3 所示。

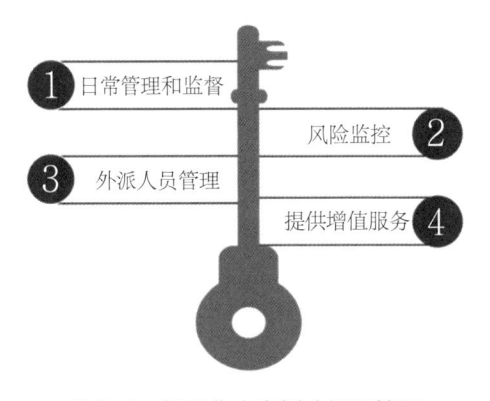

图 7-3　按工作内容划分投后管理

日常管理和监督包括对被投企业财务和运营数据的持续跟踪、协议跟进、定期评估、不定期走访、资料收集和归档等监管工作。

风险监控就是对项目建立投后管理风险评价体系，制订不同的风险等级，达到识别风险、及时预警的效果。风险评价体系一般包括外部环境监测、被投企业战略实施情况、经营发展偏离情况、其他重大风险等。

外派人员管理，即对于重大事项采取外派董事、监事、高级管理人员的方式进行管理。外派"董监高"是机构对于重点投资企业的常规做法，而外派最多的就是独立董事和监事。对于科技成果转化的投后管理，未来将会出现很多的技术经理人扮演职业经理人角色并成为被投企业的高级管理者。

增值服务，即投资者向被投企业给出所有有价值的增值性服务的总称，旨在助力企业实现更好发展。投资机构凭借其行业内的丰富资源和深厚的投资经验，形成了独特的竞争优势，能够帮助企业获得更加广阔的发展空间。在职能上，投资机构不仅提供战略咨询、人力资源、市场营销、财务管理等基础服务，还涉及管理优化、投融资建议、资本运作等增值性服务。为确保服务的高效与专业，机构需汇聚财务、法务、人力、公关、市场等多方面的专业人才。投后管理人员应具备行业洞察、财务分析、战略指导、流程优化、技术创新等多方面的专业能力。当前机构对投后管理人员的专业能力并未设定严格标准，导致投后管理人员的专业水平良莠不齐，增值服务能力受限。

7.3 科技成果转化项目投后运作与内容

投后管理作为科技成果转化项目投资流程中的关键环节，对于科技成果能否在市场的激烈竞争中取得成功起着至关重要的作用。作为技术经理人，投后管理不仅涉及项目进展的监控与计划的推动，还应为项目链接相关资源或提供多元化的增值服务，如技术援助和市场资源对接等，同时为项目制订适宜的退出策略，最大化投资者利益。在实际操作中，科技成果转化项目的不同阶段对投后赋能的需求不尽相同，导致了投后管理策略上的差异。如今，领先的投资机构已建立起各具特色的投后赋能体系和制度框架。

7.3.1 投后管理周期性运作内容

对于科技成果项目，管理和服务的侧重点不同，重点在于赋能服务，帮助科技成果完成转化。科技成果转化项目的共性需求和痛点主要分为四类问题，即资金问题、产品问题、客户问题和团队问题，如图7-4所示。在项目转化过程中的不同阶段，投后管理需要解决的问题不同，所能提供的赋能服务也不相同（图7-5）。

7.3.1.1 早期

处于早期阶段的企业，创业团队人员结构不够完善，股权架构也尚未清晰，此时投后管理赋能服务应主要在战略布局、资源对接、市场营销、技术研发方面开展工作。

资金问题
- 债券融资和股权融资，我应该怎样选择和布局？
- 请了三家FA，为什么还是融不到资？
- 投资人一直说在跟进，但推进速度极慢，怎么才能加速？
- 投资人良莠不齐，如何辨别哪些是有推动力的？
- 经营很忙，融资耗费大量精力，如何提效？
- 如何有效获得银行融资，优化授信？

产品问题
- 有限的研发资源应该重点投放在哪里？
- 新技术/产品还不成熟，怎样满足大客户的供应商要求？
- 如何平衡成本与产品交付质量？
- 如何降低采购成本、优化产能？
- 如何定价/盈利？

客户问题
- 哪个是最适合首先切入的目标市场应用场景？
- 目标客户的决策流程和核心诉求是什么？
- 为什么赢得/失去客户？
- 如何根据不同客户分类采取不同销售策略？直销还是渠道？

团队问题
- 如何设计激励机制才能吸引留住核心骨干？
- 外聘高管和创始团队该怎么融合？
- 如何快速招聘到合适的人才？
- 销售团队流失率高、缺乏狼性，怎么办？

图 7-4　科技成果转化项目共性痛点问题

企业三阶段

早期（工作重心）
- 战略布局
- 资源对接
- 市场营销
- 技术研发

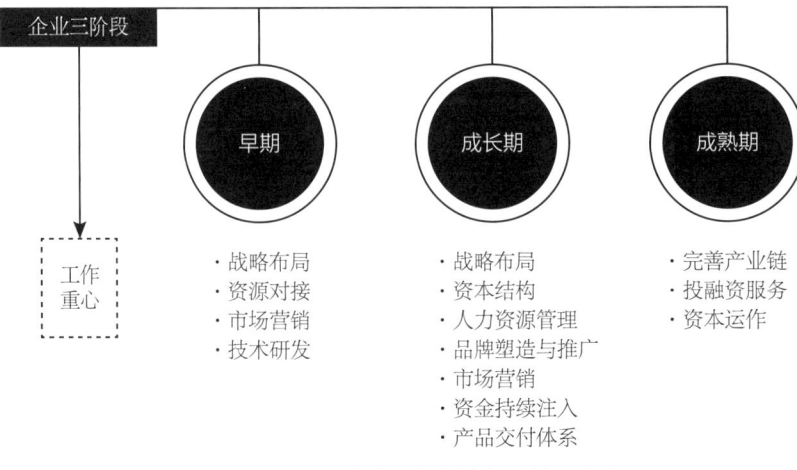

成长期
- 战略布局
- 资本结构
- 人力资源管理
- 品牌塑造与推广
- 市场营销
- 资金持续注入
- 产品交付体系

成熟期
- 完善产业链
- 投融资服务
- 资本运作

图 7-5　按项目生命周期划分投后管理内容

在投后管理方面，帮助企业根据公司章程进一步完善股权架构方案和初步搭建运营机制，为不断引入关键人才和发挥组织能力提供机制保障，整体在管理上追求扁平化、敏捷度和高效率。同时，该阶段要进一步完善财务管理水平，规范早期资金有效、合规的管理使用，让企业资源投入和发展重心聚集在技术产品化工作方向。

在投后服务方面，战略布局的核心是确立企业技术应用的清晰方向，并细化产品规划与研发路径，同时精心构建第一代产品的盈利模式，确保企业在纷繁复杂的市场环境中找到明确的成长路径。在资源对接方面，投后管理应致力于为企业引入关键的合作伙伴、投资者及优秀人才等上下游资源，特别关注初创企业的人才引进，为其快速成长提供强大支持。在市场营销领域，投后管理应积极促进产业端客户需求的深入了解与场景研究，进而提升企业产品的市场竞争力，为企业首批客户突破和市场拓展奠定坚实基础。在技术研发上，早期投后管理应为企业提供必要的资金支持，确保产品研发和市场推广的顺利进行，为产品的市场成功验证提供坚实保障。

7.3.1.2　成长期

成长阶段的企业已经具备了基本的商业模式，投后管理赋能服务的重心要在完善商业模式的基础上，进一步协助企业提升产品工程化和量产能力，协同企业一起开拓首批客户资源，通过市场反馈验证产品竞争力，不断打磨产品，帮助企业实力达到盈利水平，实现良性增长。

在投后管理方面，进一步提升公司治理能力，充分发挥股东和相关方资源，搭建面向客户的全流程、端到端的运营机制，在管理上追求专业模块提升和组织系统协调水平。

在投后服务方面，在战略布局上，协助创始人迅速把握行业脉搏与竞争格局，为企业提供深入的诊断和扫描，组织高管围绕核心议题展开深入探讨，形成统一战略共识，并细化为可执行的具体举措，确保战略能够切实落地。在资本结构优化上，协助被投企业明确投融资规划，迅速建立支出控制机制，优化现金流管理，以战略视角构建健全的财务体系并明确优化方向。在人力资源管理上，助力企业完成团队的组建与培训，提升整体执行力；优化关键岗位配置，提供招聘支持，并对创始人和核心高管进行领导力提升辅导，搭建合理的治理及授权体系，构建精细且高效的管理机制。

同时，在商业化突破的关键阶段，投后服务还需要赋能，包括：①品牌塑造与推广，帮助企业在市场中树立独特形象；②在市场营销方面帮助企业完成销售策略的制订与实施，助力企业快速占领市场份额；③保障资金持续注入，满足企业运营与扩张需求；④完善产品交付体系，提升客户满意度。

在企业的规模化增长阶段，投后管理通过提供数字化技术支持，助力企业实现高效运营与决策；通过营销战略的制订与执行，推动企业品牌与市场的深度融合；通过资本运作的精准把控，为企业提供稳定的资金保障；通过组织架构的优化与升级，确保企业持续、稳定地增长。

7.3.1.3 成熟期

当创业项目进入成熟期阶段，投后管理需要为企业提供进一步的创新资源、投资策略和生态支持。通过鼓励创新思维和引入前沿技术，助力企业保持市场竞争力和持续增长的动力。同时，提供精准的投资策略，帮助企业优化资本结构，实现更高回报。此外，构建强大的产业生态，促进企业与合作伙伴的协同发展，共同开创更加广阔的未来。

处于成熟阶段的企业具备了完善的商业模式和盈利模式，这一阶段，投后管理的重心转向多个关键领域。在战略布局方面，首要任务是完善产业链，通过调整产业结构，实现资源的优化配置和高效利用，以此增强企业的整体竞争力。在资源对接方面，重点关注投融资服务，积极寻找并购标的，为企业扩展市场份额、提升盈利能力提供新的增长点。同时，注重资本运作，为企业提供上市指导，对接第三方服务机构，助力企业实现资本市场的成功布局，进一步提升企业的品牌价值和市场影响力。

7.3.2 投后管理运作的主要模式

当前，科技成果转化机构的投后管理还没有形成成熟的模式。因此通过参考目前各类已经成熟的风险投资机构的投后管理模式，本书将科技成果转化投后管理模式大体分为四种，即投后投前一体化、专业化投后管理、"投资＋投后"共同负责制、Capstone 模式，如图 7-6 所示。

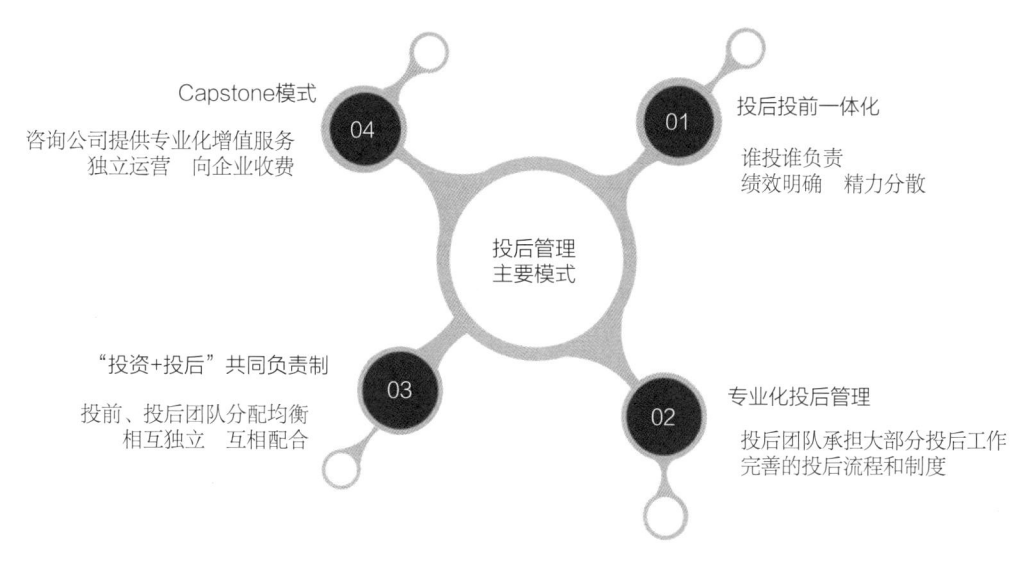

图 7-6 投后管理的主要模式

7.3.2.1 投后投前一体化

投后投前一体化模式以"谁投谁负责"为中心，技术经理人需要对所投项目进行持续跟踪，对项目有充分了解，能够对被投企业问题进行针对性跟踪和改进。这种模式的优势在于权责明确、绩效清晰，但同时加重了技术经理人团队的压力。

7.3.2.2 专业化投后管理

随着机构的不断发展和投资规模的扩大，建立专业化的投后管理团队成为必然趋势。当前，对专业投后管理团队的需求日益凸显，独立的投后管理团队能够聚焦资源对接、定期回访、企业调研及增值服务等关键环节。

7.3.2.3 "投资＋投后"共同负责制

由于投后团队在前期并未对被投企业进行深入了解，更换对接人和对接团队需要新的磨合期，因此部分机构采用"投资＋投后"共同负责的方式。投前团队负责与被投企业进行对接工作，收集企业的运营资料、财务信息等；投后团队则集中于对接资源，为企业提供系统性和针对性的增值服务。这样一来，投前人员的投后管理压力得到减轻，投后团队为投前团队提供了有力的补充。

7.3.2.4 Capstone 模式

Capstone 模式是 Kohlberg Kravis Roberts & Co.L.P.（以下简称 KKR）创立的投后管理方式，KKR 旗下的 KKR Capstone 为 KKR 的投资项目提供全生命周期的投后管理，这是一家独立于 KKR 投前团队的投后管理团队，旨在帮助 KKR 的被投企业进行管理提升和改进。Capstone 拥有世界一流的经营管理咨询人才，为被投企业的产品管理、销售和市场营销、运营、采购、IT、人力资源管理等领域提供增值服务，并向被投企业收费。对比前几种模式，Capstone 模式能够为被投企业提供更加专业的增值服务。

7.3.3 投后管理头部机构典型案例

在投后管理领域，早期的领先风险投资机构已经形成特色鲜明的运作模式，是后期科技成果转化机构和技术经理人参与投后管理工作的最优参考。此处将以 A 公司、B 公司、C 公司和 D 公司为例进行说明。

案例：A 公司

A 公司拥有一支规模庞大的投后管理团队，成员超过百人，涵盖数字化、精益管理、组织人才等多个专业团队。在投后管理方面，A 公司运用深度价值创造模式，致力于向被投企业提供全方位的人才服务、数字化升级、管家式支持、终身学习平台以及创新生态资源等服务。其投后管理的显著特色在于高度的专业化分工，确保各项服务能够精准、高效地满足被投企业的需求。目前 A 公司已为被投企业提供了多样化投后管理服务，下面以某电器公司为例展开叙述，如图 7-7 所示。

A 公司投资某电器公司后，积极推动其生产和管理环节的优化升级，旨在实现降本增效提速，打造适应中国生产实践的精益管理模式，主要体现在三个层面：在营销端，引入客户声音（VOC）、问题解决流程（PSP）、市场细分、价值销售等管理工具，辅助流程梳理和机会识别，帮助销售人员深入市场，制订精细化市场策略，真正把握用户价值；在制造端，协助实施现场改进，提升生产效率和产品质量，降低返修率，实现客户需求驱动的生产方式；在研发端，引入爆款设计工具（BPD），降低识别机会的成本，追求产品的尽善尽美。

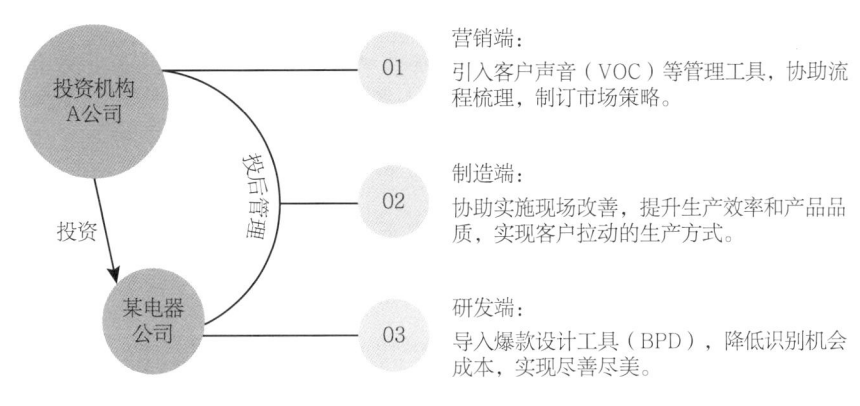

图 7-7　A 公司投后管理案例

A 公司对某传统零售公司的注资，开启了科技驱动传统零售革新的新篇章。在 A 公司的助力下，被投公司深化了数字化转型，通过精密运营策略、先进数字工具与技术革新，全面升级供应链体系，实现数字化重塑。2018 年，一家示范门店率先引入智能管理系统，数据显示女性顾客占比高达半数，但其消费贡献却相对有限，仅占总收入的 1/3，70% 的顾客忽略了店铺深处的购物区域。针对此现象，门店迅速扩充了女性专属商品种类，并创新女性产品区的陈列设计，随后一个月的女性商品类别的月销售额激增近 40%，带动了全店月销售额约 17% 的增长。与此同时，A 公司对被投公司内部也进行了组织变革，从零售中心化向品牌驱动型转变，重新规划品牌定位，强化品牌间的差异化优势，并优化品牌组合。在线上领域，加速电商布局，积极利用社交媒体扩大品牌影响力。在线下方面，持续优化门店布局与顾客体验，同时探索智能制造与定制化生产的创新路径。经过战略调整与创新实践，不仅极大地提升了被投公司的运营效率与市场竞争力，还显著推动了线上线下渠道的发展。

案例：B 公司

B 公司的投后管理团队规模庞大，人数超过百名，设有 PR、GR、资本、招聘、投资者关系、法务、医疗、投后数据分析及财务 9 个专项小组。服务内容涵盖前置诊断、人才招聘、产业链协同、紧急医疗支援、尽职调查前端赋能、创业智囊库以及场景化深度赋能的亿万创业营等。值得一提的是，B公司的公共关系小组运营的公众号拥有百万级订阅者，其视频号也积累了超过18万粉丝。医疗小组则由5位来自各个医学领域的专家组成，专注于构建核心医疗资源网络，解决被投企业核心人员及直系亲属的急重医疗需求。

B公司为被投企业提供的服务包括但不限于为被投企业解决融资问题、企业宣传推广以及为创始人提供人文关怀等。某新能源汽车公司创始人表示，B公司创始人在企业遇到融资难题时，总会第一时间赶来帮忙；一家B公司的被投企业曾接受B公司的深度访谈，阐述行业痛点、企业核心优势和创始人特点，文章发布当天，这家企业就接到多家顶级投资机构的见面邀约；某移动社交工具创始人不止一次表示B公司创始人为其提供的最大帮助就是陪他聊天，提供人文关怀。

案例：C公司

在服务体系建设上，C公司创建了"码力创业服务中心"提供全方位支持。在组织架构层面，C公司设立了投后管理委员会，负责资源的统筹、协调与优化，实现资源利用的最大化。在投后管理委员会下设立了多个职能部门，以满足创业者不同维度的需求，包括政策研究、品牌公关、人力资本和资本对接等。从服务内容看，C公司精心构建了"四横十纵"的服务地图，将创业者的需求细分为十大类别，并根据被投企业的投资阶段划分为四大类，提供超过30种的创业服务产品。C公司对被投企业的服务原则是全效助攻、全程陪伴、全面服务、全心投入、全员参与、全法支撑。

根据公开数据，2020年C公司对于其投资的早期和成长期企业共完成了759次投后动作，形成了28套完全产品化的投后服务。在人才招聘方面，帮助企业人才升级，定向为需求企业招聘首席运营官、首席财务官、首席人力资源官等关键人才；在政策研究上，为企业提供1000+监管和政策线索；在增长发展方面，为新消费赛道企业链接抖音、B站、小红书等主要流量平台关键资源；在资金对接方面，为超过20家企业对接超过10亿美元的股权融资和10亿元人民币的债权融资。

在实际服务案例中，C公司曾投资过一家处于成长期的机器人赛道To B公司，C

公司为其提供了组织咨询、定向招聘、危机公关等服务，同时利用债权融资产品，成功帮助该公司获得了债权资金。

另外，C公司还投资了一家种子期的消费赛道 To C 公司。从种子期开始，C公司为其提供了业务方向研讨、渠道资源、创业新手包等产品。随着被投公司进入早期阶段，C公司进一步提供了码脑、市场资源、融资支持、政策解读、定向招聘等服务。进入成长期后，C公司则为其提供组织咨询、战略研讨、PA策略、危机公关等服务，全程陪伴其成长。

案例：D公司

D公司是深耕硬科技领域的早期投资机构，作为硬科技理念的缔造者和投资领域的先行者，致力于为科技创业者提供专业、深度、全面的投资、孵化及融资服务。同时，D公司积极探索科学普及与科学教育的新路径，勇于承担社会责任，推动科技成果的产业化进程，促进科学与社会的紧密结合。作为源起于中国科学院的早期投资机构，D公司在投后管理方面采取"软服务+硬服务"的模式，积极解决科学家在创业过程中遇到的各种支持性问题。

在软服务方面，D公司为被投企业提供全方位培训、产业资源对接以及政策咨询等服务，构建以"研究机构+早期投资+创业平台+投后服务"于一体的科技创业生态体系。自2014年起，D公司持续完善和扩展其投后服务体系，已孵化成立专业子公司，旨在助力科学家向企业家转变，解决企业在成长过程中遇到的人才、资金、方向等核心问题，逐步形成了投后服务生态。

在硬服务方面，D公司参与发起成立光子芯片共性技术服务平台，为芯片项目提供设备、产线租赁及配套设施服务，解决早期芯片项目面临的"流片难"、缺乏共性技术服务平台的问题。目前，光电子先导院已建立包含专业技术团队、先进工艺设备、完善基础设施的光电芯片研发及中试服务平台，能够为光子产业各类创新主体提供围绕产品实现（芯片研发、中试）和生产要素（工艺设备、厂务设施）两大板块的专业技术服务，加速客户产品创新，推动光子产业持续发展。

从上述四个案例，我们可以总结头部机构投后管理的特点如下。

一是重视投后管理工作。大型投资机构深知投后管理的重要性，因此头部机构投入丰富资源，不断优化和完善投后管理体系。通过持续跟踪被投企业的运营状况、市场需求及潜在风险，机构能够灵活调整投资策略，最大化投资回报。对投后管理的深度关注不仅彰显了头部机构的专业水准，同时也为被投企业提供了坚实的支持和保障，助力其稳健发展。

二是投后团队人员充足、分工细致。头部机构的投后团队规模庞大，足以迅速、全面地响应被投企业的多样化需求。团队成员具备深厚的行业经验和专业知识，能够深入了解被投企业的业务模式和市场环境。投后管理的精细分工使团队能更高效地应对问题，为被投企业提供全面的支持与协助。

三是搭建数据服务系统。头部机构搭建先进的数据服务系统，让被投企业能够实时追踪其投资进展、财务状况和市场动态。服务系统配备多样化的分析工具和功能，辅助企业进行深度数据分析、市场趋势预测和决策支持。完善的数据服务不仅提高了信息的透明度和沟通效率，也为被投企业提供了更多自主管理和决策的空间。

投后管理是项目投资周期中的重要组成部分，由于企业面临的经营环境在不断变化，增加了孵化的不确定性和风险，因此投后管理的精耕细作将成为技术经理人及其机构软实力的一种展现。未来，随着科技产业的迅猛发展和投资市场的日益完善，加强投后管理和构建完善的投后赋能体系将成为各机构的核心竞争力之一，数字化转型、垂直化分工和产业赋能将成为投后管理工作的重要演进方向。

7.4 科技成果转化项目投后管理实施

7.4.1 了解被投项目背景

深度参与投后管理的技术经理人会以职业经理人的角色加入企业，参与企业的实际运营。本节重点介绍职业技术经理人如何管理投后项目。当一项科技成果转化项目进入投后管理阶段时，从投后管理角度，需要对该项目进行深入梳理。对于负责投后管理阶段的技术经理人将会面临两种情况：一种是该技术经理人全程参与了前期撮合对接到企业注册阶段的工作（即投前工作），对前期情况比较了解，背景梳理环节可以从简；另一种是并未参与投前工作，需要对该项目进行详细了解。

技术经理人根据其产业背景和能力禀赋，也分多种类型，有擅长技术和工程化的，有擅长管理和运营的，也有擅长市场和商务的。选择合适的技术经理人负责对应的科技成果转化项目投后管理，才能起到事半功倍的效果。在实际选择技术经理人过程中，至少要考虑两点：科技成果转化项目早期来源和企业背景。

一般项目早期来源有两种：①高校或者科研院所，高校偏重基础研究，科研院所偏重应用研究，需要基于实际情况选择侧重工程化的技术经理人或者商业化的技术经理人对号入座；②对于企业背景，已形成的创始团队有技术研究型、管理型、市场型，技术经理人的选择应尽量实现互补才能更好地发挥价值。技术经理人个人的投后管理收益可以由多种收益来源组成，包括科技服务收益、融资收益、订单收益等。项目收益是指帮助企业申报项目、人才猎聘、咨询等获得的科技服务收益；融资收益是指帮助企业获得更多投资而取得收益；订单收益是指帮助企业对接实际产品订单获得的收益。好的收益激励模式会激发技术经理人投后管理工作热情，更好地为企业带来赋能价值。

7.4.2 确定投后管理目标

了解清楚科技成果转化项目的背景后，需要技术经理人根据项目实际情况设定投后管理赋能的项目目标。从实操层面出发，下面从投后管理的项目需求确认和投后管理的项目目标设定两个方面进行详细阐述。

7.4.2.1 投后管理的项目需求确认

由于项目实际情况不同，当科技成果转化项目进入投后管理环节，技术经理人需要对基金管理需求、项目创始团队需求、其他项目干系人需求等进行确认，以方便投后管理确定明确的赋能目标和管理目标。

首先，确定基金管理需求。进入投后管理阶段，前期对该项目注资的基金会对该项目有一定的管理需求，这是技术经理人需要关注和了解的。在这个环节，需要和投前的投资经理进行深入沟通，一方面了解前期基金和项目团队达成的发展思路和业绩目标，尤其是阶段性的任务目标节点，这是技术经理人投后管理对于阶段性目标重点考虑的内容；另一方面了解基金对该项目发展过程的管理诉求，尤其是项目成长过程中各个发展阶段的目标管理和风险管理，目标管理的内容包括成长业绩、团队建设、产品开发、市场开拓等，风险管理的内容包括经营风险、负债风险、用工风险、安全管理等，这些管理诉求都是保证项目良性发展的重要内容，需要技术经理人重点关注。

其次，确定项目创始团队需求。创始团队是项目发展的核心所在，团队的需求是至关重要的，所以在设定项目目标前需要与创始团队进行深入交流，尤其是与创始人的交流。对于项目发展，不同的创始团队所需要的赋能会有所不同。有的项目侧重于资金诉求，因为在发展过程中购置设备、原材料等的资金投入量较大，虽然已经拿到基金投资的一部分启动资金，但还不足以将科技成果转化为产品；有的项目侧重于产品开发诉求，创始团队缺乏产品化经验，对市场需求了解不够充分，又或者创始团队缺乏工程化能力，虽然技术研发能力较强，但对于转化成性能稳定的产品没有太多经验；有的项目侧重于市场订单诉求，创始团队缺乏市场开拓能力，缺乏市场渠道和产业资源，更缺乏营销能力；还有的项目侧重于管理运营诉求，创始团队不擅长管理体系建设、人才招引和培养、薪酬激励、文化建设等。除以上几种较为常见的创始团队需求外，还有各种个性化的团队需求，都是技术经理人需要认真确认的。

最后，确定其他项目干系人需求。项目干系人是指参与该项目工作的个体和组织，或因项目实施与项目成功，其利益会直接或间接地受到正面或负面影响的个人和组织。对于科技成果转化项目投后管理来说，项目干系人除前面所提及的基金、创始团队外，技术经理人需要重点关注的其他项目干系人至少包括需求方、供应商和地方政府。其一，需求方，也即客户，是项目的主要营收来源，通过与目标客户/潜在客户进行针对性的拜访交流，技术经理人可以了解清楚需求侧的诉求，对项目后期发展形成全面认识；其二，供应商是提供原材料、设备、各类服务的主体，决定了项目转化成产品的成功率和难易程度，这也是制订投后管理目标的考量因素；其三，与传统的企业运营不同，科技成果转化项目属于科技元素明显、政策大力支持发展的项目，项目的发展和地方政府息息相关，技术经理人有必要与项目落地或拟落地所在辖区的地方政府进行交流，了解地方产业政策、产业发展规划和政策助力情况。

7.4.2.2 投后管理的项目目标设定

技术经理人在充分了解各方项目需求后、制订较为明确且详细的项目目标前，还需要进行如下几个步骤。

（1）厘定投后管理的工作范围

技术经理人参与投后管理的具体工作是以相关干系人的诉求为核心的，即技术经理人是受委托人委托的，需要在委托人的设定范围内从事投后赋能工作。因此，需要与委托人深入探讨并达成一致后进入下一步工作。这里需要重点强调的是，在实操中尽可能在这一阶段完成委托协议的签订，并明确清楚权责利的问题，因为对外推进工作时，技术经理人充当部分职业经理人的角色，约定不清常会导致以下两类问题致使后期工作无法开展，第一类是技术经理人越权处理投后管理问题，如未经创始团队同意，代为决策订单合作事宜，订单商议完成后，创始团队不认同，导致与客户的合作协议不能签订，客户对项目方的契约观产生怀疑，导致后期经营业务开展困难；第二类是创始团队对技术经理人缺乏信任，技术经理人需要向创始团队事事同步、事事请示，沦为传话筒角色，导致决策效率缓慢，错失合作契机。在实践过程中，该步骤的委托协议也可以变换为委托书的形式进行，当然也需要明确权责利的问题，即划定边界，方便开展工作。

（2）确定投后管理的工作重点

在技术经理人与相关干系人厘定清楚投后管理的工作范围后，就需要根据基金管理需求、项目创始团队需求以及其他项目干系人需求中涉及的工作内容，结合项目实际发展需要，确定重点工作内容。目前，从实操角度来看，有两种工作类型。

第一种类型是单一工作重点，即只需要技术经理人重点帮助项目赋能某一项工作，如解决项目市场渠道拓展的问题，这就需要技术经理人重点梳理市场渠道拓展相关的工作内容。这一类型通常较为少见，因为早期项目大多团队人员匮乏，一人多用现象普遍。

第二种类型是综合工作重点，即需要技术经理人扮演"联合创始人"的角色，深入参与项目，与创始团队共同推进项目进展。这一种类型是最为常见的，也验证了"技术经理人全程参与科技成果转化工作"的趋势。此时,技术经理人需要深入研究项目,与项目创始团队共同确定若干项重点工作,如技术产品化、市场订单对接等。

(3)形成投后管理的计划表单

目标设定的最后一个环节就是形成投后管理的计划图和工作表。计划图将重点形成工作与时间轴的对应关系,作为未来工作推进的逻辑关系图。在计划图中设置有工作链,方便对不同重点工作进行业务流梳理。工作表将形成不同时间节点中的重点工作内容。工作表会对不同工作链的具体工作进行记录,作为投后管理的工作指导手册,以方便指导实施环节中的具体动作。

为了方便理解,举例说明。图7-8是由技术经理人小A在经过工作范围厘定、重点工作确定后形成的工作内容计划图。从图中可以看出,小A的重点工作就是产品开发和市场拓展两条主线,即产品开发工作链和市场开拓工作链。

再如图7-9所示,依托图7-8所示的计划表,按照时间轴 t_1、t_2、…、t_n 进行重点工作内容梳理。小A为了全面推进产品开发工作链和市场开拓工作链,将重点工作列

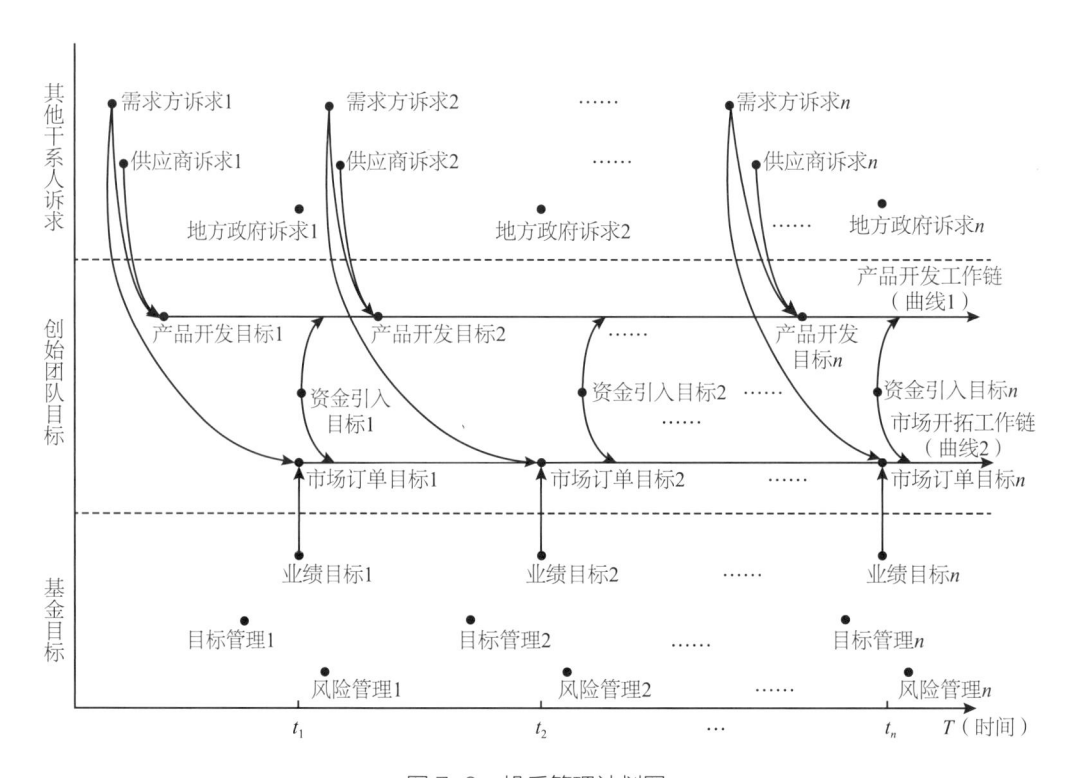

图 7-8　投后管理计划图

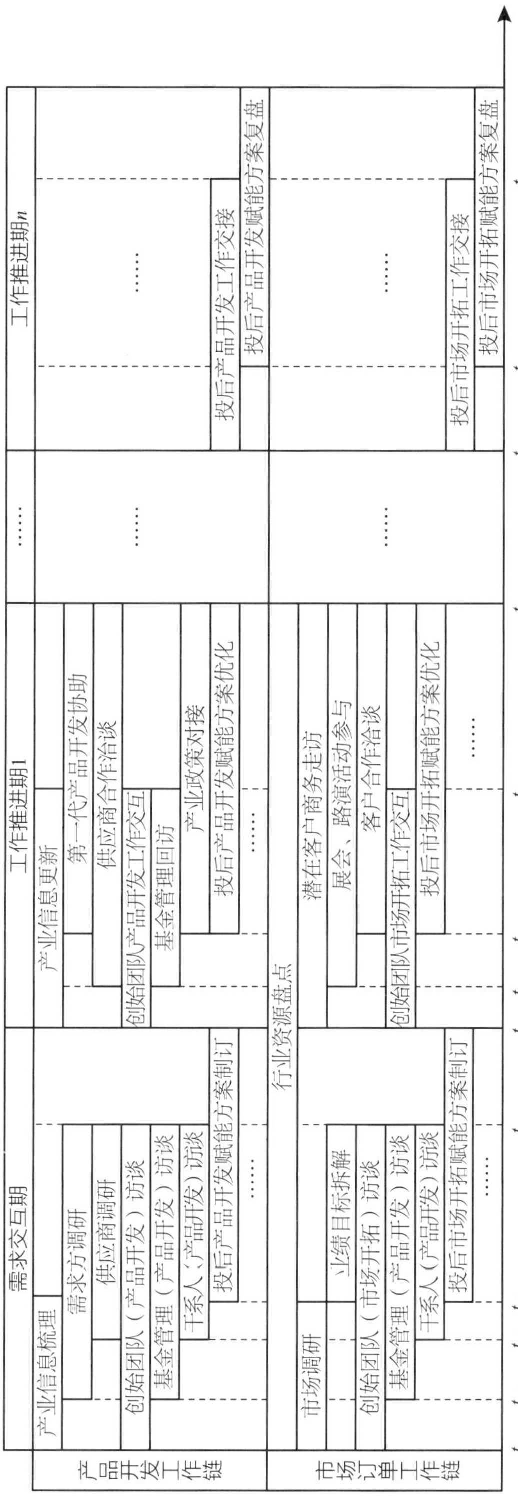

第7章 科技成果转化项目投后管理

图7-9 投后管理工作内容实施计划图

入该图中，具体工作内容会在项目实施环节重点介绍。

7.4.3 项目实施

项目实施是整个科技成果转化项目投后管理实施的重中之重，因为实施环节是最考验一个技术经理人的作业能力和应变能力的。从长期的实操经验来看，很多技术经理人在项目目标设定环节相对顺利，但到了实施环节就表现得捉襟见肘、有心无力了，尤其涉及不断与创始团队、基金管理团队、客户、供应商、地方政府、其他风险投资人的多方沟通与协商环节，很多技术经理人也是在此时打的退堂鼓。值得庆幸的是，很多技术经理人也是在经历该环节后快速成长并获取了丰厚的收益。

项目管理可以理解为为了实施一个特定目标所实施的一系列针对项目要素的管理过程，包括过程、手段、技术等。项目管理的目标是能够预测性地通过对时间、预算以及一定质量的控制完成成果交付，所有这些与项目相关的组成构成了项目管理的范围。投资活动具有独特的运行规律，政府和企业在管理模式上现存的缺陷不利于投资效益的实现，有必要在实际工作中引入项目管理模式。项目管理以效益为直接目标、以项目为核心、以竞争为手段、以协调为基础、以法律为保障，辅之以现代化的项目管理方法和技术，为投资效益的实现铺垫了良好基础，具有坚实的支撑作用。

科技成果转化项目的投后管理与常规的项目管理类似，但也存在一定区别，主要体现在于：项目实施环节中，推进工作的技术经理人与项目管理实施的项目经理的角色有所不同，项目经理侧重于管理与协调；而技术经理人更侧重于补位，倾向于深度参与，即项目实施阶段缺什么，技术经理人第一时间补位，弥补团队缺失部分的能力和资源。当技术经理人能力胜任时，优先上阵补差；若同样不具备该能力时，第一时间扮演猎头角色物色各类专家，缺失的产业资源、技术资源等也是类似。

下面，从项目实施实操角度对流程规划、实施过程和风险管理三个环节进行逐一阐述。

7.4.3.1 流程规划

参考常规项目管理模式，科技成果转化投后项目实施可分为启动、计划、执行、监控、赋能与服务、收尾/退出、档案与信息管理、考核。

如图 7-10 所示，按照项目实施流程，从启动到考核各个环节都环环相扣，启动为计划打好基础，做好与投后管理工作开始前的项目交接；计划为整个投后管理工作做好规划；执行以计划为指引，执行过程需要监控和按需赋能与服务；执行完毕后进入收尾/退出环节，该环节持续过程监控并提供赋能与服务，结合基金退出或技术经理人服务变现的工作开展；所有收尾/退出工作结束后，进入档案与信息管理工作，之后再进入考核环节。

在赋能与服务环节，所需提供的赋能和服务工作依据投后管理工作的执行过程而定，不同的项目所需赋能和服务的内容不同。常见的赋能与服务至少包括：加强核心能力建设、制度建设；引进连锁运营、互联网管理人才；帮助完善被投项目公司化治理体系；帮助构建公司化管理与内控体系；帮助招聘重要管理人员；提供财务、法务、上市等专业咨询帮助；帮助企业筹集后续资金；帮助聘请外部专家；联营公司落地支持服务……

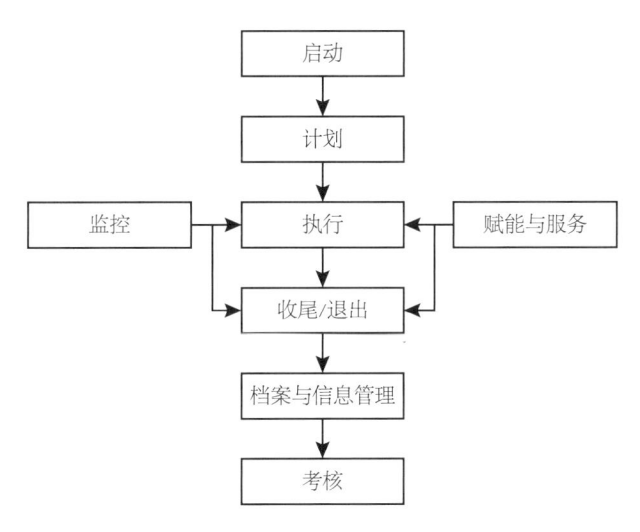

图 7-10 项目实施流程图

档案与信息管理工作往往是技术经理人在实操环节容易忽略的，需要引起注意。投后管理所形成的所有文档均应与基金管理部门共享，档案管理责任人对投后管理工作建立独立档案并妥善保管。管理的相关信息至少包括：项目名称、项目经理、投资主体、投资时间、投资金额、股比、项目简介、董监高信息、各项经营数据报表、投后项目综合管理评估报告等。

考核工作主要包括技术经理人服务效果考核、服务能力提升考核、绩效认定等。目前，技术经理人机构考核方式和机制都有所不同，都在摸索中，此处不再展开分析。对于可选择执行的考核环节，如果技术经理人的投后管理工作属于个人行为，则该环节可以忽略；反之，则由委派该技术经理人的技术经理人机构启动考核。

7.4.3.2 实施过程

下面，对项目实施环节中的启动、计划与执行、收尾/退出环节的工作进行重点介绍。

（1）启动

启动阶段最为核心的内容就是项目交接工作。到投后管理阶段时，项目大概率已经启动并开展了一段时间，需要与项目前期参与的相关干系人进行交流，因为涉及投后管理，需要重点和基金管理团队进行业务交接。对于与相关干系人交流涉及的内容已在前文做了详细介绍，此处重点对交接工作涉及的资料收集与运营状况分析进行说明。

如表 7-1 所示，资料收集包括与研发活动相关的信息[包括项目成果信息（知识产权）、项目研发进度表等]，这些都是最为核心的资料，收集得越详细越好。与团队相关的信息包括创始团队信息、股权架构信息、重要管理人员任免信息等，股权架构信息重点关注隐名/代持股东，创始团队信息中重点关注核心技术团队（包括紧密合作的技术专家等）。与市场开拓相关的信息包括客户信息表、业务经营数据（月/季/半年/年度）等，客户信息中重点关注大客户信息以及重大合同等内容。与经营管理相关的信息包括公司经营范围变更、财务报表（月/季/半年/年度）、商业计划书、重大投资活动和融资活动等，财务报表中重点关注现金流、预算执行情况和资产盘点相关数据，商业计划书中涉及产业信息、市场信息、技术信息和团队信息以及发展规划，需要技术经理人重点学习和研究，这也是前期经营活动的汇总和浓缩。

表 7-1 交接工作涉及的资料收集与运营状况分析

类型	名称	
资料收集	1. 项目成果信息（知识产权）	7. 业务经营数据（月/季/半年/年度）
	2. 项目研发进度表	8. 客户信息表
	3. 创始团队信息	9. 重大投资活动和融资活动
	4. 商业计划书	10. 公司经营范围变更
	5. 公司股权架构信息	11. 重要管理人员任免
	6. 财务报表（月/季/半年/年度）	12. 其他可能对公司生产经营、业绩、资产等产生重大影响的事宜
运营状况分析	1. 行业/产业因素分析	5. 现金流分析
	2. 产品路径分析	6. 人力资源变动分析
	3. 预算执行情况分析	7. 其他与经营状况相关的分析
	4. 财务状况分析、经营成果分析	

运营状况分析中，涉及研发活动相关的产品路径分析，重点对获取的项目成果信息（知识产权）、项目研发进度表以及外部上下游行业数据进行分析，以获得较为清晰的产品开发路径；涉及团队信息的人力资源变动分析，为后期发展过程中的人员更换、人员储备工作打好基础；涉及市场开拓相关的行业/产业因素分析，重点对外部产业数据和内部业务数据进行综合分析，目标是定位好产品和对应的目标市场、目标客户，为下一步市场开拓做好准备；涉及经营管理的预算执行情况分析、财务状况分析、经营成果分析、现金流分析等，主要是为了保证正常的研发活动，并指导市场开拓和维系公司正常运营。

需要注意的是，如果该项目还未成立公司，在资料收集中，股权架构信息与公司经营范围变更信息可以忽略。

（2）计划与执行

在启动环节做好充足的资料收集和运营状况分析后，计划就变得轻松很多。为了更好地阐述计划的形成，依然以技术经理人小 A 举例说明。根据启动环节掌握的相关信息，承前所述，小 A 的重点工作是产品开发和市场拓展两条主线，如图 7-8 和图 7-9

所示，分别列制出计划图和工作表。

从图 7-8 中可以看出，曲线 1 代表产品开发工作链，涉及若干个产品开发目标，而每个目标都在时间轴上有所体现，例如，t_1 时间节点之前需要完成产品开发目标 1，进而保障在 t_1 时间节点上实现市场订单目标 1。产品开发目标 1 的实现还与资金引入目标 1 关联，资金引入目标 1 又影响到产品开发目标 2 的实现。同时，每个产品开发目标都需要在完成需求方诉求和供应商诉求的获取后完成，进而更加精准地判断产品开发路线。产品开发目标的实现也需要考虑基金管理需求（为了简便，逻辑关系图中并未标注），如目标管理中的产品开发管理、风险管理中的安全管理。

曲线 2 代表市场开拓工作链，涉及若干个市场订单目标，而每个目标都在时间轴上有所体现，例如，t_1 时间点上需要完成市场订单目标 1，市场订单目标 1 的实现要综合考虑基金管理需求的业绩目标、地方政府的产业落地诉求，最大限度地满足多方诉求，形成项目的良性发展。同时，市场订单目标 1 还与资金引入目标 1 关联，资金引入目标 1 又会关联业绩目标 2 和市场订单目标 2 的制订和实现。同时，市场订单目标 1 需要在完成需求方诉求 1 的获取之后实现，进而作出更加精准的市场推广策略。市场订单目标的实现也需要考虑基金管理需求（为了简便，逻辑关系图中并未标注），如目标管理中的团队建设、市场开拓等，以及风险管理中的经营风险、用工风险等。

从图 7-9 中可以看出，工作表依托图 7-8 所示的计划图，按照时间轴 t_1、t_2、$\cdots$、t_n 进行重点工作内容梳理。小 A 为了全盘推进产品开发工作链和市场开拓工作链，将重点工作列入该图中。

时间节点 t_1 按照工作分布又被分解成四个时间小节点（t_{11}、t_{12}、t_{13} 和 t_{14}），将产品开发和市场开拓的工作内容同步进行了细分。例如，开始启动工作时，第一步从 t_0 时间点开始，优先启动产业信息梳理和市场需求调研工作，并与创始团队深入沟通产品开发和市场开拓方面的预期和方式。从 t_{11} 时间点开始切入需求方调研工作，并与基金管理团队深入沟通关于投资方对产品开发和市场开拓方面的想法，以期在设定投后赋能工作方案中达成共识，推进公司良性运营。从 t_{12} 时间点开始推进创始团队和基金管理团队对共同认可的业绩目标的拆解，并启动投后管理工作（包括产品开发和市场开拓）方案的制订。到达 t_1 时间点时，前期启动的工作形成闭环。

进入下一个时间阶段，即正式的工作推进期1，小A需要启动产业信息的学习和更新，并开启潜在客户的商务走访活动，同时也要不断地与创始团队进行互动，以保持工作的统一性。从t_{21}时间点开始启动供应商的筛选和洽谈事宜，以保证原材料、场地、服务等能逐步满足未来产品的小试、中试及量产要求；同时也要与基金管理团队进行回访，保持项目运营信息同步。从t_{22}时间点开始就要进入第一代产品的开发工作了，小A需要深入跟踪研发和生产团队，协助团队解决各种问题，这项工作复杂度极大，需要提前做好心理预设。当然，此时需要做的工作开始逐渐多了起来：一是产业政策的对接工作变得尤为重要，如何享受相关政策扶持，例如仪器设备共享政策、研发费用加计扣除、科技计划项目等，这些都是助力降低研发成本并加速产品化的最优方式；二是优化原有的投后赋能方案，早期制订的方案会随着实际工作的开展发生一些变化，甚至有的项目在发展中会彻底颠覆原有计划，所以随时跟踪优化变得非常重要。

（3）收尾/退出环节

为了方便说明收尾/退出环节，依然以图7-8和图7-9为例说明。进入投后管理工作的最后一个阶段，即小A进入工作推进期n，这一阶段项目有两种可能性：一种是进入良性发展期，产品开发、市场开拓、团队建设等都已步入正轨，技术经理人小A顺利完成赋能工作，此时小A需要将手头工作交接给团队相关部门，如产品开发的相关工作交接于研发部门、市场开拓的相关工作交接于销售部门；另一种是项目终止/失败，也是创业阶段不可回避的一种结果，小A同样需要将该阶段的工作进行交接。不管哪种结果，小A都需要对长达一定时间的投后管理工作进行总结和复盘，以总结过去自己工作的优点和不足，形成报告和案例，为后期工作打好基础。

如果投后管理工作中还涉及按照前期投资协议要求完成基金退出工作，则技术经理人还需要在投后管理实施阶段不断观察项目发展状况，依据实际情况协助完成退出，一般来说，需要技术经理人针对不同情况推进工作如下：①对于已实现上市的项目，技术经理人需制订减持方案，并考虑满足承诺、监管、法律三个层次的要求；②对于无法独立上市的项目，优先谋求并购上市，即被上市公司收购，制订重组方案及考虑是否进行业绩对赌，重点关注上市公司重大资产重组管理办法；③对于无法被上市公司收购的项目，若触及原合作协议的退出条款，优先考虑协商解决，对被投企业进行业务重整，制订业绩提升方案。另外，确实需要退出的项目，技术经理人的另一项重点工作就是选择最优退出时机，评估投资损失，制订退出清算方案。

7.4.3.3 风险管理

投后管理工作还涉及风险管理，风险管理包括投资风险、运作风险、管理风险（见表 7-2）。

表 7-2 投后管理不同环节的风险等级

风险类型	投资风险	运作风险	管理风险
风险等级	中	高	低

投资风险涉及基金投资与退出，这一方面的风险可以参考风险投资机构的做法进行风险管理，需要技术经理人站在投资人的视角去评估和把握。该类风险的风险指数属于中等。

运作风险涉及项目运营风险，包括技术风险、市场风险和团队风险，该类风险是三类风险中风险指数最高的，也是最难把控的。技术经理人需要实时监控项目执行情况，在发生重大经济事件时认真对待和合理评估，在遇到重大经济事故时及时应对和及时止损。其中，重大经济事件包括：股东会、董事会、总经理办公会等有关重大经济事项决策情况；股权投资、委托理财等对外投资事项；借款、融资租赁、担保等事项；诉讼、仲裁以及可能依法承担的赔偿等责任；重要人事任免或变动。重大经济事故主要包括：本单位银行账户被封；对外债权不能按期收回；财务人员涉嫌经济犯罪；安全事故；突发自然灾害；政府部门直接检查或委托社会中介机构查出重大违纪问题……

管理风险涉及技术经理人投后管理的服务能力，虽然该风险的风险指数相对较小，但一旦出现不适合的情况，该类风险也是制约和影响项目良性发展的重要因素。所以，该环节是需要项目团队反向考察技术经理人与技术经理人机构的，项目团队根据项目推进过程中技术经理人提供的决策参考意见、业务支撑作用、突出状况处置能力等多个维度进行考核和评估，一旦出现不适合的情况，应暂停技术经理人的投后赋能工作，要求技术经理人机构及时更换技术经理人。

案例：项目投后管理案例

一、案例背景

Z公司成立于2016年，是一家技术水平国内领先的高科技企业。依托某市著名高校高水平一流学科的科研团队，成功实现高科技成果转化落地，联手国内先进的半导体工艺代工厂为客户提供品质优良的自主可控国产化芯片。

Z公司主要产品为基于国内GaAs和CMOS工艺线生产的射频微波芯片和关键模组，产品以其频率高、功耗低、体积小、重量轻、寿命长、货期短等特点受到市场的广泛认可。目前已经形成低噪声放大器、射频放大器、射频开关、通用模拟芯片等多元产品线，产品广泛应用于无线通信、卫星导航、相控阵雷达和空间电子对抗等多个领域。

二、案例投后管理过程（图7-11）

2023年3月，Z公司因科技成果转化业务和融资需求，向一家技术转移专业机构寻求专业协助。在技术转移专业机构深入了解Z公司的技术、企业情况后，双方共同识别出该核心技术项目需要200万元的资金支持。技术转移专业机构的投资业务团队与融资服务团队同步启动了相关工作，以确保项目能够顺利推进。

2023年4月，技术转移专业机构的技术经理人团队在进行深入研判后，以1500万元投后估值投资30万元（占股1%），项目团队自投资金40万元。在投资协议签署后，技术转移专业机构成为该企业第一位投资合伙人，同时技术转移机构的投后管理工作也正式开启。这次投资项目的实施，为企业解决了部分转化需要资金，同时为该企业实现了团队和资金赋能，也为后续融资带来了优势。

2023年5月，该机构旗下技术经理人团队帮助该企业对接资方20多场，为企业寻找资金进行助力。

2023年6月，技术经理人团队在为企业寻找各方资源的同时，充分了解企业的技术研发情况，通过机构内设知识产权团队，帮助企业进行知识产权布局，为企业技术进入市场进行前期准备。

2023年7月，技术经理人团队推介Z公司参加地市政府举办的产业发展论坛和成果路演会议，为科技成果落地进行政府资源赋能。

2023年7月下旬，在技术经理人团队的多方对接和谈判沟通下，对接成功投资公司A公司以4000万元投后估值对Z公司投资100万元。同时，技术经理人团队不断与当地政府资源进行沟通，帮助Z公司成功寻找过渡期办公场地。

2023年9月，技术经理人团队成功对接投资公司E公司以4000万元投后估值对Z公司投资100万元。

2023年11月，技术经理人团队利用已积累的产业资源平台，帮助Z公司多方对接产业资源，成功协助Z公司对接产业订单。

2024年2月，技术经理人团队协助Z公司开启pre-A轮融资。

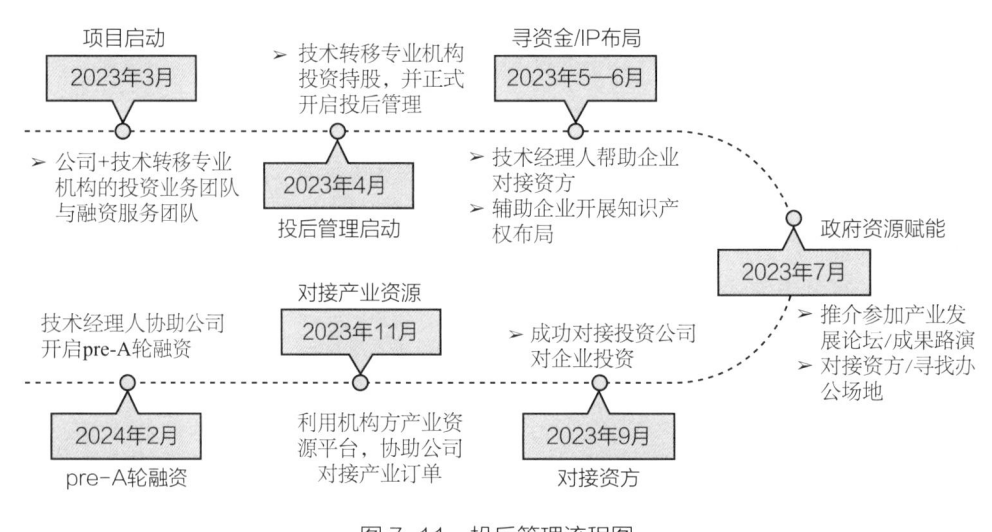

图 7-11 投后管理流程图

三、案例分析

1. 发掘早期科技成果项目，针对需求提供支持

通常情况下，为了降低风险、保证收益，风险投资机构极少投资处于实验阶段的技术项目，更倾向于投资已初具商业化能力的科创企业。技术经理人长期进行技术需求挖掘、对接技术人才和项目，对科技成果转化工作有更精准的把握，在分析宏观政策变化、科技行业发展趋势、市场动态等方面具有一定优势，能够为早期科技成果项目提供更具针对性的服务。在项目启动阶段，技术经理人团队在充分评估Z公司情况及确认融资需求后，自行成为企业的投资合伙人，迅速开展资源对接与投融资业务，确保项目顺利推进。

2.持续高效合作，布局专利保护网

除投资支持，该技术转移机构与Z公司进一步深入合作，在半导体产业、细分市场等方面对技术项目现有专利情况进行评估，提高申请专利的权利要求、保护范围、实施例的设置、试验数据的完善性、撰写严谨性，在极短时间内高效完成专利申请，并进一步围绕Z公司核心技术开展专利布局。

3.资源对接，提供持续资金支持

项目启动后，技术转移机构技术经理人团队为Z公司对接资方20多场次会议，并推介Z公司参与产业发展论坛及路演活动，从多方面开展资源对接工作，成功协助Z公司获得资金及产业订单，为成果转化走向市场加速赋能。

7.5 本章小结

本章重点讲述科技成果转化过程中的投后管理，从技术经理人的角度，了解投后管理对科技成果转化的作用与重要性，并深入剖析科技成果转化项目投后管理的特点，给出了概念界定范围；从投后管理的逻辑层面梳理投后管理的主要内容，介绍了投后管理的具体工作内容；介绍科技成果转化投后项目运作与内容，以及伴随项目成长周期不同阶段的投后管理侧重点，以典型头部投资机构案例总结现有投后管理的主要模式；介绍科技成果转化投后项目管理实施，从项目实操角度介绍一个详细的科技成果转化项目如何进行投后管理具体工作；项目投后管理案例分析以一个实际的投后管理案例，介绍前述的概念与内容如何在实际案例中体现和实现。

科技成果转化的投后管理工作是科技成果转化工作中的重要一环，技术经理人通过对项目的管理与服务，为科技成果转化项目多方位全面赋能，可以大大加速科技成果产业化的过程，并最终实现投后管理的增值收益。

思考题

1. 在投后管理工作中，技术经理人与投资经理角色有哪些相同点？
2. 投后管理的主要工作内容有哪些？
3. 技术经理人如何提升项目质量和转化能力？可以发起或参与的环节有哪些？
4. 科技成果转化投后项目管理的工作重点有哪些？

第 8 章
基于知识产权的技术并购

当前,随着技术的迅速发展,企业需要在内源性创新的基础上,通过外源性创新来拓宽视野,捕捉新的增长机会。技术并购作为一种外源性创新的有效手段,已然成为企业获取先进技术和增强市场竞争力的重要策略。特别是在过去的二十年,医药和医疗领域中的大企业经常使用技术并购手段提高创新效率。然而,技术并购并非易事,其不仅往往涉及复杂的法律、财务和管理问题,还涉及诸多无形资产特有的保护和使用问题,这就要求技术经理人在并购过程中展现出敏锐的市场洞察力和严谨的专业素养。因此,作为技术经理人,理解技术并购的关键要素至关重要。

本章将探讨技术经理人在技术并购中的关注要点,重点围绕相关法律法规、并购交易流程、尽职调查要点、并购标的识别以及常见的风险和问题。通过对典型案例的分析,本章将探讨技术并购的最佳实践和策略,即企业在并购过程中应如何实现技术和业务的有效整合,最大化并购价值。

8.1 技术并购的模式及相关法律法规

8.1.1 技术并购的主要模式

技术并购是技术转移的方式之一，主要是通过技术和公司股权的置换完成的，即通过股权控制或持有技术，或者通过技术资产换取股权。目前，技术并购的主要模式有三种，即通过企业并购以控制被收购企业技术、通过并购受让技术，以及技术出资入股。

并购交易中较为常见的股权并购可以使得收购方基于并购交易所获得的股权实现对被收购企业资产的间接控制，但被收购企业的知识产权并不会因为股权结构的变化而发生所有权或其他附属权利的直接转移。对于以获取目标公司技术资源为目标的技术并购而言，收购方可以选择在并购协议中明确本次交易的目标为收购将目标公司的专利技术等无形资产一并纳入并购交易的标的，或是在股权并购完成后通过促成目标公司股东会/董事会决议的方式整合目标公司的知识产权。

技术出资入股则是指技术持有人以技术创新成果投资到目标公司，以股份证明取得股东地位，相应的技术创新成果财产权转为公司所有，公司将该技术创新成果确认为无形资产，以评估价（或协议价）计入资产。技术出资入股既能提高技术持有人的入股积极性，又能有效调动技术持有人实现技术创新成果转化为现实产品、参与市场竞争的积极性。

技术出资入股时，技术创新成果的所有权转移有不同的形式：①完全转移所有权，即技术创新成果完全购入，在本质上与企业内部自主投资形成的技术资产相同。最大区别在于，该技术创新成果的原持有人以技术投入成为企业的股东之一，原持有人不再享有针对该技术的任何权能，但原持有人可以作为该技术相关的技术专家。②部分所有权能的转移。由于技术创新成果的无形性特点，使得权能的各组成部分具有一定的相对独立性。若原技术创新成果持有人退股，可能会抽回其所有权和使用权，一般在投资协议形成时予以约定。③无所有权转移，仅有使用权转移。在技术飞速发展及快速更新的趋势下，企业只希望得到并使用领先技术，以迅速投产。当合伙人分别以财务货币资本和技术创新成果出资时通常采用这种方式。

8.1.2　技术并购的相关法律法规

在技术转让的场景下，专利技术和非专利技术对应的法律规则略有差异。对于专利，我国采用的是登记生效主义。例如根据《专利法》第十条的规定，专利申请权和专利权可以转让。转让专利申请权或者专利权的，当事人应当订立书面合同，并向国务院专利行政部门登记，由国务院专利行政部门予以公告。专利申请权或者专利权的转让自登记之日起生效。对于非专利技术的转让，原则上采用合同生效主义。此外，我国《民法典》第八百七十条规定，"技术转让合同的让与人和技术许可合同的许可人应当保证自己是所提供的技术的合法拥有者，并保证所提供的技术完整、无误、有效，能够达到约定的目标"。这对技术的合法性、完整性、有效性等提出了要求，同时要注意核查技术交易中是否存在涉及合同撤销权或存在条款无效风险的相关内容，对合同审阅提出了更高的要求，因为一般起草合同时不会考虑这个风险，而且这也无法通过合同条款简单约定避免。

在技术许可的场景下，则通常采用合同生效主义，但我国还设立了登记备案制度，这对于被许可人而言，尤其是独占或排他许可的被许可人而言，进行许可合同的登记备案能够起到对抗善意第三人的保护作用。技术许可的类型在《最高人民法院关于审理技术合同纠纷案件适用法律若干问题的解释》第二十五条中有详细的规定："专利实施许可包括以下方式：（一）独占实施许可，是指许可人在约定许可实施专利的范围内，将该专利仅许可一个被许可人实施，许可人依约定不得实施该专利；（二）排他实施许可，是指许可人在约定许可实施专利的范围内，将该专利仅许可一个被许可人实施，但许可人依约定可以自行实施该专利；（三）普通实施许可，是指许可人在约定许可实施专利的范围内许可他人实施该专利，并且可以自行实施该专利。当事人对专利实施许可方式没有约定或者约定不明确的，认定为普通实施许可。专利实施许可合同约定被许可人可以再许可他人实施专利的，认定该再许可为普通实施许可，但当事人另有约定的除外。技术秘密的许可使用方式，参照本条第一、二款的规定确定。"

在技术出资入股场景下，《公司法》（2023年12月29日修订，2024年7月1日实施）明确了知识产权可出资入股，这为技术入股提供了基本的法律基础。该法第四十八条规定，"股东可以用货币出资，也可以用实物、知识产权、土地使用权、股权、债权等可以用货币估价并可以依法转让的非货币财产作价出资；但是，法律、行政法规规定不得作为出资的财产除外。对作为出资的非货币财产应当评估作价，核实财产，不得高估或者低估作价。法律、行政法规对评估作价有规定的，从其规定"。第四十九条规定，"股东应当按期足额缴纳公司章程规定的各自所认缴的出资额。股东以货币出资的，应当将货币出资足额存入有限责任公司在银行开设的账户；以非货币财产出资的，应当依法办理其财产权的转移手续"。

从《公司法》的修订历程来看，2018年《公司法》删除了2005年《公司法》中"全体股东的货币出资金额不得低于有限责任公司注册资本的百分之三十"的出资比例限制，放宽了知识产权出资的限制。

实践中常见的可出资的知识产权类型包括专利、注册商标、商业秘密、著作权、植物新品种权、集成电路布图设计权等。结合相关法律要求，能够出资的知识产权特性有：①确定性，指用于知识产权出资的标的物必须是特定的现实对象。也就是说，标的物应当明确、具体，不能仅仅是一种抽象的概念。②现存性，指用于出资的知识产权必须是事实上已经依法获得的知识产权，而且出资者对该知识产权依法享有处分权。③可评估性，指用于出资的知识产权必须具有能够通过客观评价予以确认的具体价值，即可以用货币进行具体估价。如果无法通过客观评价确认具体价值，无法用货币进行具体估价，则该知识产权不能用于出资。④可转让性，指为了使公司股东能够履行出资义务，用于出资的知识产权应适合独立转让，即权利可以发生独立、完整的转移。⑤合法性，指用作出资的知识产权不得违反禁止性规定，也是知识产权出资的基础。

以上提及的法律法规只是技术并购中最为基础、核心的规定。在实践中，不同的交易模式、标的、所涉国家等都会对技术并购提出更多的考量要素以及法律问题，下文案例分析部分将进行简单介绍。

8.2 技术并购交易的基本流程

8.2.1 并购计划制订及目标公司筛选

在筹划阶段，需要先确定拟收购的技术方向、企业的知识产权需求，再确定目标公司名单及并购策略。在拉通需求时，可以关注企业相关产业技术领域路径、相关技术领域的知识产权布局情况、专利申请人集中在哪些企业等。

在筛选目标公司时，可以进行初步的资讯搜集，例如目标公司知识产权状况的初步调查、知识产权资产协同性调查、目标公司知识产权价值初步评估等。8.4 小节将简要介绍如何进行技术并购标的物的筛选与识别，以及如何依托产业链开展技术并购。

8.2.2 目标公司调查

技术并购往往需要实施知识产权尽职调查，充分了解目标公司知识产权资产状况以及存在的问题、确定目标公司主营业务的知识产权侵权风险、评估目标公司的相关知识产权权益是否持续、稳定、有效。

除基础的知识产权尽职调查外，在必要时还可进行技术自由实施调查。若未及时进行技术自由实施调查，则产品推出市场后有可能会遭遇专利诉讼。目前证监会对计划上市企业潜在的知识产权侵权风险审查十分严格，一旦发现问题，上市必会受阻，此时买方难以退出。此外，还需对目标公司产品是否会因为海关保护导致不能出口进行事先调查以防范风险。

8.2.3 协议准备

在协议准备阶段，需要对目标公司知识产权法律风险进行评估，并制定应对策略。综合税务、法律、外汇管理等各因素，设计知识产权交易架构。此外，相关法律也对知识产权提出了许可备案、转让登记等流程性要求，这也意味着在协议中需要对知识产权交易程序进行适当的设计。

8.2.4 交易交割

协议签署后，需要关注目标公司相关知识产权法律状态是否更新，动态监控目标公司的知识产权状况。

8.2.5 后续运营

对于收购后的知识产权，可以进行进一步的布局分析，调查其与企业战略规划匹配度，确定对企业后续知识产权布局的影响。

8.3 涉及专利许可转让的技术并购要点

8.3.1 涉及专利许可转让的技术并购场景

技术并购已然成为企业提高创新效率的重要手段，其广泛存在于半导体、芯片、生物医药、显示技术、通信、电力等行业。例如 OPPO 收购中兴无线通信专利、国网信通并购中电启明星及中电飞华、九强生物联手国药并购迈新生物、闻泰科技收购安世半导体等。而不同的行业和场景所涉及的技术并购要点也存在相应差异。为深入分析，下文选取了生物医药行业和通信行业作为典型场景进行介绍。

8.3.1.1 生物医药行业

基于生物医药行业自身的特点，除自主研发外，生物医药企业也经常使用技术并购手段来获取先进技术。生物医药领域的专利运用不仅体现了技术流通，更反映企业研发模式和商业模式。专利转让和专利许可都是医药企业除了"纯原创"，快速整合外部资源拓展研发管线的做法。

根据 2013—2022 年中国药企授权引进以及对外授权项目的初步统计，2021 年中国授权引进和对外授权的交易数量分别为 149 个和 55 个，交易总量达到历史新高。2022 年中国医药交易热度略有下降，授权引进交易量锐减，但 2022 年中国对外授权交易量再创新高。总体而言，随着国内药物研发越来越受到全球医药界的关注，预计中国医药公司的对外许可交易将有所增加。

在生物医药技术许可交易中，许可人和被许可人双方需要对整个交易的流程以及环节进行较为细致以及相对复杂的安排。生物医药领域技术许可交易的流程一般涉及五个阶段：市场调研、前期交易文件、尽职调查、许可协议、项目交割。企业需在交易过程中保持高度的谨慎和专业性。首先，在开展药品技术许可交易之前，需开展必要的尽职调查；其次，基于尽职调查结果发现风险点，并就交易模式及条款（估值及调整方案）来进行磋商；最后，在协议起草时应根据尽职调查的许可产品的实际具体情况，结合实际的研发进展（临床试验等）、商业布局，以及未来 IPO 上市计划等进行综合考量，选择合适的交易模式以及对应起草许可协议。

相较于专利许可，生物医药领域的专利转让更为高频和普遍。据调查显示，50%的受访生物医药企业有专利转让做法，较专利许可高出 18 个百分点，是全行业平均水平的两倍。总体而言，专利转让在专利权交割上更加简洁、发生场景更多。

总体观之，在生物医药行业，并购交易是一项系统化工程，涉及法律、财务、商业等领域，技术尽职调查、交易架构设计、监管审批等多项策略，耗时长且复杂度高。2015 年前后，受惠于国企改革、产能优化等国家重点经济工作，作为资源调整的重要方式，我国医药行业并购交易市场迎来了井喷式发展。2017 年以后，"药品上市许可持有人制度""两票制""优先审评审批""药物一致性评价"等政策相继落地，极大地推动了生物医药领域并购交易的进一步增长。进入 2023 年以来，我国生物医药行业并购交易市场迎来活跃期。与此同时，生物医药领域的研发和创新模式也在发生着变化，从前期的化学药研发到通过转化医疗研究新药。转化医学研究主张打破以往研究课题组单一学科或有限合作的模式，强调多学科组成课题攻关小组，发挥各自优势，通力合作。该"通力合作"更加激励药企通过"并购＋引进＋合作研发"的模式加大新药研发投入，以更好地应对未来竞争。

当前，我国生物医药行业依然存在产业链分散、集中度不高等问题，并购则是其快速实现规模化、集约化发展的重要方式。无论从海外还是从国内的实际情况来看，受青睐的标的公司大多完成了由传统单一制药向更具技术性和创新性的方向转变。从创新质量、研发效率、患者基数、团队人才等方面进行评估，我国早已成为全球医药创新的沃土。与此同时，我国本土药企仍需注意扩展国际化视野、增强国际资本运作能力，提升在并购交易中的地位，由被动化主动。

8.3.1.2 通信行业

专利资产运营在通信领域十分普遍。通信是专利许可转让体系最为成熟、应用最密集的行业之一，同时也伴随着频发的专利纠纷和诉讼。例如，2020年华为将专利许可给美国电信运营商Verizon，以及2016年西电捷通与苹果公司就无线局域网安全（WAPI）标准必要专利的诉讼。在漫长和不确定的专利诉讼中，有部分通信企业会选择通过和解后达成许可的方式来解决争端。例如，2006年朗科在与国际IT巨头PNY的诉讼中，PNY愿意支付上千万的和解金和专利许可使用费。随后朗科与金士顿、美光、东芝和三星等一批国际巨头都签署了许可协议。由此可见，通信企业间通过专利合作谈判、达成专利交叉许可协议也成为解决专利纠纷、减少专利侵权风险的一个重要途径。

除了专利许可，通信企业还往往选择通过专利转让的方式来获得更先进的专利技术，以提高自己的竞争力。例如，2024年4月8日，韩国A公司将旗下的48项专利转让给了中国智能手机企业B公司。根据美国专利商标局的资料显示，A公司向B公司出售的这批专利均为压缩视频信号过程中不可或缺的编解码器标准专利，涵盖了数字视频和音频的压缩与解压缩关键技术。在这批专利资产中，已有34项在美国专利商标局完成了注册，而剩余14项技术专利正处于申请阶段。通过这次专利转让，B公司得以充实自身的专利库，有助于其在全球市场的拓展和布局。

近年来，我国通信领域知识产权整体力量不断抬升，在专利数量与质量、国际竞争力等方面都逐步迈进全球前列。随着新一代信息通信技术的快速发展和应用，"跨界融合"成为通信领域知识产权发展的重要趋势之一。例如，随着智能网联汽车市场规模的日益扩大，通信技术的专利许可成为智能网联汽车企业面临的主要挑战之一。汽车制造商需要获得大量通信技术的专利许可，这些专利大多属于标准必要专利，涉及5G、LTE等通信标准。智能网联汽车厂商在面对通信标准必要专利诉讼时，通常处于不利地位且束手无策，因为这些专利对网联汽车的功能至关重要，而专利持有人往往拥有更强大的处理通信标准必要专利诉讼许可的经验，反之车厂在专利许可谈判和诉讼中缺乏有效的对抗手段。为解决这一困境，越来越多的汽车厂商尝试通过外部收购高价值专利来增加自身的谈判和对抗筹码。

8.3.2 专利许可转让的技术并购要点

8.3.2.1 需明晰目标公司拥有的是专利权还是专利的使用权

目标公司有时可能是通过与专利权人签订专利许可协议的方式获得了专利的使用权，其并非专利权人，此时不能认为只要收购了目标公司，就一定可以继续获得专利的使用权。若专利权人在许可协议中设置了相应条款，如禁止转让条款，以控制许可权的转移。对于在被许可人被技术并购后，收购方是否可以不受禁止转让条款的影响继承许可合同目前尚有争议。

8.3.2.2 需避免技术并购后无自主实施权

专利权人可以将自己的专利技术许可给他人实施，一般会在许可协议中明确许可实施的具体条件，专利权的继受方应遵守许可协议的约定，允许被许可方继续使用专利。此种情形下获得的目标专利应允许被许可方继续实施，并购方并未获得完整的专利权。并购方应要求被收购方披露许可的信息，并对许可情况进行分析，以确定在已向他人发放了许可后，该专利是否满足并购目的以及是否有并购价值。

8.3.2.3 授权专利的有效性及权利稳定性风险

即使是已授权的专利，其有效性仍存在不确定性。专利权的存在与保护范围，会随权利人、利害关系人的权利主张、主管机关的决定、仲裁或司法机关的裁判行为而出现变化。

8.3.2.4　专利实施的强制许可风险

专利保护与反技术垄断一直是此消彼长的两个方面，所以各国的专利法立法宗旨都是既要保护专利权人的利益，同时又要平衡社会公众的利益，也就是说，专利的保护不应该阻碍社会科学技术的进步与发展。因此，各国都有专利实施强制许可的规定。虽然强制许可并不经常实施，但是涉及医药、数据和其他公共利益相关业务的企业，应该关注到可能遭遇专利实施强制许可所带来的风险。

在我国，当国家出现紧急状态或非常情况时，或为了公共利益的目的，专利局可以给予实施专利的强制许可。若一项取得专利权的发明创造比在先专利权具有显著经济意义的重大技术进步，并且其实施又有赖于前一发明的实施时，专利局根据后一专利权人的申请，可以给予实施前一发明的强制许可；同样，也可以根据前一专利权人的申请，给予后一发明强制许可。

8.4　技术并购目标筛选

8.4.1　技术并购标的物的筛选与识别

技术相似性、技术互补性和研发能力是评价技术并购潜在目标的主要指标。

就技术相似性而言，产品相似能够减少并购双方因信息不对称所导致的资源错配问题，促进并购交易。首先，产品相似传递了技术资源相似的信号，有利于主并方识别目标方。其次，产品相似还传递了顾客资源相似的信号，有利于主并方识别目标方。最后，产品相似有利于主并方对冗余技术资源进行剥离。若并购双方产品具有较强的相似性，说明主并方可以把内置技术开发环节转移给拥有类似技术资源的目标方，从而使自身更加专注于新产品研发，进一步简化生产过程，提高资源配置效率，完成对无用技术资源的剥离。如果并购双方没有适度的相似性，那么主并公司有可能缺乏足够的吸收能力来转移、消化吸收和整合目标公司相关的技术知识资源。比如，在制药行业，当主并公司缺乏目标公司的治疗经验时，技术并购会表现出较差的效果。

就技术互补性而言，获取互补技术可以促进组织内的探索性学习，从而加速创新进程。与技术相似性不同，互补技术通过刺激更高质量和更新颖的发明来促进合并后的发明绩效。倘若并购双方具有资源互补性，在完成并购后，企业更容易实现知识协同效应。由于知识产权具有专有性特征，使得这种协同效应无法被市场中的其他竞争对手所模仿，从而有利于创新。比如，2004—2006年，南京A汽车公司选择B汽车公司进行并购。作为被并购方的B公司有着一百多年的发展经历，并且具有较高的研发水平，其知识积累领先南京汽车集团至少数十年。通过并购，B公司的知识积累与南京A公司部分原有知识积累形成互补，最终促使南京A公司有效地提升了其整体价值。

就研发能力而言，收购具有高研发能力的企业将促进技术并购后的技术整合和技术协同创造。被收购企业能够为收购方带来宝贵的技术资产和专业知识，这些资源可以与收购方现有的技术体系相融合，从而促进技术整合。此外，高研发能力的企业的加入还可能促进技术协同效应的产生，通过跨学科和跨部门的合作，激发新的创意和解决方案，创造协同价值。这不仅能够加强收购方的技术实力，还能够加速创新成果的产出，最终实现技术并购的战略目标。

8.4.2 依托产业链开展技术并购

从产业技术链的角度看，收购方可以基于互补性原则筛选企业技术并购对象。此方式有助于扩展企业在该技术领域处于劣势的部分，及时弥补主并购产业在技术中的薄弱环节，通过在该技术产业链上的互补性布局，提升企业在行业中该技术领域中的控制地位。

基于互补性原则识别潜在并购企业的基本过程为：①划分研究行业的产业技术链，确定需要研究的技术领域，将清洗后的企业相关专利数据按照行业技术链的形式描绘。②确定企业的产业链位置。例如企业产品越接近面向消费者的最终产品，则该企业越靠近生产链终点，生产链位置就越低；反之，如果企业主要从事原材料、装备生产等基础产业工作，则更接近生产链起点，生产链位置就更高。生产链位置较高的企业具有基础性强、原料性显著、联系广等特点，在技术并购中可以借助生产链位置优势提高并购创新绩效。一方面生产链位置较高的企业在技术并购中的创新资源整合成本较低，另一方面生产链位置较高的企业在技术并购后协调成本较低、整合难度较小。③对于处在不同该产业技术层面的上下游企业，依据互补性的原则，通过技术空白点方法识别出具有技术互补性的潜在并购目标。

此外，若技术并购双方企业在并购前处于不同的产业链中，而各自产业链中拥有各自的供应商、分销商与顾客群，则并购后形成的联合体不仅仅是两家企业核心技术、资产、人员间的融合，更是两条产业链间的融合。此时，主并企业要充分识别被并企业所在产业链中的技术标准、运行逻辑与市场渠道，以判别能够加以利用的环节，通过对一家企业的并购来撬动自身与另一条产业链之间的全面合作，从而实现在更广阔的环境下达到诸多供应链节点（供应商、销售渠道、终端用户）的资源协同共享。

以中国 A 公司并购 B 公司为例。B 公司是一家专业从事固废管理的综合性环保企业，具有从事固废处置的整个链条的资质、能力和经验。A 公司自 2014 年上市至今，在垃圾焚烧技术日趋完善的同时，也在持续谋求产能扩张，并向产业链上游延伸，其中包括在垃圾分类处理等智慧环卫领域的发展，以填补技术短板。针对 B 公司的收购，将帮助 A 公司建立起一条完整的固废管理和城市环境服务产业链，在一体化集成领域获得重大技术突破，并且有希望成为一家既能在国内拥有完整产业链、又能在海外市场继续扩张的大型环保企业。

又如我国半导体行业。半导体企业可以通过互补型技术并购延伸产业链甚至实现全产业链布局，进而创造更多的企业价值。半导体产业链上游是原材料和设备，中游是设计、制造和封测三个环节，下游是新能源汽车、智慧医疗、信息技术、LED 等应用场景，产业链的各个环节之间互相影响，如果无法覆盖全产业链，即使在单个环节有所突破，也无法完全实现半导体自主。例如，A 公司主营业务是芯片设计业务，该业务的研发技术已达到世界一流水平，但是由于没有覆盖芯片制造等环节，无法应对美国的制裁。因此，半导体企业可以积极考虑互补型技术并购以延伸产业链。例如，2017—2018 年，上海 B 半导体股份有限公司对北京 C 公司进行了收购。B 公司在并购北京 C 公司之前，在营业收入中占比最大的业务是处于半导体产业链下游的半导体分销业务，而北京 C 公司的主营业务处于产业链上游。因而，此次并购可以帮助 B 公司实现全产业链布局和产销一体化，有效降低产品在产业价值增值环节上各部门间的协调等成本，获得成本领先优势，并增加其在行业中的影响力。

8.5 技术并购的风险和常见问题

8.5.1 协议陷阱

许可限制是最普遍、最典型的知识产权风险。很多知识产权属于保密信息，并无有效的登记公示制度。加之合同的相对性，难以全面知悉目标知识产权是否存在权利限制情形。目标公司与第三人签订的知识产权协议或技术协议中存在知识产权约定限制或者其他许可终止风险，往往在交易架构设计的时候没有预见到这些潜在问题而使交易对方并没有事先披露的义务，导致对投资方而言原来关注的知识产权或技术不能"为我所用"。更糟糕的一种情形是，目标公司的技术在实施过程需要依赖第三方专利但并无相关专利的许可使用权，这样就必然存在专利侵权风险，不仅使项目难以达成预期的商业目标，还可能因此使收购公司的经营受到影响。

8.5.2 知识产权来源合法性

识别目标公司知识产权来源是否合法是知识产权尽职调查的重要环节之一，主要目的是解决权利来源的正当性问题，防止将来被他人釜底抽薪。知识产权合法性通常包含三个问题：一是知识产权的产生来源是否合法；二是知识产权的获取途径是否合法；三是知识产权的使用是否存在限制。

8.5.2.1 第一个问题：知识产权的产生来源是否合法

知识产权产生来源是否合法更多的是关注该知识产权是否违反了国家法律法规。例如在知识产权交易或者股权收购的过程中，对于专利，应当着重关注的是目标公司已有专利是否存在《专利法》中可以宣告无效的情况，如没有按照规定披露生物来源信息，又如专利产生的过程侵犯了第三方的合法权益等。倘若在知识产权交易或者股权收购过程中并未对知识产权资产的合法性进行全面调查，那么在该知识产权的合法性出现问题时，有可能会完全丧失其价值。

8.5.2.2　第二个问题：知识产权的获取途径是否合法

知识产权的获取途径是否合法更多关注的是目标公司在获取（包括受让）该类知识产权的时候是否符合国家法律法规。例如，若 A 公司以电子侵入或其他不正当手段获得了他人的技术秘密，而 B 公司收购了该技术秘密并予以实施，后期倘若权利人起诉 B 公司侵犯其商业秘密，则很有可能 B 公司要承担较大的举证责任来证明自己并不存在侵权行为，严重情况下还可能要承担被认定为侵权、停止实施该技术并予以赔偿的风险。而在知识产权交易或者股权收购过程中对技术秘密获取途径是否合法进行尽职调查，则可以有效降低甚至避免该风险。另外，即使后期仍旧涉诉，前期的调查亦可能有助于结合其他证据证明在取得该技术秘密时是善意的。倘若可以适用技术秘密善意取得的相关规定，那么在承担使用费的前提下，技术秘密的受让人还是可以继续实施技术秘密，从而避免所有投入付诸东流。

8.5.2.3　第三个问题：知识产权的使用是否存在限制

倘若目标知识产权在使用上存在限制，并且该限制与收购知识产权资产的目的相违背，则会使收购的知识产权资产失去应有价值和意义。例如 2001 年，国内某企业收购了 A 公司在 CDMA 业务方面的知识产权、研发成果、设备以及人才资源，并成立了通信公司，希望壮大自己公司的相关业务。遗憾的是，由于 A 公司与 B 公司在交叉协议与授权协议中约定了承诺 3G 技术不向第三方公开，因此该企业无法获取其想要引进的 3G 技术，而其获得的 2G 专利技术不符合其原有交易目的。2001 年是中国加入世界贸易组织的第一年，所以很多人错误地认为只要拥有 100% 股权，就拥有一切，即使到今天，很多企业还是没有充分认识到知识产权等无形资产的一些特性使得交易的风险管理十分困难，往往不重视协议签约过程中是否充分表达交易目的，使合同相对方具有披露信息的义务。各国的法律虽然有诸多差异，但是合同法的基本原则，特别是公平、诚信等原则是通行的。

8.5.3 时间和地域性风险

知识产权属于国家授权，其存在依赖一国或一地区的法律规定，且均有保护年限。某国的知识产权资产在贸易目的国不一定受到法律保护、专利组合中失效专利较多或者有效期限较短、商标权在某些国家和其他国家受保护的类别不一致等都会导致知识产权风险。

8.5.4 知识产权的权属瑕疵

在某些情况下，即使被收购方具有相关知识产权的权利证明和证书，但由于其实际来源存在瑕疵，该知识产权的权利归属仍然存在争议。而且这样的问题往往是难以事先查证的，例如标的项目公司所使用的知识产权，特别是其非法定登记形式的部分，其权利归属于被收购方的雇员或者权利归属于被收购方母公司、关联公司等。

还有一种情况就是知识产权为共同所有的。这种共同所有可能是企业之间的共同所有，或其他约定形式存在的共同所有，也可能是根据当地法律属于法定的共同所有的情形，由于其不具有完全处分权，往往会有潜在风险。另一种典型的风险就是共有带来的优先购买权问题，如何才算尽到了通知义务，如何才是保障了优先购买权，各国的实践都有不同，即使在同一个国家，不同的法官或仲裁院可能对"合理性"标准有自己的解读。因此，尽可能在协议中约定明确是防范风险的最佳途径。

8.5.5 知识产权的市场价值不确定风险

尽管会计准则和无形资产评估办法在大多数国家和地区采用的是统一国际标准，但由于知识产权权利的特殊性，知识产权的价值判断是很难的。专利权本质上是一种排他权，而不是如专有技术或者商业秘密那样直接可以体现在经营活动中的商业应用；商标权是一种专用权，可以确保任何人都不能在相同近似商品上使用相同近似的商标，除了排他权同时也是一种专用权；版权虽然禁止他人复制你的照片，却不能禁止其他人拍和你的照片非常近似的照片，所以排他性是有限的。可见不同类型的知识产权，其权益体现差别较大。即使都是专利技术，要辨别哪些知识产权可以激励业绩增长，哪些是价值不高或毫无价值的，亦非易事。

知识产权市场价值的确定需要围绕并购交易的目的而定，同样是专利，其价值在不同情况下是不一样的。例如在技术引进中，技术的市场价值是最重要的，专利的作用主要在于保护该技术的市场优势地位；而在专利组合收购中，专利的价值可能大大超过技术的市场价值。如果不能识别出核心知识产权并区分技术价值、市场价值、专利价值之间的差异性，往往导致基于一个看起来合理的知识产权评估报告的价值和实际的知识产权商业价值判断差异很大，最终结果很可能是花了冤枉钱甚至导致最终在经营上的失败。

实践中有不少案例是在知识产权作价评估环节出现问题。

案例：资产评估事务所在知识产权作价评估环节出现的问题

一、案例背景（图 8-1）

标的专利技术：一种泥浆不落地智能环保一体化钻井固控系统

技术出资作价：5600 万元

案情简述：在秦某与 A 技术公司等案中，B 投资公司的原股东为 A 技术公司、秦某等。2014 年，A 技术公司将 B 投资公司股权转让给秦某等股东，秦某等股东又将股权转让给 C 有限合伙。在秦某担任 B 投资公司股东期间，正是 B 投资公司对 D 公司的债务形成时期。随后，C 有限合伙将其持有的"泥浆不落地智能环保一体化钻井固控系统"发明专利权作价 5600 万元作为认缴 B 投资公司股东货币出资。

D 公司主张秦某在未出资范围内对 B 投资公司不能清偿的债务承担补充赔偿责任，而秦某则辩称其已通过专利完成出资义务。

二、案例分析

法院认为，E 资产评估事务所在对 C 有限合伙"泥浆不落地智能环保一体化钻井固控系统"发明专利权评估中未履行现场调查程序，使用不合理的评估假设，未对被评估单位的经营条件和生产能力进行调查了解，未分析营业收入、营业成本和净利润的可预测性，属重大遗漏评估报告。北京市财政局亦已对 E 资产评估事务所上述行为作出警告，并作出责令停业 6 个月的行政处罚，故秦某以 E 资产评估事务所对 C 有限合伙的

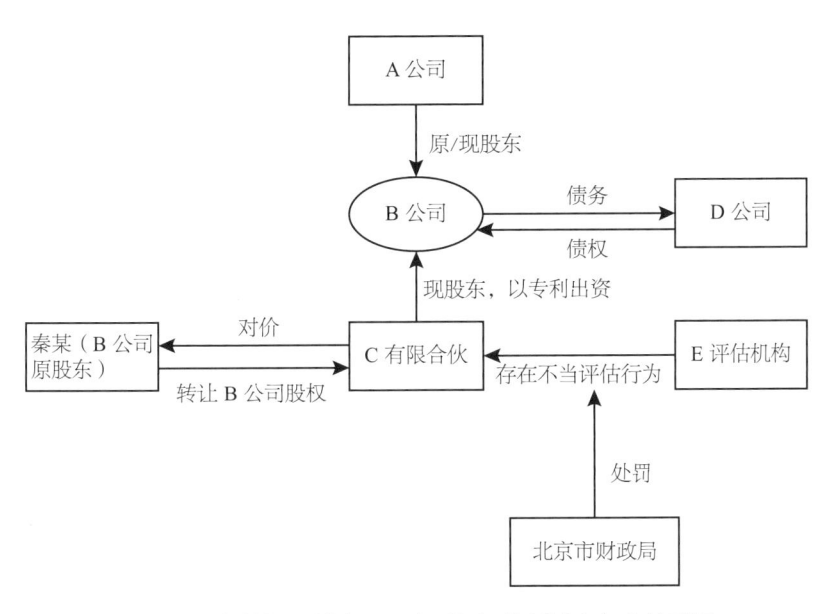

图 8-1　秦某与 A 技术公司专利权评估纠纷案各方关系图

"泥浆不落地智能环保一体化钻井固控系统"专利权评定价值6050万元作为已补足 B 投资公司5600万元货币出资的事实缺乏充分、有效证据佐证。《公司法》第二十八条规定，股东应当按期足额缴纳公司章程中规定的各自所认缴的出资额。秦某没有根据公司章程按期足额缴纳出资额。现 B 投资公司财产不足以清偿债务，秦某未依法履行出资义务即转让股权，D 公司申请追加 B 投资公司原股东秦某为被执行人，请求其在未出资范围内承担责任，于法有据。

三、案例点评

技术经理人应当注意知识产权作价评估环节，关注评估事务所是否按照要求履行评估义务、是否有过往被处罚的不良记录、评估报告是否合理等问题。

在另一则案例中，针对涉案公司设立时的无形资产出资瑕疵事宜，评估公司对专利及专有技术独占使用权进行了追溯评估。最后 F 公司于2017年根据追溯评估与原评估报告的差值，使用30项专利及专利申请和现金对发行人进行了补足出资。

以上列举了知识产权侵权、交易和实施过程中的多方风险，需要特别注意知识产权类型及其定义和内涵并非局限于一国，要重视各司法辖区法律架构下的含义，同时要重视国内法律国际化的趋势以及多种类型的知识产权风险问题。另外，技术并购还需要关注与技术进出口管制、信息安全、数据和隐私保护、商业秘密保护、反不正当竞争行为等风险叠加的问题。

8.6 典型案例分析

8.6.1 不同模式下的技术并购

模式一：通过企业并购以控制被收购企业技术。以 A 公司为例，其所拥有的技术早期来源为香港大学研发的两项美国专利，这两项专利由 B 公司持有。2007 年和 2009 年，A 公司先后收购了 C 公司、B 公司全部股权，拥有了导流杂交仪、HPV21 分型检测试剂盒的知识产权，完成高校成果转化。一般来说，通过企业并购取得科技成果与直接受让科技成果相比，能够获得整个技术研发团队。当然，在并购后如何整合人才、留住核心员工、持续激发科研团队的创新力也是极具挑战性的问题，可参见以下案例。

案例：A 公司等股权转让纠纷

一、案例背景（图 8-2）

2017 年，自然人 L 设立 A 公司并担任法定代表人。2018 年 5 月 28 日，L 与三被告崔某、周某、赵某签订了《公司重组协议》，主要涉及 A 公司与 B 公司的重组事宜，重组后 A 公司作为母公司，B 公司作为子公司以产品研发为主。L 持有 A 公司 73.33% 的股权，根据《公司重组协议》约定，L 将其持有的 A 公司 20% 股权分别转让给崔某（10%）、周某（6%）和赵某（4%），同时崔某、周某需分别将其持有的 B 公司 70% 股权和 30% 股权转让给 A 公司，A 公司在达到约定的条件后，将股权转让价款支付给崔某和周某。

《公司重组协议》对股权激励和惩罚、双方声明、股东权利义务、协议的变更和解除、违约责任等条款进行了约定，其中第二条第 2.2 款约定"鉴于本次公司重组购买的性质，不仅限于A公司收购重组崔某、周某在B公司的股权、相关资产、技术和知识产权，同时收购重组B公司的整个团队。崔某、周某获得A公司的股权后，继续履行相关职责和努力作为。若崔某、周某出现消极怠工或不再作为的行为，A公司有权收回其相应股权和为其收购重组而付出的资金。"

《公司重组协议》中明确规定，A公司受让B公司全部股权后，B公司的产品包括但不限于角度传感器（编码器）的全部技术和知识产权全部归A公司独自所有（没有转卖、转让和泄露给第三方），且三被告应确保相关知识产权的完整性。协议还要求三被告与A公司签订竞业禁止协议和保密协议，若三被告在五年内离职则需无偿归还所持股份。

2018年5月28日，A某与崔某、周某签订《公司重组付款协议》，约定A公司需支付二人的B公司的股权转让款200万元，并规定了具体的付款条件。2018年6月5日，A公司与崔某、周某签订《B公司股权转让协议》，崔某和周某将其持有的B公司股权转让给A公司。

然而，2019年3月8日，崔某在CE-25编码器项目中，未经公司同意，与陕西C公司合作并且因担心研发风险而未与对方签署相关协议，随后向对方提供了10套样品。2019年4月22日，赵某也参与了该项目，在公司以外场所研发产品，并在公司以外场所为崔某提供下位机软件，损害了公司利益。

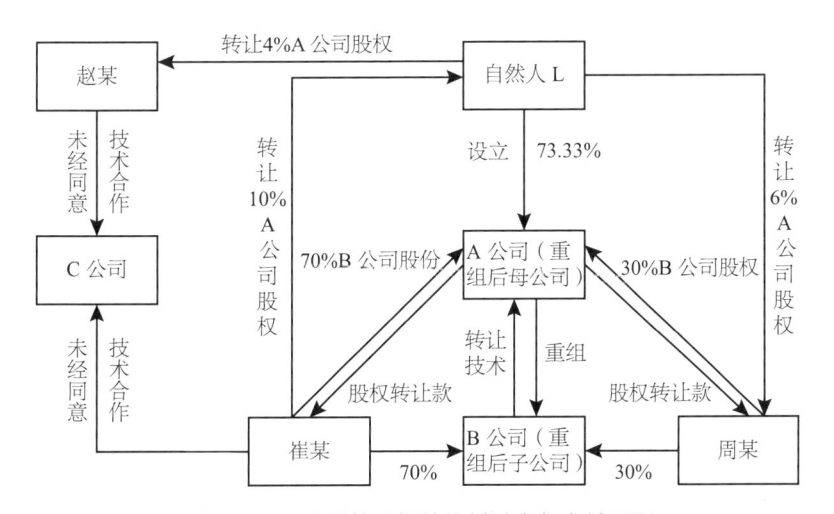

图 8-2 A公司等股权转让纠纷案各方关系图

2019年4月18日，苏州某会计师事务所对B公司的财务状况进行了审计，发现B公司在资金流动和注册资本方面存在多次变动。此后，A公司股东会决议撤销崔某的总经理职务，且崔某及其他团队成员相继离职。

二、案例分析

在履行股权及技术转让的过程中，三被告存在以下违约行为：

（1）尽管三被告主张已交付技术资料，但未能提供有效证据证明，法院认为三被告未履行交付全部技术和知识产权的义务；

（2）三被告未与A公司签订劳务合同，违反了协议约定；

（3）三被告未与A公司签订竞业禁止和保密协议，且崔某在外成立的上海C公司的经营范围与B公司存在重合，构成竞业限制；

（4）崔某、赵某未经公司同意，将10套CE-25编码器产品交付给客户，违反了协议中关于技术和知识产权归属的约定，损害了B公司的利益；

（5）三被告及B公司团队成员在2019年相继离职，违反了协议中关于重组后继续履行职责的约定。

根据上述违约行为，法院判定A公司与三被告签订的股权转让协议解除，协议解除后崔某和周某应当配合A公司办理B公司和A公司的股权变更登记；崔某和周某应当返还A公司已经支付的股权转让价款和投资款，并支付相关违约金。

三、案例点评

此案提示我们，进行技术并购时，需注意以下几项要点：

（1）在签订并购协议时，需要明确约定技术和知识产权的归属及交付方式，以及相关技术的完整性和真实性；

（2）在技术并购过程中，必须确保有效地保护所涉及的知识产权，如签订竞业禁止协议、保密协议等以防止技术转移和泄露，确保知识产权的保密性；

（3）技术并购后，需要保持技术人员的稳定性，如采取措施确保技术人员留任，明确约定离职的后续责任等。

模式二：通过并购受让技术。例如A公司的主要业务是电机及控制装置，产品全面覆盖微分电机、中小电机、大型项目电机。2016年6月28日，A公司与B公司等签订股权转让协议，收购 B1 公司 84.91% 股权、B2 公司 80.01% 股权及 B3 公司 90.00% 股权，该股权合计交易价格为 21980 万元。该协议的先决条件是，B1 公司、B3 公司与 B 公司已分别就 B 公司作为专利权人拥有的"某变频器"的发明专利与"某变频电机启动方法及装置"的发明专利签署《专利转让协议》。B 公司同意无偿转让上述专利作为本次股权转让交易的必要组成，并承诺在转让协议签署后的十日内准备所有为登记和完成在国家知识产权局的专利转让的登记相关的文件、证明、表格和授权书并向国家知识产权局提交办理。收购完成后，目标公司的高压变频、高压软起、特种电源、防爆高低压变频器等驱动控制类产品可以快速完善公司现有的产品线；目标公司对新市场和新产品的前期开发和投入，不仅能丰富公司的产品种类，更为向市场提供整体的传动解决方案打下了坚实基础。

模式三：技术出资入股。例如，根据《A 大学促进科技成果转化实施办法》，学校科技成果转化可以采用以该科技成果作价投资折算股份或出资比例的方式，以科技成果作价投资实施转化的，学校从作价投资取得的股份或者出资比例中奖励给科技成果完成人及转化工作中作出重要贡献的人员 60%。2017 年 9 月 4 日，经 A 大学科技成果转化领导小组审核，同意 A 大学以无形资产（六项发明专利和四个惯导装置产品专有技术）对 B 公司提供有限的出资，并将其持有 B 公司 30% 股权中的 60% 奖励给汪某等 7 名股东。因此该股权奖励事项属于 A 大学将上述无形资产进行科技成果转化过程的一个步骤。通过技术出资入股可以按照相关税收或地方政策享有一定的纳税优惠政策，整个过程一般包括知识产权作价评估以及完成知识产权的转让手续等。

案例：B 公司与 A 公司关于技术出资的交易

一、案例背景（图 8-3）

2016 年，A 公司与中方公司签署《投资合同》，约定 A 公司以 100 项中国授权专利和技术以及现金对 B 公司进行出资。某评估公司对 A 公司按照《投资合同》投资到 B 公司的用于 m 英寸晶圆生产和封装的专利及专有技术进行了资产评估。《评估报告》对本次评估采用收益法，结合财务预测、折现率、经济年限和分成率进行评估，确认了该等知识产权的市场价值，随后 A 公司在《投资合同》中以专利和技术资产认缴相应市场价值的出资额。该评估的前提是假定纳入评估范围的A公司知识产权已能正常生产m英寸功率半导体，并指出由于实施上述无形资产的生产厂房尚在建设过程，项目的最终投产及未来销售收入的预测具有一定的不确定性，如果实际情况与预测情况发生重大差异，应重新聘请评估机构进行评估。

《投资合同》对A公司出资专利和技术及其他相关知识产权的后续安排进行了约定。A公司将出资的专利和专有技术转让给B公司，并对技术改进、新知识产权的归属分别进行了约定。

B公司在后续经营的新生产线中，重新购买了新设备并自行招募对口员工。由于A公司自身当时仅拥有n英寸晶圆业务及技术，其用以出资的技术与B公司新产线拟采用的m英寸晶圆在工艺流程上存在较大差异，无法仅基于A公司的出资技术完成m英寸晶圆产线的建设。

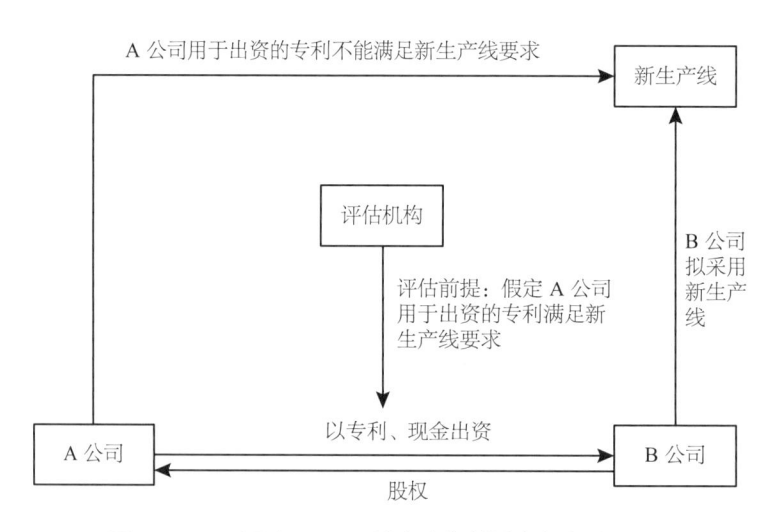

图8-3 B公司与A公司技术出资纠纷案各方关系图

对于该新生产线，A公司认为B公司使用的专有技术超出了《投资合同》的范围，希望对新生产线中超出出资范围的技术签署许可协议。B公司则认为，m英寸晶圆工艺流程及其具体落地由B公司自行研发完成，不应向A公司支付额外的许可费用。

二、案例分析

通过回溯发现，A公司转让的40余件与晶圆相关的专利中，只有10件与B公司当前实际生产的产品具有对应关系,而近60项与封测相关的专利与B公司的实际封测业务均没有对应关系。《评估报告》的计算公式中的技术贡献现值和的计算依赖于A公司专利产品销售收入、专利技术提成率和折现系数来确定。但A公司出资专利在B公司实际业务和产品中应用很少,因此估值是过高的。此外,实践中仅使用A公司提供的专利和专有技术无法满足顺利、正常生产m英寸功率半导体的技术需要,与评估时的假定不符,公司需要通过大量自研以及基于出资知识产权的适应性调整和改进才得以开展业务,评估价值的合理性难以得到支持。

关于A公司额外签署技术许可协议的请求,《投资合同》中的出资技术虽然是按产品进行罗列,但实践中并非仅用于生产该特定系列的产品,还可能是通用的工艺流程技术,可用于其他技术平台。如果原工艺流程是可以用于其他产品的通用性技术,那么A公司提出修改出资技术范围明显对B公司不利。

三、案例点评

知识产权评估是交易定价的重要一环。专利包、专有技术等又会因为技术周期、技术先进性、通用性、与产品的适配性等而出现价值的波动。实际上,在知识产权价值评估中,无论是评估方法,还是评估的公式、评估的前提,均可以被撬动、推翻。前瞻性地审视评估报告的科学性及交易标的的必要性,也是技术并购过程中的重要工作之一。

在交易架构的搭建过程中,技术经理人不仅要厘清权利的归属及使用的框架,也需要关注标的技术本身是否存在瑕疵(如设置权利负担等),是否均为投产所必需的技术等,以避免落地后与实际预期产生参差。

8.6.2 并购目标的选择

案例:A公司并购B公司,引发与C公司的专利诉讼

一、案例背景(图8-4)

2013年3月,A公司(中国公司)通过旗下子公司完成对美国上市公司B公司的收购,二者整合之后A公司获得了基因测序仪的生产能力,降低对C公司(美国公司)

等上游公司的依赖，测序服务成本也有望大幅降低。因此这场收购引发了 C 公司的不满，并在随后开启了与 A 公司的全球专利战。

2019 年 3 月，C 公司在德国起诉 A 公司，称 A 公司及其关联公司拥有的产品——测序仪及试剂侵犯其 EPXXXXXX8B1 号欧洲专利。此后，C 公司在美国、英国、比利时、西班牙、意大利、瑞士等多个国家和地区提起基因测序相关专利诉讼，案件多达几十起。

A 公司及被收购的 B 公司也相应进行了反击，2019 年 5 月，作为 A 公司旗下子公司的 B 公司在美国特拉华州起诉 C 公司，称其测序仪及试剂侵犯 B 公司 XXXXXX2 号专利。2019 年 9 月，B 公司在加州北区反诉 C 公司，称其产品侵犯 A 公司 XXXXXX4 号专利。此外，自 2019 年起，A 公司与 C 公司的专利战开启后，A 公司针对性地在多个国家和地区提出专利无效诉讼。

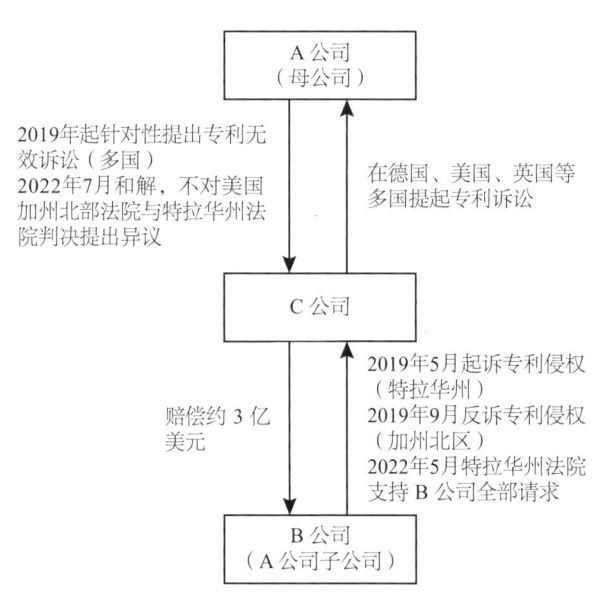

图 8-4　A 公司与 C 公司专利诉讼案

这场专利战中的关键判决之一，便是 2022 年 5 月，美国特拉华州法院支持了 B 公司的全部请求，C 公司的测序系统故意对 B 公司的两项专利侵权，须定向赔偿约 3 亿美元，C 公司反诉主张对方侵权的 3 件专利被认定无效。2022 年 7 月，A 公司公开宣布与 C 公司和解，双方将不再对美国加州北部地区法院和特拉华州地区法院的诉讼判决结果提出异议。B 公司也因此获得约 3 亿美元的净赔偿费。

二、案例分析

（1）A公司的收购对象B公司专利布局策略。在上述美国特拉华州法院判决的B公司与C公司案件中，双方都声称自己最早发明了涉案技术。但是，美国当地的法院却判了A公司方面胜诉，其中关键便是B公司的专利布局策略较为成功。在A公司收购B公司之前，B公司与C公司之间的诉讼很多，而涉案专利的最早优先权文件是B公司于2008年和2009年提交的。从A公司的招股书可见，两项涉案技术都是B公司分别于2014年和2018年取得的。

（2）A公司的收购策略。2012年，美国B公司因被竞争对手打击而收益不善，深陷亏损泥潭，无奈变卖资产。A公司由于受上游公司C公司限制，急切需要解决仪器问题，因此其非常迅速地组织了收购团队，2013年完成了对B公司的全资收购。在完成交易后，A公司整顿业务，专心打磨产品与技术，拿到了大额融资，打破了C公司的长期技术垄断。

三、案例点评

这一案例涉及技术并购中的几个关键问题，包括如何选择并购目标以及相关的技术诉讼风险等。

（1）A公司通过收购B公司获得了基因测序仪的生产能力，降低了对上游公司的依赖，提高了自身的竞争实力。因此，在技术并购过程中，选择合适的目标公司是至关重要的，需要重点考量目标公司的技术实力、专利情况、市场地位等因素。

（2）在并购后，A公司面临来自C公司的专利诉讼，而帮助A公司及子公司B公司获得美国特拉华州法院胜诉判决的关键，便是被收购对象B公司早期成功的专利布局策略。这表明在技术并购过程中，必须充分考虑目标公司的知识产权情况，包括专利的有效性、是否存在侵权风险等，以避免未来可能发生的诉讼风险。

8.6.3 技术并购法则与系统性方案

案例：A公司的技术并购之路

一、案例背景（图8-5）

作为全球领先的电信及互联网连接解决方案的提供商，A公司主要提供用于连接计算机网络系统的设备和软件产品。A 公司自 1996 年正式开始了通过并购战略实现公司发展的征程，其引以为豪的并购案例 B 公司，就是 A 公司于 1993 年以 9500 万美元购入的。截至 2012 年，B 公司每年为 A 公司带来约 100 亿美元的收入。A 公司首席技术官指出：A 公司主要通过自主研发、合作研发、并购这三种手段进行技术创新。有时候仅依靠企业自身力量很难迅速进入高精尖的新业务领域，而通过并购来提高技术能力，对于 A 公司而言是更加高效的途径。一般情况下，A 公司会选择收购正处于成长阶段的成本低且易整合的小规模公司。以局域网交换机为例，A 公司在该领域共收购了 3 家公司。3 家收购对象当时共计 200 人，收入仅有近 1 亿美元，发展到现在，人数已经达到 2000 人，为 A 公司带来收入超过 90 亿美元。

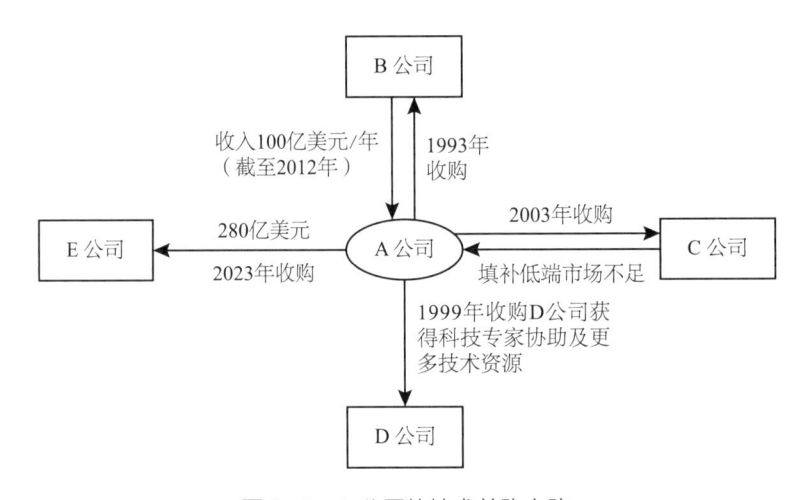

图 8-5　A 公司的技术并购之路

二、案例分析

（1）A 公司的并购法则。据 A 公司首席执行官介绍，A 公司的并购标准包括 5 个方面。①公司愿景相同，如果关于行业的发展方向、每家公司希望在行业中扮演的角色存在显著差异，A 公司就会放弃收购；②需要给股东带来快速的收益；③需要给股东、员工、客户和商业伙伴带来长期的胜利；④收购方与被收购方可以顺利高效地进行资源整合；⑤地理位置相邻。如果这些要求没有达到，即便这家公司的技术较先进或者员工很优秀，A 公司也不会收购，A 公司取消的收购几乎和达成的收购一样多。

（2）专业的收购团队。A 公司设立了专业的收购部门，搜索并购的潜在对象，进行评估、选择并负责并购。该部门囊括了技术、谈判、法律、财务、人力资源等方方面面的专家，通过一套科学高效的收购与整合流程实现了多次成功的并购，曾在2000年收购了23家公司，即平均一个月收购两家。在交易尚未完成前，A公司的信息技术部门就开始积极整合新公司的技术和所有系统，包括免费支持电话、电子邮件、销售自动化、网站和产品订购系统。A公司首席信息官表示，其想法是尽快（通常在100天内）将被收购的公司作为A公司的一部分展示给客户。

此外，收购团队也会根据目标公司的特殊性量身定制并购方案。例如，A公司2003年收购了面向低端网络设备厂家的C公司，其目标市场、销售渠道、生产销售方式等各方面均与A公司存在较大差异。A公司收购C公司的目的在于填补其低端市场的不足，但收购之后若仍旧依照A公司高端市场经营模式进行管理，C公司的盈利能力恐难以为继，因此，A公司便大胆赋予C公司原团队自主管理的权力。

（3）目标类型的选择。技术类公司的网络设备新一代产品开发周期通常是18个月到24个月，收购能够让A公司通过6个月到12个月的时间将目标公司的产品与自身原有的产品系列进行系统完善的整合。而对于科学管理、基础扎实的与A公司同类型的公司，收购的主要目的在于获取目标公司的客户群，但由于此类公司的规模较大，为控制风险，A公司通常是对多家类似公司通过小额股份方式进行逐步并购。

（4）价格谈判。由于中小型企业大多愿意接受A公司的股票，因此A公司内部通常使用企业价值/总资产来衡量公司的价值，通过股票形式并购。

（5）人员及文化整合。A公司的目标是融合企业文化，留住更多员工，完成平稳过渡。对于被收购公司的员工，A公司承诺在一定时期内不会对他们采取解雇或强迫换岗等措施。同时，A公司设置了人员激励制度。一是薪酬、股权激励。新加入员工的信息录入A公司系统后，其工资和股票管理计划会发生变化，其原有的期权也将被折算成A公司的期权；并购完成后，新员工会获得一份能够帮助他们对比原有待遇和现有待遇的详细清单。二是更加广阔的发展平台。例如，加入A公司后，D公司得到很多来自A公司相关科技专家的协助以及更多的技术资源，增强其点对点解决方案业务的影响力，也获得了业内的权威地位。

三、案例点评

A 公司作为技术并购的标杆性企业，开创了技术创新及企业经营的新模式，也为行业中的并购带来不少有价值的启示和经验。2023 年，A 公司宣布以 280 亿美元的价格收购专注于网络安全、数据观察和分析的 E 公司，这也是 A 公司近 40 年历史中规模最大的一笔收购，同时也验证了 A 公司模式的历久弥新。

8.6.4 跨境技术并购的综合性考虑

以 A 公司收购 B 公司照明事业部全球 100% 股权及资产为例，在交易架构方面，在对 B 公司全球分散业务进行归拢时，基于降低税负等考虑，需要通过新设全资子公司或利用既有子公司实现"本地化"收购。本次收购还涉及德国、意大利等多国的各领域法律问题，前后完成的政府审批包括德国联邦经济事务和气候保护部无异议证书、意大利外资审批（根据行使黄金权力协调小组的会议确认，本次交易不属于 2021 年 3 月 15 日第 21 号法令的适用范围，即本次交易不被视为意大利法律项下的外国直接投资）、境外投资备案（商委备案、发改委备案、外汇登记）等。

值得一提的是，各国外商投资审查政策日趋严格，也给跨境技术并购带来不少限制。2021 年 3 月 26 日，韩国 C 半导体公司（2011 年于美国纳斯达克上市）宣布同意被中国私募股权投资公司 D 资本以总价约 14 亿美元的价格收购。4 月，韩国贸易工业和能源部对该收购案启动调查，以审查该交易是否涉及韩国核心技术。5 月，美国外国投资委员会正式介入调查。最终 C 半导体公司于 12 月宣布私有化收购交易终止，根据协议，因终止而导致的分手费达 5100 万美元，占交易金额的 3.64%。由此可见，企业在跨境技术并购中，除了商业考虑，还要考虑交易可能需要的监管审批事项，时刻关注相关国家的审查趋势，以尽可能稳妥地推进交易。

8.6.5 国际技术并购典型案例

过去 5 年，美股的主要驱动力量是"七巨头"：苹果、微软、Alphabet、Meta Platforms、亚马逊、英伟达和特斯拉。"七巨头"科技公司在其各自的市场中占据了垄断地位。这种垄断不仅赋予它们强大的市场影响力，还使它们能够通过并购潜在的竞争对手来保持市场主导地位。

本节通过对美国"七巨头"技术并购模式的分析，重点介绍美国技术并购中的重要参与主体以及并购策略，从而为观察技术并购对于企业高质量发展的重要作用提供一个切入点。

自20世纪90年代末以来，在美国宽松的反垄断执法环境下，大量的并购活动进一步推动了产业和市场集中。1985—1995年，美国平均每年宣布的并购交易有5600宗，年均总价值3700亿美元。在接下来的近30年，美国平均每年的并购交易数量增加到了1万多宗，平均总价值增加了两倍多。这直接导致美国上市公司的数量几乎减少了一半，而上市公司的平均规模实际增长了两倍。这种宽松的反垄断执法环境使得科技巨头可以利用它们庞大的现金流，不断地通过并购吞噬竞争对手，巩固市场支配地位。与此同时，大型科技巨头从实体设备和厂房等有形资产投资转向知识产权等无形资产投资后，会大大推进可扩展规模的产品生产和消费，并且会利用知识产权等无形资产建立起行业"护城河"，强化了"马太效应"和赢者通吃的产业格局，从而大大提高了企业的营收增长率和利润率。

自2023年起，人工智能的爆发是"七巨头"取得靓丽表现的根本驱动力。企业纷纷转向技术并购，以在竞争中取得领先地位，这也导致"七巨头"之间的AI技术收购竞赛更加激烈。例如，苹果公司在2023年收购了32家AI公司，位居科技公司收购数量榜首。微软向OpenAI投资了100亿美元，这笔投资为微软带来了约7000亿美元的市值增长。亚马逊对OpenAI的竞争对手Anthropic进行了投资，也展现出其在AI领域的雄心壮志。英伟达在2024年的前三个月中，投资了不少于7家与AI相关的公司。2024年2月，英伟达与一支投资团队共同投资了AI初创公司Figure AI。这项总金额为6.75亿美元的交易，是2024年第一季度针对人工智能公司的最大一轮融资。

2024年7月15日，谷歌母公司Alphabet就以约230亿美元收购网络安全初创公司Wiz进行深入谈判。这笔交易不仅成为这家科技巨头历史上最大的一笔收购，也标志着其在网络安全领域的进一步扩展。此次收购Wiz，不仅是Alphabet在网络安全领域的战略布局，也是其在云计算市场竞争力提升的重要一步。云计算市场竞争激烈，Alphabet需要通过技术创新和战略收购来增强其竞争力。而 Wiz 的人工智能驱动安全解决方案将为 Alphabet 提供新的技术优势，帮助其在云计算市场中占据更有利位置。此外，这笔交易也面临着一些问题，例如应如何有效整合 Wiz 技术平台与 Alphabet 现有技术。技术整合不仅涉及兼容性和互操作性，还涉及企业文化、管理流程和市场策略等多方面因素。Alphabet 需要确保在收购 Wiz 后，能够顺利整合其技术和团队，实现技术和业务的协同效应。

从技术并购模式来看，近年来，上述技术并购中有以下几类重要的参与主体。

第一，资产管理公司、对冲基金和私募股权基金等非银行机构。2023 年年初，因宏观经济问题、银行倒闭和利率上升而导致的银行市场混乱，银行机构降低了对大额贷款的兴趣。与此相反，资产管理公司、对冲基金和私募股权基金等非银行机构提供的"私人信贷"并购贷款在 2023 年仍持续增长，并主导了私募股权持有的中型市场公司并购贷款。这些非银行机构通常直接向借款人提供贷款，而非通过投资银行、经纪人或其他中介机构。此外，他们还参与了更大规模交易的、历史上通常由投资银行安排和主导的贷款项目。

将私人信贷并购贷款的优势（更容易协商融资相关的并购交易条款、提高融资确定性、加快交易完成速度、缩短贷款营销期等）扩展到更大规模的并购交易中，给予了买家更多的融资选择和可能更好的条款。然而，在中型市场中进行此种并购贷款也存在一些缺点，比如更复杂的定价、通常需要维护财务契约以及更高的回购保护等。

第二，保险公司。随着 2021 年和 2022 年年初并购活动的增加以及此前陈述与保证制度（Rep & Warranty Insurance，RWI）的普及，2023 年 RWI 索赔和索赔争议的数量有所上升，并且出现了一些索赔新趋势。例如 2023 年，网络安全和隐私声明、税收声明以及制造业中的环境声明相关的索赔有所增加。

第三，并购律师。并购交易的主要各方通常都会聘请自己的律师，这些律师可能是内部律师，但更常见的是与外部律师事务所合作的并购专家。并购律师为客户提供一系列服务，如为交易结构和时间安排提供建议、进行或协助法律尽职调查、管理和推动交易过程并促成交易达成，包括进行监管备案、获得第三方同意以及与财务顾问、会计师和代理律师协调等。

第四，专业律师。大型或更复杂的并购交易通常涉及某些法律领域的专业律师。在技术并购中，可能包括知识产权律师，还可能包括税务律师、证券律师、反垄断律师等。根据交易的具体情况，专业律师可能协助尽职调查以及在其各自领域内谈判和起草交易协议条款。有时，税务专家可能会起主导作用，因为他们的指导可能会影响整个交易结构。根据某一领域的重要性，其他专业的律师可能发挥较大或较小的作用。

第五，财务顾问，主要为买方、目标公司和卖方提供财务和战略建议。在卖方交易中，他们可能是潜在交易开始时最早接触的顾问，并就潜在买家、预期的交易条款、时间安排和市场推广流程等问题为管理层和董事会提供建议。他们作为潜在买家的主要联络对象，准备信息备忘录，组织拍卖，领导购买价格和对价形式的谈判，进行财务建模并分析竞争报价。至关重要的是，他们还通过提供公平意见，帮助目标公司董事会履行其受托责任，这些意见涉及从财务角度来看交易对目标公司股东的对价是否公平。在买方交易中，财务顾问为并购买家提供类似的服务，包括识别收购目标、进行估值、识别风险、进行财务建模、领导谈判、与卖方投资银行家沟通并提供战术建议。他们还可能协助买家获得并购融资，有时甚至自己提供融资。

以"七巨头"之一的苹果公司为例，我们可以看到其精彩的并购策略。作为一家全球知名的跨国公司，专注于设计和制造消费电子产品及软件的科技巨头，自苹果公司在1988年进行了第一次收购起，截至2024年8月，苹果公司已公开收购超过100家公司。苹果公司的并购策略主要集中在将小型公司整合到现有项目中，以获取关键技术和人才。例如，2002年苹果公司收购了Emagic及其专业音乐软件Logic Pro，此次收购为苹果公司的数字音频工作站软件GarageBand的开发奠定了基础，并使其成为iOS和macOS上的领先数字音频工作站之一。

从2008年开始，苹果公司的并购活动显著增加。2008年，苹果公司以2.78亿美元收购了专注于超低功耗处理器设计的公司P.A.Semi，为其A系列芯片研发提供了重要支持。2012年，苹果公司以3.56亿美元收购了移动安全公司AuthenTec，推出了Touch ID指纹识别功能。AuthenTec是一家专注于指纹生物识别的无晶圆半导体制造商，这次收购为苹果设备提供了更安全的用户验证和数据保护功能。2014 年，苹果公司以 30 亿美元收购了 Beats Music，这是其历史上最大的一笔收购之一，进一步丰富了苹果公司的音乐流媒体和耳机产品组合，最终促成了 Apple Music 的推出。2018 年，苹果公司收购了专注于增强现实技术的 Akonia Holographics，为开发 AR 眼镜铺平了道路。

近年来，苹果公司的并购策略重点放在几个关键领域：增强现实（AR）/虚拟现实（VR）、人工智能（AI）、数字医疗和半导体及先进部件。自 2018 年以来，苹果公司在这些高科技领域投入了大量资源，收购了近百家高科技公司，以支持技术创新和业务拓展。特别是自 2015 年起，苹果公司在 AI 领域积极布局，截至 2023 年，苹果公司已收购了 33 家 AI 领域的初创公司。2015 年，苹果公司收购了 Perceptio、VocalIQ 等初创公司。2016 年，苹果公司收购了 AI 初创公司 Turi，进一步推进了机器学习和 AI 技术。同年，苹果公司还收购了面部识别公司 Emotient、教育初创公司 LearnSprout 等。2019 年后，苹果公司加大了对 AI 科技公司的投资，包括图像压缩、语音助手等领域，以支持苹果公司的 AI 布局战略。

苹果公司的并购策略可以归纳为以下几点：

第一，并购标的选择。苹果公司倾向于收购那些处于成长阶段的小型公司，这些公司通常在技术领域具备创新优势且易于整合。苹果公司收购的目标包括 AI 技术、AR/VR 技术、数字医疗解决方案和半导体技术等，以支持其技术战略和产品创新，这也有助于苹果公司快速吸收新技术、加速产品创新，并保持其在科技行业的领先地位。除了直接收购，苹果公司还通过投资初创公司和成熟企业来拓展其业务范围，从而有助于苹果公司探索新的业务模式和市场机会。

第二，专业的收购团队。苹果公司拥有专业的并购团队，负责识别、评估和整合收购目标，该团队包括技术、法律、财务等多个领域的专家，以确保并购过程的高效和顺利。苹果公司通常在交易前开始整合工作，并在交易完成后迅速将新员工融入现有团队。

第三，技术整合与长期规划。苹果公司通过并购获取前沿技术，并将其与现有产品和服务进行系统整合。尽管并购过程中涉及的技术和团队可能需要时间来融合，但苹果公司坚持长期规划，致力于将收购技术转化为实际的产品和市场优势。此外，苹果公司早在 2015 年就已在 AI 领域进行了布局，表明苹果公司的投资策略不仅限于当前市场，还着眼于未来技术趋势和潜在的增长领域。

第四，人员与文化整合。苹果公司注重收购后的人员和文化整合。一旦并购完成，苹果公司会有一个专门的团队负责将新员工整合到具体的技术团队中。对于这些新加入公司的员工，苹果公司承诺在一定时期内不会裁员或强迫换岗，并通过股权激励留住关键员工。通过提供更广阔的发展平台和资源支持，苹果公司确保新员工能够顺利融入公司文化并发挥作用。

总之，苹果公司在技术并购领域中展示了其独特的创新模式和战略思维，为行业技术并购实践提供了重要的启示和经验。2024 年 3 月，苹果公司宣布收购 DarwinAI，这家公司专注于研发更加轻便高效的 AI 系统，以支持苹果公司在其各类设备上运行 AI 的战略。这一举措进一步验证了苹果公司通过收购先进技术来增强自家产品功能的成功模式。

8.7 本章小结

在当今全球化和技术飞速发展的时代，技术并购已成为企业获取先进技术、提升竞争力的重要策略。然而，基于知识产权的技术并购不仅仅是简单的资产交易，也涉及复杂的法律问题，因此，对技术经理人来说，深入理解技术并购的各个方面，掌握相关的法律法规、交易流程、尽职调查、风险管理等常见问题至关重要。

本章知识要点包括技术并购相关法律规定；技术并购交易的基本流程，即并购计划制订、目标公司筛选、目标公司调查、协议准备、交易交割和后续运营等阶段；专利许可转让的技术并购要点；技术并购的法律风险及常见问题；技术并购的案例分析，主要介绍了三种不同模式下的技术并购：通过企业并购以控制被收购企业技术、通过并购受让技术、技术出资入股，补充介绍了技术并购领域的其他典型案例。

通过本章的学习，技术经理人应当能够认识到技术并购的重要性，并掌握如何通过技术并购来实现企业的创新和增长。同时，也应了解到技术并购并非无风险，需要综合考虑多方面因素，制订周密的策略和计划，以确保并购的成功和价值最大化。

思考题

1. 进行技术并购的前置环节之一为筛选目标公司。在选择目标公司时，公司应当考虑哪些因素？对于目标公司的专利组合，如何评估其技术布局的优势和劣势？如何评估目标公司的知识产权布局是否与未来市场需求和技术发展保持一致？

2. 在技术并购交易中，如何判断目标公司的专利实施是否会触发第三方的专利侵权风险？如何处理目标公司可能存在的、未解决的专利侵权或知识产权纠纷问题？

3. 在并购成功后，需要对主并公司的技术及业务进行整合。整合的具体目标是什么？如何确保这些目标与公司的长期战略一致？整合策略如何影响企业的市场定位和创新能力？

第 9 章
股权融资与估值

　　股权融资是科技型企业借助资本力量快速发展的重要路径，也往往是企业发展和成长的重要部分。股权融资是一项系统性工作，涉及企业战略、技术、管理、产品、财务、法律等若干维度，且不同阶段的企业开展股权融资亦有不同的特点。技术经理人若要融入和支持企业的发展战略和商业运营，需要对股权融资有整体的了解和学习，包括了解融资的特点和流程，掌握企业估值的相关知识，以具备与投资者进行有效沟通和协商的知识背景，理解投资者的期望和考量，为企业争取更有利的融资条件。

9.1 科技型企业股权融资的特点

9.1.1 科技型企业股权融资的特征

科技型企业具有迭代快、风险高、资产轻的特点,一方面前期研发投入和研发周期较长、研发结果具有不确定性,但另一方面科技型企业也有高成长性、高回报的优势。基于科技型企业的固有特点,股权性融资而非信贷资金具有支持科技型企业快速发展的更好匹配性。

基于科技型企业的上述特点,科技型企业往往需要多轮融资才能完成相关产品的最终上市,而在多轮融资过程中创始团队的股权比例往往会被多轮稀释,且有可能根据研发进度需要从外部继续招聘高级技术人才的加入。因此,站在创始团队的角度,科技型企业股权融资需要把握适当的融资节奏,要统筹考虑科技型企业不同阶段融资的资金需求、企业估值及对创始团队股权比例的稀释效果,同时要预留或与现有股东沟通与激励股权,以便通过股权激励的方式吸引和留住高水平人才。站在投资人的角度,其会特别关注创始团队的稳定性和全职投入的承诺,亦会对创始团队和企业的知识产权权属合法性和相关技术风险给予额外关注。

与传统制造业、房地产、互联网和新零售等领域企业股权融资有所不同,科技型企业在早期较难实现收入,对于外部"输血"具有较强的依赖,股权融资对支持企业的研发和技术创新具有重要意义,而对科技型企业的投资往往需要更长的投资周期,更多需要的是"耐心资本",亦需要投资人具有一定的技术评估能力能够对科技型企业的技术实力和研发能力进行评估,并承担相应的技术风险。

科技型企业的股权融资的渠道包括一级市场和二级市场。一级市场指非上市阶段的股权融资阶段，按照企业的发展阶段和融资轮次，通常可以分为亲友轮、天使轮、A轮、B轮……以及 Pre-IPO 轮等轮次，在非上市阶段通常可以提供股权投资的投资方/资金来源方，包括私募投资基金、政府投资平台、产业资本、高净值个人、亲友、美元投资人等不同类型。若科技型企业完成上市，则在二级市场上可以通过定向增发、发行可转债等方式继续进行股权性融资。

9.1.2 不同发展阶段的科技型企业股权融资特点

对于个人创业企业而言，创始团队能够向企业提供的资金往往有限，受限于银行信贷要求和金融监管政策，股权融资是企业生存、快速发展和业务腾飞的重要支撑。上市公司与非上市公司的融资方案、融资策略有较大差异。对于上市公司而言，基于其上市地位及相关的配套法规政策，上市公司通过定增、可转债、公司债、银行贷款等方式可以获得融资，且其可以使用发行股份购买资产等交易方式实施重大资产收购交易，相对具有一定的融资便利性；对于非上市公司而言，企业在不同发展阶段也有其不同的融资需求特点和融资策略。下面简要介绍不同阶段非上市公司的股权融资特点。

9.1.2.1 初创期企业

初创期企业通常处于产品概念和市场验证阶段，需要资金来进行初步产品开发、市场调研、原型制作以及组建初步团队等。企业能否生存和发展下去风险相对较高。在融资来源方面，初创期主要依赖创始人、家族和天使投资者等个人投资者，也可能通过创业竞赛、创投孵化器等途径获得种子轮融资。在融资策略方面，创始人往往通过个人资金、家族和朋友投资、天使投资者等个人投资者的支持来获得初步的资金。创始人应关注投资者的经验、行业资源和价值观的匹配。

初创期企业的估值通常较难确定，但往往为了加速项目启动，创始人团队谈判地位较弱，企业估值通常不会太高。在这种情况下，创始人要特别注意评估企业在一定期限内的资金需求，避免低估值大额融资对创始人股权造成的稀释，可以考虑"小步快跑"的融资估值策略，这种策略也使得企业能够在创投圈内有一定的曝光度，某种程度上可以帮助企业融资的达成。

案例：多轮融资成功路径

2010年，A公司在北京成立，是一家专注于智能硬件和电子产品的公司。A公司在上市前经历了多轮融资，每一轮融资都为企业的快速发展提供了重要支持。

创业阶段：在创业阶段，A公司主要依靠创始团队的个人资金和天使投资来支持初期的研发和市场推广。

A轮融资：2010年，A公司进行了首轮融资，由B资本公司领投，获得了2500万美元的投资。这笔融资资金主要用于产品研发、供应链建设和市场推广。B资本公司作为知名的风险投资机构，为A公司提供了资金和战略支持。

B轮融资：2011年，A公司进行了B轮融资，由C基金和D创投公司共同领投，获得了9000万美元的投资。这笔融资进一步提升了A公司的市场影响力和品牌认可度，加速了产品研发和市场扩张。

C轮融资：2012年，A公司进行了C轮融资，由C基金、D创投公司和E资本公司共同领投，融资规模达到2.1亿美元。这笔融资进一步加强了A公司的资金实力，支持了公司在供应链、渠道拓展和品牌建设等方面的快速发展。

D轮融资：2013年，A公司进行了D轮融资，由C基金和F投资机构领投，获得了1.3亿美元的投资。这笔融资进一步提升了A公司的估值和品牌价值，为公司的国际化战略和生态链建设提供了资金支持。

通过连续的融资，A公司在上市前积累了丰富的资金和资源，帮助企业快速发展。融资资金主要用于产品研发、供应链建设、市场推广和品牌建设等方面。此外，投资机构的参与也为A公司带来了行业经验和战略支持，帮助企业把握市场机遇和应对挑战。这些融资轮次的成功为A公司的上市奠定了坚实的基础，也为公司的快速成长提供了重要的支撑。

9.1.2.2 成长期企业

成长期企业已经取得了初步的市场验证，产品已经上市，形成了营收和利润，需要资金用于扩大业务、增加生产能力、市场推广、人才招聘以及进一步的产品研发等。企业的融资来源可以扩展到风险投资、PE投资、企业孵化器、战略合作伙伴、银行贷款、政府补助等。在融资策略方面，融资策略应着重于寻找能带来市场资源的产业投资者和大型 PE 机构。

这个阶段的企业往往可以通过资本加持实现快速扩大产能、抢占市场、显著增加营收并创造就业，此类企业往往受到地方招商平台的欢迎。作为招商引资支持政策，地方国资平台投资机构往往可以成为企业的重要投资人，地方国资投资平台投资企业具有双重目标，既有财务投资的目的，也有招商引资的目的。地方国资平台的投资条款或谈判侧重点与典型的财务投资人的关注点有所差异，比如这类投资人对于企业迁址以及在创造纳税和就业方面对地方的贡献相对会给予更多关注，往往需要企业与地方政府或园区管委会签署投资协议等文件，而对企业估值、上市对赌回购安排给予的关注度相对较低。

案例：国际市场拓展收购

B 公司是一家中国的科技公司，专注于移动互联网领域的内容平台和应用开发。在成长期，B 公司注意到了国际市场的潜力，通过多轮融资加速海外业务发展。B 公司于 2017 年 11 月宣布收购 M 公司。B 公司在收购 M 公司时使用了来自私募股权融资的资金。在此之前，B 公司曾进行了多轮融资，包括来自 C 资本公司、D 基金、E 基金等知名投资机构的投资。这些融资为 B 公司提供了资金实力和资源支持，用于收购 M 公司等战略举措。

通过收购 M 公司，B 公司获得了 M 公司的用户基础和社交媒体平台，进一步扩大了其在全球范围内的市场影响力。M 公司的用户被整合到 B 公司旗下的海外短视频平台，形成了一个更大的社交媒体网络。收购和整合 M 公司对 B 公司来说是一个重要的战略举措。通过整合 M 公司的用户和技术资源，B 公司成功进入了全球社交媒体市场。M 公司的社交媒体经验和用户互动模式也为 B 公司提供了宝贵的参考和借鉴。

这次收购对 B 公司产生了多方面的影响。首先，收购使 B 公司进一步扩大了其在全球范围内的市场份额，特别是在年轻用户群体中更具影响力。其次，M 公司的社交媒体平台为 B 公司带来了更多的广告和商业机会。最后，通过整合和创新，B 公司能够为用户提供更多多样化的内容和互动体验，进一步提升其产品的竞争力。

9.1.2.3　Pre-IPO 融资

根据 A 股的相关规则，由于企业在递交 IPO 申请后的上市审核期间需要保持股东稳定，因此企业在 IPO 审核期间是无法进行股权融资的。由于 IPO 实际的审核周期具有较大不确定性，因此企业往往会在提交 IPO 申请前再进行一轮融资，被称为 Pre-IPO 融资。Pre-IPO 该轮融资往往发生在企业申报前的 1~2 年，Pre-IPO 融资可以保障企业在 IPO 申请最后的报告期内及 IPO 审核过程中有相对充足的资金储备，确保其竞争力。

这个阶段的企业往往估值较高，所需资金量较大，适合大型 PE 机构投资人。投资人作为风险防范措施，对于企业上市退出的承诺、回购权以及投资人特殊权利条款往往要求也较高。企业需要考虑投资人未来配合解除投资人特殊权利和进行股东穿透核查的态度，对于企业上市后公司治理的配合和支持力度等。除了大型 PE 机构投资人，企业侧仍会希望引入行业上下游的产业投资方，以确保销售或供应链的稳定。企业需要注意，如果客户或供应商作为企业持股 5% 以上的股东，则会构成企业的关联方，相关的销售和采购会构成关联交易，关联交易占比较高（例如超过 30%）会对企业的独立性、持续经营能力带来影响；即便单一客户和供应商股东在企业的持股没有达到 5%，但该等特殊股东主体入股亦会被证监会和交易所重点关注，包括是否有利益输送、交易定价是否公允等。

案例：Pre-IPO 融资与协同效应

C 公司是一家中国内地企业，在成熟期通过股权融资实现了快速发展。未在港股上市之前，C 公司通过多轮私募融资筹集了大量资金。融资来源主要包括国内外一流的风险投资机构和私募基金。2015 年，C 公司完成了超过 40 亿美元的 E 轮融资，投资方包括 F 投资机构、G 投资机构等产业投资人。

通过 Pre-IPO 轮融资引入的产业投资人对 C 公司业务产生了协同效应和整体影响。具体包括以下几个方面：①资金实力增强：Pre-IPO 轮融资为 C 公司增加了大量的资金，提升了其资金实力，有助于支持公司的扩张和战略投资。②行业经验和资源支持：产业投资人通常具备丰富的行业经验和资源，可以为 C 公司提供战略指导和市场洞察。

他们的参与对于 C 公司在产品创新、市场拓展和商业模式优化等方面有积极的影响。③产业整合和合作机会：与产业投资人的合作可以帮助 C 公司实现产业整合和合作机会。通过与其他业务相关的公司合作，C 公司可以扩大服务范围、提供更多的增值服务，进一步提升用户体验和市场竞争力。④市场认可度提升：产业投资人的参与和投资行为对市场具有一定的示范作用，有助于提升 C 公司的市场认可度和品牌价值。总体而言，C 公司上市前的融资引入的产业投资人为 C 公司带来了资金、经验和资源的增强，提升了公司的竞争力和市场地位。通过与产业投资人的合作，C 公司能够进一步拓展业务，实现更好的协同效应和整体影响。

9.1.3　企业发展阶段之外的因素对股权融资的影响

企业股权融资除了与企业自身所处阶段直接相关，亦与其他很多因素有关，包括整体市场行情、企业业务模式和经营策略甚至是创始人的个人风格等。

例如在经济和融资市场的下行周期，未来总是有更多不确定性，创业企业都希望预备充足的安全资金。对于企业而言，若要努力抓住每一次融资机会，可能就要牺牲估值或有利的交易条件。面临估值下行和交易条件的压力，不同风格的创始人对未来不确定性的判断是不同的，在融资储备企业发展资金上的动力或压力上也会表现得不同。

创业企业的业务模式不同，对资金的需求程度不同。有的企业业务能较快地带来营收和利润，其正常经营便可以让企业活下去；但有的企业业务基于较长时间的研发投入，可能企业在两三年内都不会有营收，更别说产生盈利，这样的企业就需要根据研发进展不断地进行融资。企业经营战略不同，对融资需求亦会不同。例如，有的企业战略侧重是不断扩大市场规模及提升行业占有率，有的企业战略侧重是提升盈利能力、健康的现金流和组织发展的长远内在建设。二者对资金的需求也是不同的。

另外，企业融资也与企业现有财务投资人的需求和态度相关。例如有的财务投资人为了实现账面浮盈（一些投资机构的投资经理绩效考核也与已投企业是否实现账面浮盈相挂钩，账面浮盈的业绩也可以帮助投资机构顺利募集下一期基金），会将完成更高估值的融资作为公司在融资协议里的承诺事项，若不能在一定期限内完成更高估值的融资，甚至可能触发回购条款。企业受制于该等约定，也会考虑进行融资。

9.2 科技型企业股权融资的流程和方法

技术经理人应了解企业股权融资的一般流程。从企业侧角度出发，股权融资的流程一般包括筹备阶段、寻找投资者、配合尽职调查与交易文件的谈判、交易交割。

筹备阶段：企业需要制订融资计划，明确融资目的、金额、用途和时间等；准备商业计划书、整理相关的财务报表、财务预测数据、公司基础资料等。

寻找投资者：通过人脉、各类孵化器资源或财务顾问等方式寻找潜在投资者，并可以考虑为特定投资人准备初步展示项目价值，吸引投资人关注后再全面向投资人展示企业的商业模式、市场前景、竞争优势等。

配合尽职调查和交易文件的谈判：投资者会根据其内部制度决定是自行对企业进行调查还是聘用第三方中介机构向企业进行调查，但企业侧均需配合投资人的尽职调查工作，在尽职调查前，企业应与投资人及其中介机构签署保密协议。尽管签署了保密协议，但视企业商业秘密的重要性，企业仍可以对敏感信息进行脱敏处理再提供或选择在更晚的阶段再提供相关商业敏感信息。在投资人尽职调查的同时，投资人通常会与企业就投资条款书或其他交易文件进行沟通，交易文件的第一稿往往由投资人提供。视企业侧的预算及融资人员的专业能力，企业可以考虑聘请律师协助企业就交易文件进行谈判和修改。

交易交割：企业侧办理工商变更登记手续，投资人应根据投资文件的约定支付投资款。

在企业一轮融资中存在多个投资人的情况下，若能清晰确定领投方和跟投方的角色，企业跟领投方谈判确定的交易条款跟投方需实质接受，则对于企业融资谈判会较为有利。但往往同一轮次的投资人有其各自的商业诉求和内控标准，领投方与跟投方的角色定义并不清晰，企业需要顾及不同投资人对交易文件的反馈，交易文件的谈判会更为复杂。企业需要重视在各个阶段与新老投资人的沟通顺序，包括在方案确定、交易文件谈判和交割阶段。各投资人都有自己的诉求，一方诉求的变动就可能引发全部交易方案、交易文件或交割文件的变动，如何提前细化管理、尽量减少沟通轮次、优化沟通顺序，是在执行阶段需要格外注意的问题。

另外，在企业有前轮投资人的情况下，新一轮投资人的股东权利可能对上一轮投资人的特殊权利造成影响，对于交易的谈判不仅仅在公司与本轮投资人之间进行，还需要前轮投资人的参与，在这种情况下，交易流程也会更为复杂。创始人可以考虑先与新一轮领投方基本谈定条款，然后与新一轮跟投方沟通确认，最后再由前轮投资人予以审阅确认。为了尽快推进完成交易，需要结合项目实际情况，考虑是否存在变通或加速空间。例如通过合理的方式提前整理核心条款清单或征询前轮投资人的意见。而在前轮投资人中，也需要结合历轮融资的沟通情况，了解每一家投资人的内控流程和内部审批要求，避免因一方流程的问题影响整个交易进程。而是否要启动沟通的变通方案以及如何变通，有赖于创业企业或律师对交易条款变动对于投资人影响的判断，更在于对投资人内部流程和要求的理解和熟悉程度。

最后，对于股权融资交易流程的管理也是一项重要工作。企业方往往希望能快速完成融资交易，一方面能尽快锁定交易落袋为安，另一方面也可以让创始人和团队的精力更多投入业务和研发当中，避免漫长的融资过程消耗精力。管理交易流程通常会制定项目时间表，分解项目推进步骤和每个步骤的负责方，并不断跟进和更新项目时间表。设计和管理交易时间表需要对投融资事项有丰富的经验。交易时间表需要考虑交易实施所需的内外部审批/备案程序，如交易是否需要行业主管部门的许可、是否涉及国资审批、是否需要相关上市公司层面的决议和公告，是否涉及经营者集中申报、是否需要办理外汇登记手续、是否涉及银行债权人的通知/同意等；制订交易时间表时亦应考虑一些操作细节，如不同投资人的签署用印流程、公章所在地、审批决策人或签字代表的近期安排等，工商材料及签署要求，比如是否涉及传签、传签顺序如何安排等问题。

技术经理人应了解企业股权融资是一项专业性较强的工作，合理借助外部专业的专业协助可以起到事半功倍的效果。站在企业的角度，企业实施股权融资交易通常遇到的中介机构是融资财务顾问和律师。

融资顾问指在融资过程中帮助寻找和对接投资机构，为企业提供估值咨询和融资战略建议。融资顾问的职责和作用通常包括：①财务规划。帮助企业进行财务规划，制订融资策略和融资计划，确保企业的融资需求与财务目标相一致。②估值分析。进行企业估值分析，评估企业的价值和合理的融资金额，为企业提供估值建议和定价策略。③融资结构设计。根据企业的需求和市场条件，设计合理的股权结构和融资方式，优化融资结构和权益分配。④投资者匹配。融资顾问具备广泛的投资者网络和资源，能够协助企业与合适的投资者进行对接，提供投资者匹配和引荐服务。⑤谈判支持。在融资谈判过程中提供专业支持和建议，协助企业与投资者进行谈判，达成有利的融资条件和协议。

在选择融资顾问时，企业应综合考虑其需求、行业特点和预算，从多维度进行遴选比较，包括财务顾问机构的行业专业性、信誉和声誉、服务团队的专业能力和重视程度、收费结构和服务条款等。企业可通过与多个融资顾问进行沟通，了解他们的服务方式、合作模式和团队配备，选择与企业需求和文化相匹配的合作伙伴。

律师代表项目公司利益协助设计交易方案、审阅和修改交易文件以及协助交易的谈判。公司律师在融资交易中的职责和作用通常包括：①制订和管理交易时间表。具有丰富投融资经验的律师会熟悉交易流程步骤以及所需的内外部审批要求，可以对交易实施的潜在障碍进行预判，协助企业制定和管理交易时间表。②法律咨询。为项目公司提供法律咨询，解答与股权融资相关的法律问题，确保交易的合法性和合规性。③交易文件起草。负责起草、审核和修订与股权融资相关的法律文件和合同，起草公司内部决议文件等。④协助尽职调查。律师协助项目公司进行尽职调查，审查投资者的资质、背景、合规性等，确保项目公司的利益和合法权益。⑤谈判支持。律师作为项目公司的法律代表，在融资谈判过程中提供法律支持和建议，确保项目公司的权益和合规要求。⑥交易交割。律师协助项目公司处理交易的执行事宜，包括股权转让、注册登记、交易结算等，确保交易的顺利进行。

在选择律师时，企业通常结合其服务需求和成本预算，多维度考虑权衡比较律所事务所，包括律师擅长的专业领域、律师所在地及沟通便利性、律师的精力和配合程度、事务所的资源能力和收费情况等。优秀的投融资律师除了熟悉投资交易条款和融资流程，也应在企业IPO业务方面有丰富经验，这样在代表公司跟投资人谈判的时候，可以基于IPO对企业审查的要求有理有据地跟投资人分析企业的哪些瑕疵不会影响公司上市申请。同时，优秀的投融资律师应在公司股权架构设计、股权激励、交易涉税、劳动、外汇等方面均有丰富经验，能够帮助公司在融资的同时搭建或调整合适的持股架构，并对公司核心人员的激励管理、对公司融资重组相关事宜给予建议和赋能。

9.3 科技型企业股权融资的估值方法

9.3.1 价值投资的逻辑

9.3.1.1 价值与价格

价值是一个事物的效用所带来的需求度，这个效用如果能够成为商品或资产在市场上交换，其交换的货币值就是价格。这个需求度也常常表现为经济学上的稀缺度。并非所有事物的效用都可以交换，比如阳光和空气，虽然是人生存不可缺少的需求，但因为供给无限，所以就没有商品的价值。当然，在高原空气稀薄地区，氧气也可以是商品。

价格是价值的表现，但价格因受需求度的影响会出现超出效用的变化与波动。也就是说，效用没改变，但价格发生了变化。需求度受两个因素影响——供给与需求，这两个因素形成了供给曲线，其中需求又受需求偏好的影响。如果一个商品如果效用没变，但市场的需求偏好减弱、供给又在增加的话，其价格一定是下降趋势，比如工业产品；相反，如果需求偏好增加、又供给不足的话，价格一定是上升趋势，如限购的房产。

9.3.1.2 投资品的价值与价格

投资品的价值效用是盈利能力，这个能力表现为未来净收益（净现金流或净利润）的累计现值。因此，投资品的价值是对其盈利的预期，这个预期中还包含了风险预期。很多预期是基于历史和当下信息的判断，我们称为"基本面"。

投资品的价格是基于基本面的市场博弈结果。投资品的市场博弈常常受到资金供给和投资品数量的影响，出现脱离基本面的"价格趋势"，这个趋势会在投机者（即不看基本面的短期趋势机会投资者）的追涨杀跌中加强，市场中大量以短期差价为盈利目标的投机行为会加剧价格的波动，因此会产生价格泡沫或者价值洼地。

9.3.1.3 价值评估方法与价格定价方法

常用的价值评估方法主要是自由现金流折现（Discounted Cash Flow，DCF）、内部收益率（Internal Rate of Return，IRR）模型、市盈率（Price /Earnings Ratio，P/E）、市盈率相对盈利增长比率（Price Earnings Ratio /Growth，PE/G）、企业价值倍数（利息、所得税、折旧、摊销前盈余）（Enterprise Value /Earnings before Interest，Tax，Depreciation and Amortization，EV/EBITDA），以及复合增长率（Compound Annual Growth Rate，CAGR）等指标。

价格定价是对当下的价格的计算，最典型的定价模型是期权定价模型，该模型的输入数据来自市场价格数据，如行权价格和波动率等，而非企业的盈利数据。

价值模型是对未来企业内在价值的预测，价值模型需要输入的是预测净现金流和净利润等企业经营数据。

市盈率、企业价值倍数和复合增长率等指标都是对企业盈利能力不同角度的表达。

市盈率是当下价格对企业未来成长性的预期，但这种预期是没有可量化模型和计算方式的。企业价值倍数是考虑了公司负债后的估值，非常适合资本密集型（负债率较高）的企业。息税折旧摊销前利润（EBITDA）没有考虑营业外收入，反映的是企业主营业务的运营绩效，可以体现主业运营的经营效果和对应的价值。

市盈率和企业价值倍数会因行业而异。一般高增长行业对这两个指标的预期较高，而低增长行业的企业市盈率预期较低。

复合增长率是根据期初数值和期末数值来计算期间复利增长方式下的增长率，以此来判断企业的盈利能力。这个增长率既不是实际增长率，也不是平均增长率。

与自由现金流折现和内部收益率方法不同，市盈率是市场价格反映盈利预期的结果，而自由现金流折现和内部收益率则是用预测数值计算的结果。前者受到市场波动影响（贝塔系数），后者是市场的直接表现，比如会出现价格泡沫或价值低估等问题。彼得林奇为了判断估值是否偏离企业实际价值，采用市盈率相对盈利增长比率方法，即以市盈率除以增长率的比率来做简便的估值分析。

价值评估的结果不一定与当下市场价格接近或吻合，但可以对价格走向作出趋势判断。因为影响短期价格波动的因素很多，包括市场的反身性和预期的一致性（普遍乐观与恐慌），这些因素会产生估值泡沫和估值洼地等偏离价值的波动，但在一个相对较长时间里，价格必然要回归价值。因此，价值评估是中长期投资的重要决策依据，它决定了是否在估值泡沫区间卖出，或在价值洼地区间买入的理性投资行为，而不是脱离基本面去预测短期价格走势的投机行为。

简言之，估值模型是基于企业内在价值的测算，定价模型是基于市场价格数据的测算。

9.3.2 企业股权估值方法的市场共识

9.3.2.1 估值水平——市盈率

（1）市盈率

市盈率就是当下价格与盈利水平 E（过去 12 个月的净利润）的比例倍数，是资本市场最广泛使用的估值水平指标。

美国金融分析的开山鼻祖本杰明·格雷厄姆在与大卫·多德合著的《证券分析》一书中首次对市盈率概念进行了较为正式的表述，他们认为：市盈率是股票价格与每股收益的比值，可以理解为投资回收期，也就是假设每股税后利润全部以现金股利的形式回报股东，在不考虑货币时间价值的情况下，多少年能够收回本金。

市盈率是一个对未来盈利能力预期的指标，较高的市盈率意味着企业较高的成长性，也就是当人们选择高市盈率股票或高估值股权时，看中的是其背后的高增长率。因此彼得林奇采用了市盈率相对盈利增长比率公式，用这个公式来分析和判断不同增长率下的企业估值。比如，市盈率相对盈利增长比率在 0.5~1 区间，属于价值与价格吻合区间；低于 0.5，价值被低估；高于 1，则价值被高估。市盈率相对盈利增长比率公式最大的缺陷就是没有考虑风险水平，既没有建立估值与增长率的量化关系，也没有反映折现率与估值的关系。

市盈率指标是股票价格或股权估值与净利润的关系，由于净利润与自由现金流之间的关系较为复杂，因此很难建立自由现金流折现与市盈率之间的关系。将自由现金流的累计作为企业价值，既不符合财务逻辑，也不适合市场习惯使用的估值倍数市盈率和资本收益率（Return on Equity，ROE）这些股价与净利润、净资产与净利润关系的指标。

（2）投资回报的本质

按照本杰明·格雷厄姆对投资回报的定义以及市场对投资回报的约定俗成的理解，一项投资首先考虑的是要在预测期内通过盈利分红可以收回本金，而收回的本金也是要考虑了风险的净利润现值（Present Value，PV）。

之所以要在预测期内通过盈利分红收回本金，是因为当一项投资完成后，股本是无法收回的，只有通过盈利分红才能收回投资。即使要在本金收回前出让手中的股权，股权价值也取决于股权出让时市场对该企业未来盈利能力与风险水平的判断。

自由现金流是不可以分配的，因为其中包含折旧。很多重资产型的企业，投资后每年的折扣很大，自由现金流因为加上了这些折旧，会显得业绩十分靓丽。其实，资本依赖型的企业，折旧是一种可持续发展的储备，按照会计准则也不能分配，因此投资回报是不能来自现金流的。如果考虑到净利润中有应收账款，可以只采用应收账款账期在一年内形成的利润，这个方法不仅简单、合理，也符合大部分企业的现实经营状况。作为估值保守原则，一年外的应收账款利润可以不予考虑。

从财务角度，股权增值就是股东权益的增加，只有净利润能够带来股东权益的增加，折旧并不会带来股东权益的增加。因此，自由现金流不能准确表达股东权益的增加，也不可以与股权价值画等号。

（3）考虑风险的估值

本杰明·格雷厄姆的市盈率概念，除了没有考虑货币的时间价值和投资风险，其投资回收期的表述也未考虑利润的增长率。如果脱离这两个因素去看市盈率的话，没有人会选择高市盈率的股票。人们在选择高市盈率股票时，并不是看中了更长时间的投资回收期，而是其背后的高增长率。正是高增长率，才使投资高市盈率股票投资的回报率高于投资低市盈率股票。

因此，市盈率中的估值P应该等于投资回报期内利润的累计现值（Cumulative

Present Value，CPV），折现率是考虑了风险的货币时间价值，它表现了一项投资的风险水平。这个公式为：

$$P = \sum_{t=1}^{n} \frac{E_n}{(1+R)^n} \quad (9-1)$$

式（9-1）应该是市场的共识，估值逻辑与自由现金流折现相同，只不过用的不是净现金流，而是净利润。

式（9-1）表达了一个投资项目的内在价值与风险水平，价值就是未来盈利的现值之和，风险水平就是折现率 R。

式（9-1）中，P 为 $t=0$ 年的估值，t_1 为投资后的第 1 年，n 为投后第 n 年，n 年为可做投资决策的预测期（即投资期）。如果 E_n 为负数（亏损），就用公式：

$$P = \sum \frac{E_n}{(1+R)^n} \quad (9-2)$$

式（9-2）就是亏损的折现值累计。

我们通常看到财务报表中的股东权益或账面价值（Book Value，BV）并不是企业价值，它仅仅是股权投资额的数值记载。如果一个企业不能通过经营，包括出售企业资产产生可分配的利润，其实际价值会低于账面价值。

式（9-1）中并无增长率，因此要将预测期内的盈利转化为增长率，以方便不同项目的比较。

（4）考虑增长率的估值

随着资本市场中科技企业的数量越来越多，企业的成长性已成为资本关注焦点，而式（9-1）中并无增长率，因此要将式（9-1）转化为有增长率的估值模型，以方便不同项目的比较。

式（9-1）中用预测期内净利润现值之和回报期内利润的累计现值可以算出估值 P，再用估值 P 和投资前的净利润 E，就可以算出利润现值的增长率 G：

$$P = \sum_{t=1}^{n} \frac{E_n}{(1+R)^n} = \frac{(1+G)^n - 1}{G} E \quad (9-3)$$

这个现值增长率 G 是以投资前的净利润 E 为基数，用预测期利润的回报期内利润的累计现值反推出来的复利增长率。现值增长率 G 并非实际增长率，也非复合增长率。但其计算方法与复合增长率类似，复合增长率是以期初值为基数，用期末值算出的复利增长率，而现值增长率是以期初值为基数，用期间值之和算出的复利增长率，因为不依赖单一的期末值，因此 G 值要比复合增长率值更加准确地表达企业的真实盈利能力。

用式（9-3）可以推导出 PEGR（市盈增长率）公式：

$$P/E = \frac{(1+G)^n - 1}{G} \qquad (9\text{-}4)$$

式（9-4）中，P 为估值，E 为投资前的净利润，n 为投资回收期限，G 为投资回收期限内净利润现值的增长率。

PEGR 公式是估值水平 P/E 与盈利能力 G 和投资期限 n 的量化关系，因为利润现值增长率 G 中包含了折现率 R，因此，式（9-4）也是估值水平与盈利能力、风险水平以及投资期限之间的量化关系。

（5）分红和债务杠杆对估值的影响

大多数企业早期和成长期都不会将净利润全部用于分红，而是留在公司通过转增股本来增加股权价值（资本端增值），与此同时做流动资金或用于资本性支出（同步资产端增值），从而减少相应的债务成本和增加利润。因此，在公司快速增长初期，分红比例并不是影响估值的主要因素，只有进入增长的稳定和成熟期，分红才对估值有影响。也就是说，市场对成长期的企业看中的是增长率，对成熟的企业看中的股息率。

受宽松货币政策的影响，在低息时代，美国很多上市公司宁愿借低成本的资金分红和回购股份，也不愿用未分配利润去做企业的运营资金，从而导致股价上升。因此，低息环境中，高比例分红也会提升成长性较差的企业估值。

大多数企业都会债权融资，当股权投资的资本收益率较高、社会平均债务成本偏低时，就可以通过低息债券融资，用较高的债务杠杆提升资本收益率。因此，在做估值比较时需要考虑债务杠杆的作用。我们后面介绍的基础估值都是不考虑债务杠杆的股权估值。

9.3.2.2　资本效率——净资产收益率与市净率

单纯的市盈率是不能衡量资本效率的，因此也很难作为投资决策的依据。比如投资两个市盈率相同，但股本金分别为 1000 万元和 5000 万元的项目，前者的资本效率就明显高于后者。净资产收益率就是股权资本投资效率的表达，当然这个效率可以通过债务杠杆放大。因此，在做投资决策时，不仅要看市盈率，还要看净资产收益率。在对比两个相同估值水平的企业价值时，要计算同样杠杆条件下的盈利能力。

资本效率的另一个指标就是市净率 P/B（Price/Book Value），就是每一块钱的股本金，企业赚钱能力（表现为股价）的指标。很多人在用市净率来判断公司价值时，认为市净率越低，投资价值会越高，这里面存在一个误区，如果一个企业的主营业务江河日下，导致股价下跌，而历史形成的一些财务资产的价值，比如现金、房屋、土地和其他自然资源的价值凸显，这时候的低 P/B 意味着该企业的估值进入了清盘价值区域。好处就是如果企业的可变现资产减去债务高于股价的话，会出现一个价值洼地；坏处是这个企业的盈利能力已经丧失了，只能靠财务资产来体现价值，而这个价值就相当于清盘价值。比如一个盈利不佳，但拥有一块非常值钱的土地，并且账上还趴着大量现金的企业。这种价值洼地都是短暂的，且价值空间有限。如果投资这类企业，尤其是控股性投资，就要考虑企业的主业转型，否则只是赚了一个可变现资产偿债后余额与投资额的差价。

在使用市净率比率中的资产账面价值 Book Value 来评估企业价值时，要关注财务资产的可变现价值，很多账面上的资产未必能卖出其账面的价值，比如一些库存和专有设备等。

把资本效率纳入估值考量，不仅要判断一个企业的盈利能力是资本依赖型的或是知识（创新与技术）依赖型的，还要考虑后期融资的股份稀释问题，这个问题对早期投资尤为重要。比如投资一个需要下一轮融资 2 亿元现金才能实现 6 亿元估值的 A 企业，与下一轮融资 5000 万元就能实现 6 亿元估值的 B 企业相比，B 企业的资本效率就是 A 企业的 4 倍。假如这两家企业当下估值都是 2 亿元，作为之前的投资人，在完成下一轮融资后，A 企业的老股东股份被稀释了 50%，而 B 企业的老股东股份才被稀释 20%，相当于 A 企业股东比 B 企业股东多支付了 30% 的股份，这部分股份在实现

6亿元估值后的价值为 1.8 亿元，相当于老股东的股权价值减少了 1.8 亿元。显然，投资 A 企业的策略不及投资 B 企业。

9.3.3　估值要素之增长率

9.3.3.1　复合增长率

增长率是盈利能力的直接表现。最常见的增长率就是 CAGR。Compound Rate 是复利意思，因此 CAGR 就是从期初值到期末值的增长复利。其计算公式为：

$$CAGR = \left(\frac{期末值}{期初值}\right)^{\frac{1}{期数}} - 1 \qquad (9-5)$$

复合增长率本质上就是一个复利公式，相当于将实际增长曲线变成一个有固定增长率曲线的处理方式。这种方法平滑了波动的增长曲线，可以消除期间的波动影响，方便不同投资品或估值项目之间的比较。如果用复合增长率计算资产增长，会比较准确，因为资产增长到最后一期是期间内全部数值之和。无论期间如何波动，这个增长率都反映了真实的增长。然而，如果用复合增长率计算利润增长，就会出现很大偏差。因为这种方法期末数值是影响复合增长率的关键，与中间值无关。如果期末值相同，无论期间是凸形增长（肥增长）还是凹形增长（瘦增长），结果都一样，这种只顾头尾、不顾中间过程的计算方法会导致对实际价值的误判，见图 9-1。

如图 9-1 所示，虽然"肥增长"和"瘦增长"两种曲线的复合增长率相同，但"肥增长"曲线的面积大于"瘦增长"曲线，前者的价值大于后者。

复合增长率还有一个弊端，就是没有考虑风险因素（折现率），因此无法对相同时间 n 内的不同风险水平项目做比较分析，也无法对不同时间 n 的项目做比较分析。如果考虑风险因素，即便在同样风险水平下，由于后期数值的折现折扣大于前期数值，"前肥后瘦"增长曲线价值也会高于"前瘦后肥"的增长曲线，即便二者面积相同（即二者的利润总和相等）。

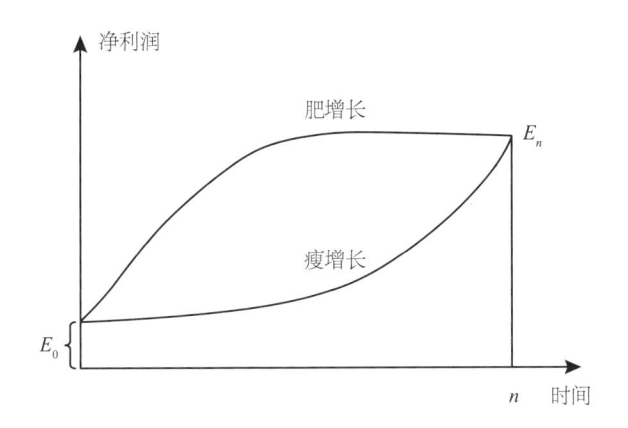

图 9-1 用复合增长率方法计算期末数相同的两类增长曲线

9.3.3.2 PEGR 模型中的利润现值增长率 G

利润现值增长率 G 既不是实际利润增长率 g，也不是复合增长率，而是以期初利润 E 为基数，在预测期 n 年内，用净利润现值的总和推算出来的复利增长率：

$$P = \sum_{t=1}^{n} \frac{E_n}{(1+R)^n} = \frac{(1+G)^n - 1}{G} E \qquad (9\text{-}6)$$

如果将等号两端的算式做成图，二者面积相同，如图 9-2 所示。

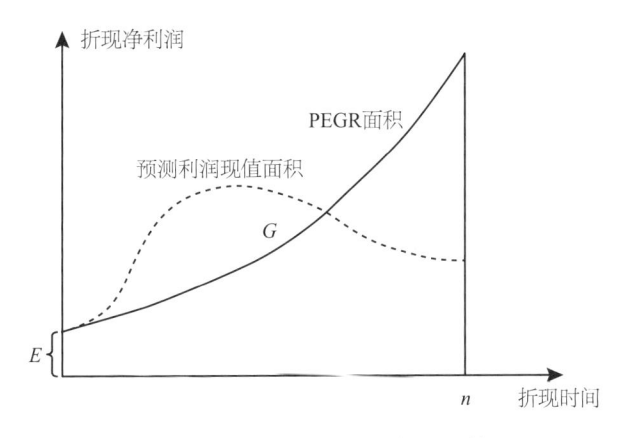

图 9-2 不规则利润曲线的规则化处理

图 9-2 相当于把实际预测利润的现值之和（虚线面积）变形为一个用现值增长率表达的面积（实线面积），这两个面积相等。这个用现值利润增长率 G 表达的面积，我

们称之为"PEGR 曲线面积"。

所有已发生利润和预测利润都存在波动情况，波动产生的不规则曲线很难用一个增长率来表达，因此，通过 PEGR 方法对不规则曲线进行规则化处理，可以十分方便地做估值模拟和对比分析。图 9-2 中的 PEGR 曲线是对不规则曲线的规则化处理，对于增长是不规则形态的 PEGR 曲线而言，最后一期 n 时点的净利润现值是虚拟终值；对于增长是规则形态（比如有固定复合增长率）的 PEGR 曲线而言，最后一期 n 时点的净利润现值是真实终值。

大部分企业的真实增长曲线都是不规则的，而不同阶段的不同增长率会让估值尤其是估值对比十分困难。PEGR 面积可以将任何复杂的或多阶段增长率曲线简化成只有一个现值增长率的曲线。这个转换很容易建立起估值与增长和风险三者之间的换算关系，方便各种条件变化下的模拟推演，并且可长期跟踪一个企业的动态估值变化，随时了解影响其估值的风险水平和盈利能力的变化。

9.3.3.3　PEGR 与复合增长率的关系

为什么不能直接用复合增长率，而一定要用 PEGR 来估值呢？原因很简单，不考虑利润折现就是不考虑风险的估值，这样的估值没有任何意义。复合增长率的功能只在于同时间内相同风险水平的不同项目对比，但不能做估值分析。

如图 9-3 所示，我们把 PEGR 曲线面积称为"有效价值"，把复合增长率曲线面积超过 PEGR 面积的部分称为"无效价值"。所谓无效价值就是超出折现部分的价值，这部分价值在估值中没有任何意义。

除了利润的现值增长率 G 考虑了风险因素，与复合增长率相比，在计算方法上 G 值也能够更加准确地表现出企业的真实盈利能力。因为复合增长率的结果是用期初与期末数推算出来的，与中间过程无关（即与增长曲线的波动和肥瘦无关）；G 是用预测期间全部现值之和 P 与期初数 E 通过 PEGR 公式计算出来的，因此 G 受期末值的影响很小，而复合增长率受期末值的影响很大。复合增长率只适合平滑增长曲线，或者说平滑增长曲线的复合增长率更准；而 G 可以适合任何一种复杂增长曲线。

在做历史数据分析时，G 值计算方法的可靠性会大大高于复合增长率，因为真实的

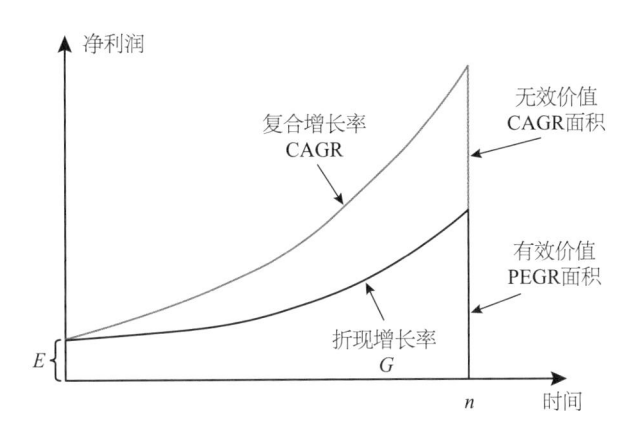

图 9-3　CAGR 转化 PEGR 的有效价值计算

历史数据会出现增长曲线的波动性、不规则性或阶段性（比如前凸后凹，或前凹后凸；前陡后缓，或前缓后陡等），仅仅采用期初和期末值的计算方法是不准确的。

由于复合增长率不考虑风险因素，因此对于估值来讲没有意义，而 G 值则扮演了风险复合增长率的角色，因此 PEGR 模型可以用于不同项目、不同时间范围和不同风险水平的所有项目的估值对比分析。

G 与复合增长率的换算：如图 9-3 所示，G 是期初 E 到期末 n 时点 E_n 现值的复合增长率，因此可以通过 E_n 值与 E_n 现值的关系推导出 G 与复合增长率的关系：

$$G = \frac{1+CAGR}{1+R} - 1 \quad (9-7)$$

式（9-7）可调整为：

$$CAGR = (1+G)(1+R) - 1 \quad (9-8)$$

在实际预测时，一般会先按照投资期的风险水平确定折现率 R，然后按照内部收益率方法反推出复合增长率。也就是用折现率 R 试出一个复合增长率，使期间净利润现值之和回报期内利润的累计现值等于期初的估值或价格。

案例：英伟达股价分析

如图 9-4 所示，2024 年 6 月 24 日英伟达的收盘价 118.11 美元，总市值为 2.91 万亿。按照 2024 年的净利润 298 亿，静态市盈率为：P/E=97 倍。

如果以 2023 年的净利润为基数，以 7 年为基础估值的最短投资回报期，并考虑到 7 年之内还会出现新技术的挑战，仍存在种种不确定性，折现率按照 7 年最短投资回收期的基础估值折现率，静态投资回报率为：$SROI=\frac{1}{7}$=14.3%，再用其复利 10.4% 作为折现率，用 PEGR 公式可以算出，未来 7 年必须保持 87.9% 的年复合增长率才能满足这个估值。

尽管英伟达 2024 全财年营收预计增长 126%，黄仁勋也称生成式人工智能已触及"引爆点"，但是如果连续保持 7 年高指数级的复利增长率应该非常难。按照此增速，第 7 年的净利润将超过 2.46 万亿美元，这是难以想象的。

很多投资品可以长期保持一个较低的增长率，比如 10% 以下的长期增长率。但如果增长率很高，比如超过 50%，要保持较长时间的高增长率就很难。在基数上升的情况下，高增长率需要更大的市场扩张才能支撑。因此，对英伟达的股价判断就需要做动态跟踪预测，比如每年都要观察其是否还能保持原来的高增长率。

9.3.4　估值要素之折现率

9.3.4.1　折现率的本质

现代估值的基本原理形成于欧文·费雪（Irving Fisher）的两本巨著——1907 年的《利息率》和 1930 年的《利息理论》。在这两本书里，他提出了内部收益率的概念。在过去的 50 年，我们见证了现金流折现模型逐渐成为有价证券和企业估值的主流方法，并借助于投资组合理论的出现而得到巩固和发展。

折现率的本质是一种对冲风险的预期收益率，这个收益率表达了：①货币的时间价值（机会成本）；②市场利率影响（货币政策）；③通货膨胀影响以及投资项目的；④风险预期（风险报酬率）。折现率是围绕上述因素（主要是风险因素）可能造成投资损失的补偿收益预期，因此我们也把折现率称为"风险水平"。折现率必须大于资本成本，才可能获得正收益。

在实际投资中，还要考虑融资的资本成本以及资本方的风险偏好。有些低资本成本的资本方会要求只能投资较低风险水平的项目，这类资金可以有较长投资耐心，但有风

图 9-4　英伟达股价走势图

险水平的限制。

总结折现率 R 与融资成本等相关因素的关系如下：

$$R > 融资成本 \geq 机会成本 > 无风险利率 \geq 通胀率$$

机会成本是指风险水平相对较低的投资项目收益率，一个高风险水平项目的预期收益率必须高于相对低风险水平的预期收益率。融资成本有时也会大于机会成本，通胀率有时会超过无风险利率，甚至等于机会成本，因此 R 必须高于通胀率才有意义。

折现率是投资人对被投项目的主观风险判断，最终成交价是市场博弈的结果，也就是投资方与被投方达成共识的结果，并不存在一个客观的折现率。在二级市场中，折现率就是市场的普遍共识。这个共识常常会与实际结果有较大的差异，也正是这个差异带来了超额投资收益。应该说，超额投资收益是认知差异的结果，是投资人的折现率与市场折现率之差，以及投资人的预期增长率与市场预期增长率之差。比如投资人用较低的折现率和较长的资本耐心去投资一个被市场认为风险高、估值低的项目，一旦投资人预期实现，就会获得超额投资收益。

9.3.4.2 折现率与风险偏好和资本耐心的关系

每个投资项目的折现率并非是一个固定值，它取决于项目的不同发展阶段和资本耐心（投资期长短）。一般来说，企业在创业初期因风险水平较高需要较高的折现率，较长的投资期也会要求更高的折现率（图9-5）。

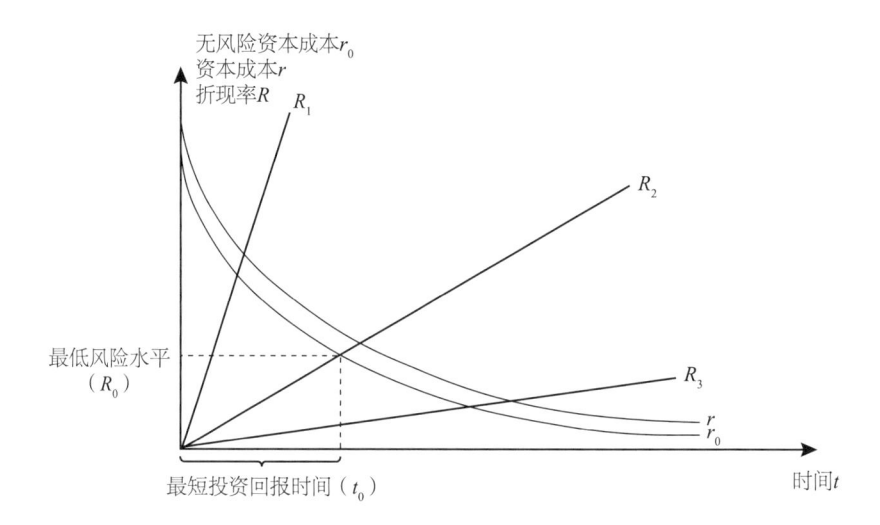

图9-5 折现率与投资回报时间关系示意图

在图9-5中，R_n 为折现率曲线，折现率曲线并非直线，而是与未来盈利相关的曲线。r 为资本成本曲线，资本成本高于静态投资回报率（Static Return on Investment，SROI），$SROI=\dfrac{1}{n}$，n 为预测期，r_0 为静态投资回报率的复利，复利与单利换算公式为：

$$(1+r_0)^n = 1 + n \times SROI （单利） \tag{9-9}$$

$r \geqslant r_0$ 意味着在任何一个预测期内，资本成本都不能低于静态投资回报率（$R \geqslant R_0$），因为静态投资回报率是不考虑货币时间价值的无风险投资回报率。

任何一个股权投资项目都可以用内部收益率的方法算出一个最短时间（t_0）内让净利润的累计现值之和 CPV 等于初始投资的内部收益率，这个内部收益率就是这个项目的最低风险水平 R_0（$R_0 \geqslant r_0$）。内部收益率的计算公式为：

$$NPV = 0 = \sum_{t=0}^{N} \frac{CF_t}{(1+IRR)^t} \tag{9-10}$$

其中，NPV（Net Present Value）为净现值，CF_t 为 t 时刻预期的净现金流，N 为该投资的预期期限。在使用式（9-10）时，现金流 CF_t 改为净利润 E_t，NPV 就是 CPV。

如果一个项目在一年内（t_0=1）的盈利就超过初始投资，相当于 IRR=0，即按照 0 折现率来折现，投资回报仍然大于初始投资，就会出现 R_0=0 的情形。

图 9-5 显示，假如 t_0 之后仍然保持盈利，随着时间的延长，这个内部收益率就会越来越大。而时间的延长意味着投资风险的升高。也就是说，在估值不变的情况下，单利折现率 R' 与预测期或投资回报期 n 是正相关关系，投资回报期越长，风险水平越高。因此，高收益是与高风险相伴的。

可以从 A 股的历史数据中发现这样的规律，以恒瑞医药（600276）为例（表 9-1）。

表 9-1　恒瑞医药股票折现率与对应市值

	折现率	对应市值
第 15 年	18.79%	¥39.84 亿元
第 14 年	17.41%	¥39.84 亿元
第 13 年	15.86%	¥39.84 亿元
第 12 年	14.01%	¥39.84 亿元
第 11 年	11.70%	¥39.84 亿元
第 10 年	8.73%	¥39.84 亿元
第 9 年	5.58%	¥39.84 亿元
第 8 年	1.69%	¥39.84 亿元

按照 2005 年的市值 39.84 亿元，用内部收益率方法可以算出在第 10 年（2014 年）为最短投资回报期，2014 年最低折现率 R_0=8.73%。10 年的无风险静态投资回报率 $SROI = \frac{1}{n}$ =10%，转换为单利 r_0=7.18%（$R_0 > r_0$），也就是投资耐心必须长达 10 年，才能实现最低风险水平的最低投资回报。如果第 10 年以后持续盈利的话，更长投

资期的折现率 $R > R_0$，比如投资期延长到第 15 年，市场给出的风险水平预期可以高达 18.79%。

我们用 A 股市场三家典型的上市公司做了折现率与资本耐心关系的推算，如图 9-6 所示。

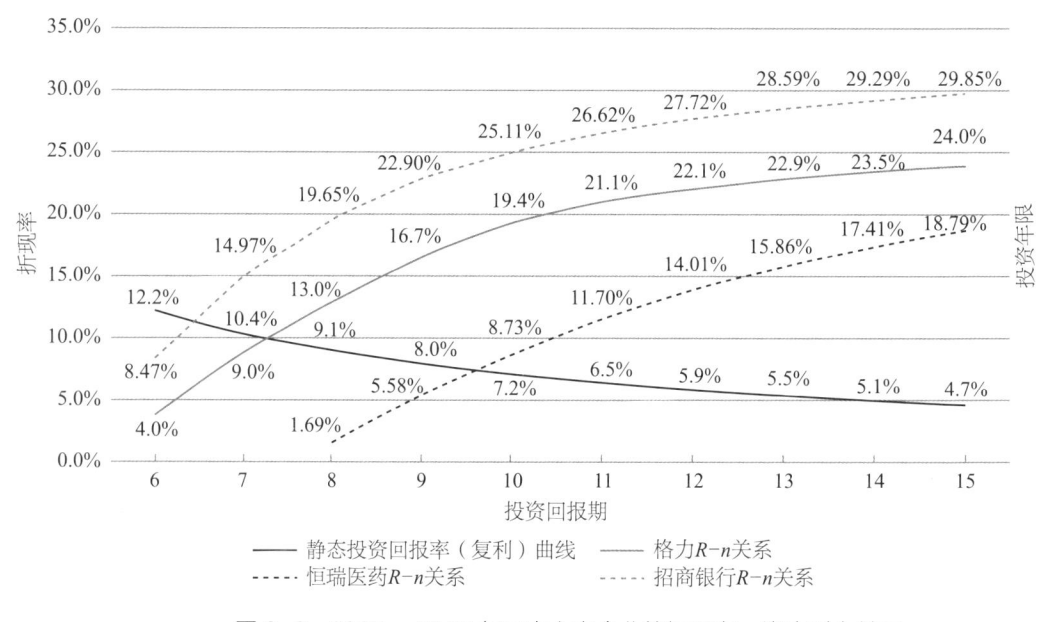

图 9-6　2005—2019 年三家上市企业的折现率 – 资本耐心关系

在用二级市场历史数据统计折现率时，用作测试的期初价格和每期的净利润都是已然存在的客观现实，而用内部收益率方法测算出的不同投资期的折现率就是当时市场给出的风险预期。这些风险预期表达为期初的市场价格。任何一个市场价格都是市场博弈的结果，都包含市场对价值实现的风险判断。这个判断有可能会与后来的结果大相径庭，这个期初的预判与期间或期末的结果差异越大，折现率就会越高。也就是未来实现的价值越大，反过来证明期初被市场价值低估股票的风险预期越高。

通过对 A 股二级市场几家企业的历史折现率分析，我们发现折现率实质上是一种对未来不确定性的"价值折扣"，这个不确定性表现了市场博弈各方对未来的不可知，比如对未来的超预期增长的不可知。

在图 9-6 中，2005 年时，市场对恒瑞医药（600276）的未来增长预期就高于对招商银行（600036）的增长预期，而在同样的折现率下比较，比如按照恒瑞医药的折现率，招商银行的 15 年 CPV 为 1248.28 亿，净利润的现值增长率为 11.1%；同期恒瑞医药的 15 年 CPV 为 39.84 亿，净利润的现值增长率为 9.1%。招商银行的实际业绩超出了期初市场的预期，而恒瑞医药的业绩不佳，甚至低于市场预期，因此在后期的折现率上招商银行高于恒瑞医药。

折现率的历史数据告诉我们，做长周期估值既不现实，也不准确。大部分企业尤其是科技类企业的估值只能做动态的跟踪估值，比如至少每 5 年或者一些重大事项发生时都要做跟踪估值，如此才能确保估值的准确。比如药明康德受美国《生物安全法案》草案版的影响和英伟达受到 AI 技术爆发的影响，这些影响因素都不是多年前就可以预判的，需要在形势发生变化时及时进行跟踪评估。

9.3.4.3　折现率与资本成本

DFC 模型把资本成本（Weighted Average Cost of Capital，WACC）当作折现率。严格意义上讲，资本成本是融资成本，并非投资项目的折现率，因为多数投资机构的资金都是融资获得的。资本成本不仅受债务成本和债务杠杆的影响，还受到教科书中定义的二级市场贝塔系数的影响。在做估值时，应该按照全股权投资进行评估，在此基础上再做债务因素的考量。而二级市场的贝塔系数完全不适用一级市场的投资估值。

如前所述，折现率取决于投资风险偏好。一般情况下，风险偏好越高，投资期会越长。然而，也存在高风险偏好和短投资期，以及低风险偏好和长投资期组合的情况。比如很多风险投资并没有长时间的耐心，希望在估值上市的投资接力途中退出，但它们愿意承担较高的投资风险（如图 9-5 中的 R_1 线）。还有一种情况，就是一些追求有较高安全边际或具有长期稳定现金流的投资，它们会有较长的资本耐心，但不能承担较高的风险（如图 9-5 中的 R_3 线）。

9.3.4.4　折现率与盈利能力

盈利能力是价值投资的基础，折现率是价值投资的风险考量，作为风险报酬率，其中也包含了价值预期。这个价值预期就是对高风险项目的高回报预期。其高回报的实现是在风险的不确定性在未来确定后,随着风险消失或减小而凸显出来的价值。这就是富贵险中求的道理。

当一个企业未来的发展向市场展示出较大的不确定性时,这时候市场对企业的风险预期就会表现为以较高的折现率压低企业的市场估值。一旦未来风险没有发生,或者得到了有效管理和控制,企业的真实价值就会与当初低估值产生一个差价,这个差价往往是投资成功的超额收益的来源。

任何一个投资项目都不存在一个固定的风险水平(折现率),风险水平取决于投资的风险偏好。高风险偏好的投资会面临高风险水平(折现率)。当然,高风偏好并不是对风险的喜爱,而是对高风险背后的高收益的追求。假如一个投资项目的风险很高,预期收益又很差,那就没有投资价值,更不会成为高风险偏好投资人的选择。风险水平与预期收益率的关系如图 9-7 所示。

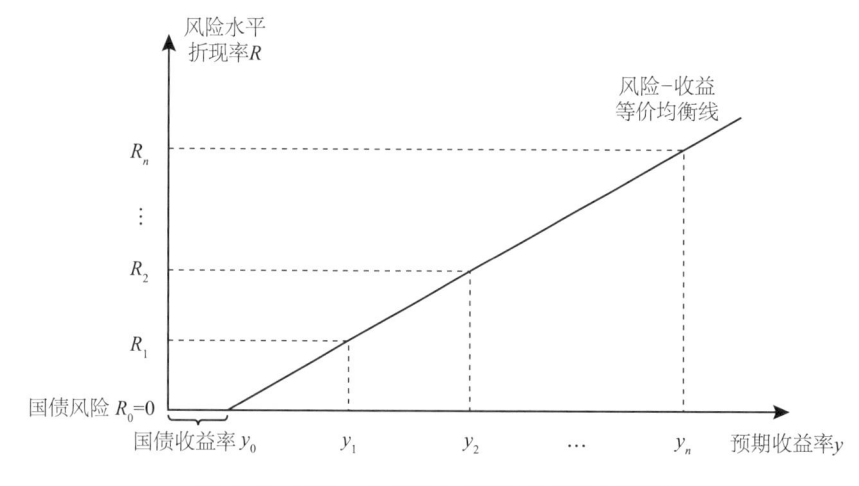

图 9-7　风险 - 收益的市场等价均衡线示意图

如图 9-7 所示,风险 - 收益等价均衡线是指在同一时点市场自发形成的均衡价格,即所有投资品的价值都在市场上得到其价格的体现。如果市场上存在高收益且低风险的项目,那么资本就会流向这类项目,导致这类项目价格上升、收益率下降,最终形成与低风险和低收益项目等价的平衡。

因此,所谓"价值洼地"并不会存在,因为低风险、高价值的项目必然会吸引资本流入,最终高价值必然会表现为高价格,高价格进而导致投资回报率下降。等价均衡线表现了"大海是平的"市场均衡，而真正的价值洼地一定是隐藏在高风险、高回报和低估值的项目中，这类项目往往会让投资人因风险太高望"风"而逃，因而出现低估值的情况。只有少数人能够把握高风险、低估值项目的趋势和不确定性，通过低估值的投资获得超额回报。

等价线定律常常用在投资组合当中，即投资人的投资组合就是一个等价组合，如果投资人认为某个投资项目更值钱或更便宜，就会作出放弃或退出其他更贵的投资项目而去投资这个更便宜项目的决策。比如在一个投资组合中有国债，也有 VC 和 PE 等项目组合，如果投资人发现了风险投资的"价值洼地"（市场还没发现），就会卖出其他资产而增加对"价值洼地"的投资。当市场发现这个价值洼地后，很快就会填平，出现新的均衡，新的均衡就成为更早投资人的套利空间。

超额投资的技术不仅仅在于对企业盈利趋势不同于市场的独特判断，更多的还是对风险不同于市场的独特判断。因此，估值与投资决策的核心技术主要在于盈利能力和风险水平（折现率）的确定。而对风险水平的预测难度比盈利预测更高，并且关于折现率的确定是教科书中传统估值方法的严重缺失。

9.4 本章小结

科技型企业股权融资的特点：科技型企业股权融资具有迭代快、风险高、资产轻、多轮融资、激励股权等特点，需要把握适当的融资节奏和估值水平，同时考虑投资人的背景、资源和要求。

不同发展阶段的科技型企业股权融资特点：科技型企业在初创期、成长期和 Pre-IPO 阶段，股权融资的需求、来源、策略和挑战各有不同，需要根据企业的产品开发、市场验证、业务扩张、上市准备等阶段性目标选择合适的投资方、融资方式和交易条款，同时考虑股权稀释、激励股权和投资人特殊权利等因素。

企业股权融资的估值方法：主要包括基于盈利能力的市盈率法、基于资本效率的市净率法、基于现金流的自由现金流折现法和内部收益率法等。不同的方法适用于不同的行业和阶段，需要综合考虑企业的盈利预期、增长率、风险水平、资本结构等因素，以及市场的供需状况和投资人的评估标准，进行合理的估值分析。

思考题

1. 不同阶段的科技型企业实施股权融资有哪些注意事项？
2. 科技型企业进行股权融资时应如何平衡老股东和新投资人之间的利益？
3. 对科技型企业应如何进行估值？
4. 投资回报的本质是什么？
5. 影响估值水平的四大因素是什么？
6. 彼得林奇的PE/G公式缺少了什么？

第 10 章
企业的商业模式及上市规划

　　随着全球资本市场的不断演变与深化，企业的上市路径选择已成为实现长远发展的重要一环。然而，面对不同的市场规则、投资者结构以及企业自身的发展需求，如何权衡利弊，选择最适合自己的上市方案，成为摆在企业面前的一道难题。本章将分析不同资本市场的特点与优势，并结合企业商业模式特点以及上市审核理念，梳理上市关注要点，探讨如何制订合适的上市策略。通过深入了解市场环境和自身条件，企业将找到最适合自己的上市之路，开启资本运作和跨越式发展的新篇章。

　　本章主要介绍境内外上市的路径及其考虑因素、基于上市的业务模式关注要点、上市发行审核的流程及关注要点，并通过典型案例剖析如何借助资本市场力量实现企业持续高质量发展。

10.1 境内外上市的路径选择及考虑因素

10.1.1 境内外上市路径概述

近年来,随着全面注册制改革的深入推进,境内多层次资本市场体系逐步完善,境外上市备案的常态化加速了企业"出海"步伐。这一趋势使得中国企业的上市路径不断拓宽,并呈现多元化特征,包括中国境内上市、中国香港上市、海外上市、双重上市等。

10.1.1.1 中国境内上市

中国企业可以选择在中国境内的主要股票交易所上市,如上交所、深交所和北京证券交易所(以下简称北交所)。境内上市有利于企业更好地利用境内资本市场接近本土投资者,同时也能受益于中国政府对本土企业的支持和政策优惠。根据 Wind 统计数据,截至 2023 年 12 月 31 日,中国境内上市企业中,深交所主板数量占比 28.19%(含中小板)、创业板数量占比 25.00%;上交所主板数量占比 31.71%(含中小板)、科创板数量占比 10.62%;北交所数量占比 4.48%。

10.1.1.2 香港上市

香港作为中国的特别行政区,在国际资本市场上具有重要地位。企业选择在香港上市可以获得更为接近境外市场的投资者基础和更加灵活的监管环境,也可以更方便地开展跨境业务和融资活动。根据中国证券监督管理委员会(以下简称中国证监会)披露的境内企业境外上市备案情况,2023 年赴境外上市的境内企业中,选择在香港上市的数量占比 67.19%。

10.1.1.3　海外上市

中国企业也可以选择在海外主要资本市场上市,如纽约证券交易所、纳斯达克、伦敦证券交易所等。海外上市可以让企业直接接触国际资本市场,广泛获得国际投资者青睐,同时也有助于提升企业的国际形象和声誉。根据中国证监会披露的境内企业境外上市备案情况,2023年境内企业计划境外上市的,选择在美国上市的数量占比为31.25%,占据主流。

10.1.1.4　双重上市

部分中国企业会选择在两个及两个以上的交易所同时上市,即两地上市。目前常见的有"中国境内 + 中国香港"两地上市、"美国 + 中国香港"两地上市。两地上市可以让企业同时享受两个上市地区资本市场的优势,扩大融资渠道,同时提高公司的国际化程度和知名度。根据 Wind 统计数据,截至 2023 年 12 月 31 日,A 股上市公司中实现"中国境内 + 中国香港"两地上市的数量为 150 家,平均市值为 1714 亿元;在境外上市企业中,实现"美国 + 中国香港"两地上市的数量为 32 家,平均市值为 1321 亿元。由此可见,两地上市亦逐步成为千亿市值公司的选择。

综上来看,中国企业上市路径各具特色,为中国企业的资本运作和国际化发展提供了丰富选择。境内上市占比显著,其中主板上市数量较多,创业板、科创板快速发展;香港作为国际金融中心,亦成为中国企业重要的上市选择地,其灵活的监管环境和跨境融资优势备受青睐;海外上市则为企业提供直接接触国际资本市场的机会,尤其在美国上市的企业较多;双重上市策略逐渐流行,"中国境内 + 中国香港"或"美国 + 中国香港"的组合成为主流,有助于企业拓宽融资渠道并提升国际知名度。

10.1.2　境内外上市路径考量因素

随着全球产业结构的演进与发展,境内外资本市场的环境变化及规则也随之变革,并催生着新的上市生态。中国企业需要根据各资本市场的基础制度与投资者结构、企业自身的规模与成长情况、所处行业与业务先进性、规范程度与合规成本、上市规划等方面作出明智的决策,以实现长期的发展目标。

10.1.2.1　市场基础和投资者结构

不同市场处于不同的发展阶段，亦具有不同的特征，体现在制度、规模、企业分布以及投资者结构等方面，导致不同市场间的流动性和估值定价存在显著差异。

以境外上市为例，拟上市企业需要充分考虑境外投资者的接受程度，境外市场以机构投资者为主且市场化程度较高，行业趋势、同比公司、境外业务收入、未来现金流等因素是影响估值以及流动性的重要因素。在境内资本市场，不同板块的市盈率亦存在着差异。根据 Wind 统计数据，截至 2023 年 12 月 31 日，主板平均市盈率为 30.27、创业板平均市盈率为 42.26、科创板平均市盈率为 47.12、北交所平均市盈率为 35.17 [1]。

10.1.2.2　企业规模与成长情况

不同市场对拟上市企业的财务指标设置了不同门槛。在中国境内市场，沪、深主板相较于其他板块而言具有更高的财务指标要求，适合业绩稳定、规模较大的大型企业；北交所则具有较低的财务准入门槛，对中小型企业更具包容性。

相比而言，中国香港资本市场及美国等境外市场在上市审核过程中，对拟上市企业的业务形态和亏损企业的包容性更高。

10.1.2.3　企业所处行业与业务先进性

新兴行业或具有高增长潜力的行业受益于广阔的发展前景，往往更受资本市场的青睐，这些行业可能包括信息技术、生物技术、新能源等领域。同时，业务先进性已成为衡量拟上市企业优劣的重要因素，较高的技术壁垒通常意味着较强的盈利确定性，以及未来持续的技术门槛与盈利预期。

对于境内上市，主板聚集发展模式相对成熟、盈利和投资回报更为稳定的行业；科创板强调"科创属性"，业务先进性体现在技术上；创业板侧重"三创四新"，业务先进性不仅局限于技术，对业态、模式的创新也有包容性；北交所则定位于服务创新型中

---

[1]　平均市盈率剔除市盈率为负值和市盈率大于 100 的情形。

小企业，并与科创板、创业板形成错位发展格局。相比而言，境外资本市场虽然对行业和公司业务包容性较强，但从数据来看，信息技术类等新兴行业的上市数量较多，代表着这类企业更受境外资本市场欢迎。根据 Wind 统计数据，截至 2023 年 12 月 31 日，美股上市中概股 317 家，其中信息技术类公司占比 48%。

10.1.2.4　企业规范程度与合规成本

企业各项业务开展、内部管理的规范程度对上市成功与否具有极其重要的影响。不同资本市场所在国家或地区的证监会、交易所等监管机构，对企业财务报告、公司治理、信息披露等方面的规范要求均有所不同，企业需要为此承担相应的合规成本。

10.1.2.5　企业上市规划与时间安排

企业的上市进程与业绩现状、成长预期、行业发展状况、内部规范程度息息相关，亦与所选择上市板块的审核速度密不可分。企业在选择上市路径时，需充分考虑、评估各市场的审核难度及审核周期是否满足企业的上市规划与时间安排。

结合过往的执行经验，不考虑中国证监会境内企业境外上市备案流程，美股上市周期为自申报起一般需要 4~6 个月完成上市；港股上市周期为自首次递表至通过聆讯一般需要 6~9 个月；A 股上市周期则相对较长，受政策影响较大。

总体来看，拟上市公司在选择境内外上市路径时，需综合考量多个维度，以制定更合适的上市策略，确保上市进程顺利并最大化市场价值。①各资本市场基础和投资者结构不同，境外市场以机构投资者为主，流动性与估值受多种因素影响；而境内市场各板块市盈率存在差异，反映了不同市场的估值特点。②企业规模与成长情况决定了适合上市的资本市场，如大型稳定企业适合选择主板上市，创新型企业适合选择创业板或科创板上市，中小型企业可能在北交所找到更多机会。③企业所处行业与业务先进性对资本市场的吸引力至关重要，新兴行业及高技术壁垒企业更易受青睐。④企业规范程度与合规成本也是不可忽视的因素，不同市场对企业规范要求各异，需要综合评估。⑤企业上市规划与时间安排亦需考虑，各市场审核速度与周期不同，企业需要根据自身发展规划进行选择。

10.2 基于上市的业务模式关注要点

以商业模式画布（The Business Model Canvas）这一全新商业模式分析框架为基础，结合过往执行经验以及首次公开发行审核理念，通过客户细分、价值主张、渠道通路、客户关系、收入来源、核心资源、关键业务、重要合作和成本构成9个方面对拟上市公司的业务模式进行解析，分析其中的关注要点，具体见表10-1。

表10-1　基于投行视角的商业模式画布

项目	理论基础	投行视角	关注要点说明
客户细分	目标客户群体和用户群体（产品所瞄准要服务的不同人群或组织）即"为谁提供服务？为谁解决问题？"	产品所处行业？前五客户是谁？是否为细分领域知名客户？	1. 行业未来的发展决定了企业未来发展的"天花板"。关注企业所属行业的发展趋势、行业特性、行业是否符合国家产业政策。 2. 企业所处行业的发展空间及阶段，属于导入期、成长期、成熟期、衰退期的哪个时期？ 3. 下游客户的市场地位。从客户的行业地位和品牌知名度，可以反推出公司的技术含量和市场竞争地位，包括在行业的话语权以及在整个产业链中的议价能力。
价值主张	通过什么样的产品或服务提供给客户，满足客户什么样的需求，带来什么样的价值（强调为目标群体带来的实际应用价值）？即"如何提供服务？"	主营产品及技术特点、可替代性	1. 产品价值量之重要性，即是否给客户提供其核心业务服务，关注重要客户销售占比。 2. 产品价值量之毛利率。在经营层面，毛利率反映了企业的市场竞争地位和产品赚取附加值的能力；在财务层面，毛利率反映了收入和成本两个最核心的财务数据。
渠道通路	通过哪些渠道和方式触达目标群体？客户通过什么渠道获得我们产品或服务？即"怎么触达客户？"	直销、经销	1. 根据所处行业特点、自身经营实力，判断直销、经销模式的合理性。 2. 关注经销商与发行人之间的关联关系、交易情况（尤其是终端销售情况）以及经销商的增减变化情况与原因。

续表

项目	理论基础	投行视角	关注要点说明
客户关系	与目标群体如何建立和维护客户关系？如何让客户购买或者复购？即"怎么样和用户打交道？"	客户集中度？对第一大客户是否依赖？客户结构是否稳定？	1. 是否存在大客户依赖 （1）根据客户依赖对象的实力（大型国企、知名上市公司或非知名企业）来判断客户依赖程度； （2）通过与依赖客户之间是否相互依赖来判断客户关系的稳定。 2. 存在大客户依赖的企业应关注以下事项： （1）依赖客户类型与下游行业格局，了解是否涉及垄断行业等； （2）拟上市公司的企业经营能力，了解是否具备较有优势的盈利能力和较强的议价能力。
收入来源	终端目标客户在哪儿？即"怎么挣钱？"	收入真实性的判断	经销收入与境外收入往往是 IPO 收入核查中工作量最大的。 1. 经销模式核查 （1）核查对象、覆盖比例及程序：关注核查最终销售覆盖比例，说明具体核查程序及覆盖比例； （2）对经销商的核查要求：关联关系核查、前十大经销商重点核查、核查主要经销商最终销售、核查主要经销商的期后退货、核查经销商准入标准； （3）其他财务核查要求：披露经销商合作条款、核查毛利率合理性及其他财务信息。 2. 境外收入核查 （1）关注发行人与客户的合作历程； （2）关注境外客户的分布情况，各年分布的变动情况； （3）关注境外销售收入的具体确认方式。
核心资源	公司拥有的核心资源是什么？拥有什么样的优势和壁垒来帮助实现商业模式？即"我拥有什么核心资源？"	形成核心技术的关键要素	1. 核心技术的独立性。若核心技术来自实际控制人或董监高的转让，则需要关注： （1）转让的程序是否合法，是否签署书面协议，是否已完成变更登记手续； （2）若发行人支付相应对价，则需关注作价是否公允。若转让金额较高，建议采取评估方式，以便论证价格的公允性。 2. 对于核心技术为专利的，需要披露专利的取得方式、有效期。对于部分核心技术采取非专利技术保护，通常需要解释未申请专利的原因及合理性，并考虑介绍发行人商业秘密保护的相关机制。 3. 核心技术人员对原单位是否存在保密义务或竞业禁止义务，是否存在纠纷或潜在纠纷。
关键业务	有哪些关键业务活动？不同阶段完成什么重要业务活动，以确保商业模式可达成？即"怎么样和用户打交道？"		

321

续表

项目	理论基础	投行视角	关注要点说明
重要合作	需要与谁合作才能帮助完成一些必需的工作，达成商业目标？谁是重要的供应商或合作伙伴？即"谁能帮我达成？"	产业链上下游的联动	为了在与上下游企业的竞争中处于优势地位，企业必须做好产业链整合，通过整合自身产业链达到降低成本的目的，在谈判中掌握主动权。对于能否达到预期效果，关键在于能否实现价值链的重构与整合，需要关注以下几点： （1）企业文化的协调和融通； （2）核心产业的确定； （3）解决企业规模过大带来的经营风险。
成本构成	商业模式带来的所有成本（固定+浮动、研发+市场+补贴等）即"成本是什么？"	成本真实、准确、完整的判断	1.良好的成本控制管理可以降低产品成本，有利于企业的持续发展和改进，最终提高企业盈利能力，主要体现以下几个方面： （1）财务领域控制：降低存货比例，加强存货管理、严格控制费用开支等； （2）策略管理领域控制：技术创新，寻求新出路，以销定产等； （3）采购领域控制：进一步推进集中采购制等； （4）生产领域控制：工作流程和管理方式创新等。 2.针对企业盈利能力真实性考虑，成本细节往往也被重点关注，具体如下： （1）直接材料：重点关注报告期内各期原材料价格采购的稳定性，是否存在拉低原材料采购价格以虚增利润的情形； （2）人工成本：重点关注是否存在将应计入营业成本的人工成本归集到研发费用及其他费用的情况； （3）制造费用：重点关注各类产品是否存在共用生产线、场地等情况，成本的归集是否准确完整，成本在各期间的分配、在各业务或产品间的分配是否准确。

基于上述表格中商业模式画布的上市评估，结合过往的执行经验，具有上市潜力的企业往往具备下游行业快速成长、客户市场地位显著且稳定、自身技术领先且具有较强研发能力、收入与成本等财务规范性高的特点，业务模式总结见表10-2。

表 10-2 基于商业模式画布的业务模式总结

项目	总结
客户细分	产品所处行业处于成长期；前五客户均为细分领域知名客户
价值主张	主营产品技术特点突出，具有不可替代性
渠道通路	直销、经销，能达到收入真实性核查的要求即可
客户关系	客户集中度适中，客户结构稳定，不对某个客户形成依赖
收入来源	收入具有真实性
核心资源	具有较强的自主研发能力，核心竞争力构筑竞争壁垒
关键业务	
重要合作	产业链上下游已形成良性互动，对战略性资源已进行前瞻性布局
成本构成	成本真实、准确、完整

10.3 上市发行审核流程及关注要点

上市作为企业发展的一个重要里程碑，不仅意味着企业规模的扩大和融资能力的提升，更代表着企业治理结构的优化和市场地位的提升，需要企业在法律、财务和业务等多个层面进行深入的自我审视和精心准备。下面将探讨上市过程中的关键要点和注意事项，以期为企业成功上市提供有益的参考和借鉴。

10.3.1 上市发行审核流程

以境内上市为例，企业上市流程可以分为三个阶段（表 10-3），即申报前准备阶段，申报、审核阶段和发行、上市阶段，每个阶段均包括大量的工作内容。

表 10-3　企业上市流程的三个阶段

阶段	具体内容
申报前准备阶段	申报前准备阶段，企业主要对自身业务进行整合，优化内部治理结构和财务法律合规，旨在申报前达到拟上市地的相关监管标准，具体步骤如下。 1. 确定上市计划：企业结合自身情况和战略目标确定上市主体，并初步拟定上市地和上市板块。 2. 选聘中介机构：企业遴选专业、合适的保荐机构、律师和会计师团队，协助进行申报前的准备工作。 3. 尽职调查：中介机构对企业的业务、法律、财务状况、发展前景和主要风险进行综合调查。 4. 投资者引入、股权激励等：企业结合上市安排，合理引入投资者，优化股权结构，提高资产实力。 5. 股份改制：根据上市要求，企业在申报前需转变为股份制企业。 6. 辅导备案及验收：企业在申报前需接受证监会或证监局的审核和指导，完善申报材料，确保符合法律法规和监管要求；完成备案、验收和批准流程后，企业方可提交上市申请。 7. 中介机构内核：中介机构合规部门对企业的财务状况、业务模式、管理水平等进行全面审查与评估。 8. 申报材料制作与报送：中介机构协同企业完成上述步骤后，根据监管要求制作上市申报材料，并向相应的交易所进行报送，即完成申报工作。
申报、审核阶段	申报完成后，企业即进入监管机构审核阶段，分为交易所审核和证监会注册两个步骤。 1. 交易所审核：交易所受理企业提交的申请材料，并通过多轮书面问询、现场检查等形式对企业进行审核；企业根据交易所的反馈意见提供补充材料或答复意见，以解决问题或满足要求；通过前述审核后由交易所上市委员会进行审议，决定是否通过上市申请。 2. 证监会注册：企业上市申请通过交易所批复后，由交易所向证监会报送注册申请。证监会对申请注册的企业进行核查，或就关注事项对企业进行问询并要求企业提供补充材料或回复。通过前述审核后，证监会会出具同意注册或者不予注册的决定。
发行、上市阶段	企业的上市申报通过交易所审核后，进入证监会注册，即同步开启发行上市阶段工作。 1. 资料准备：企业协同中介机构组织开展发行上市资料准备，包括投资价值分析报告等。 2. 注册批复：企业取得证监会的注册批复，推进发行工作。 3. 路演宣传：企业进行路演活动，向潜在投资者介绍企业情况、发行计划等，以吸引投资者参与认购。 4. 网上网下申购：投资者通过证券交易所的网上发行系统或证券公司的网下申购通道参与申购。 5. 发行定价：企业根据投资者的需求和市场情况确定发行价格，并确定发行数量。 6. 申购和配售：企业根据投资者的申购情况和发行方案，确定配售方案，并进行股票配售。 7. 发行完成并上市交易：企业完成股票发行后，股票正式上市交易，投资者可以在市场上买卖股票。

综合表格中的各阶段工作，申报前准备阶段是企业上市过程中的重要环节，主要涵盖了对业务的整合、内部治理结构的优化以及财务法律合规的完善，以确保企业在申报前达到拟上市地的相关监管标准。申报、审核阶段是企业上市过程中的关键环节，包括交易所审核和证监会注册两个步骤。发行、上市阶段则是企业成功上市后的重要阶段，企业需要完成资料准备、注册批复、路演宣传、网上网下申购、发行定价、申购和配售等一系列工作，最终完成股票发行并正式上市交易。

10.3.2　上市发行审核关注要点

基于当前的宏观经济环境和企业监管态势，拟上市企业被要求同时具备历史清晰、现行规范、未来可持续发展的特质，可以从法律、财务、业务三个角度总结这些特质。

10.3.2.1　法律要点

独立性：关注拟上市企业在资产、财务、机构、人员、业务五个方面是否独立，是否被大股东、实际控制人非法控制，是否侵犯中小股东的合法权益。

同业竞争：关注控股股东（或实际控制人）及其全资或控股企业，与拟上市企业本身是否从事相同或相似的业务。

股东出资：关注是否存在虚假出资、抽逃出资，或者出资不实、所占比例较高的情形，其对上市申请是否构成实质性障碍。

资金拆借、资金占用：关注控股股东、实际控制人等关联方与拟上市企业之间是否存在资金拆借和资金占用的情形，是否损害拟上市企业利益。

资金流水：关注拟上市企业及其控股股东、实际控制人、主要关联方和关键岗位人员的银行账户流水是否存在异常往来。

10.3.2.2　财务要点

收入确认：关注收入确认原则是否合理，收入；客户的构成与变动是否真实、准确；特别关注异常、偶发和不具实物形态标的的交易情况。

成本核算：关注成本核算方法是否准确；成本构成及变动是否合理；供应商是否真实；是否存在关联方代垫成本费用，或通过成本调节利润的情形。

毛利率：关注毛利率变动及趋势是否合理，与经营情况是否相符；与同行业上市公司平均毛利率是否差异较大。

研发费用：关注研发费用的支出范围和归集方法；研发人员薪酬变动与研发人员人数、薪酬水平、人员结构变动的匹配性；研发耗用物料的具体类别、数量、金额以及与研发项目的匹配性。

股份支付：关注股份激励人员范围、股份公允价值或确认期间是否合理；股份支付费用金额是否准确。

10.3.2.3 业务要点

所属行业：关注拟上市企业所属行业是否符合国家未来发展战略，如信息技术、生物技术、新能源等；是否拥有成熟、稳定的产业链上下游；是否具有强周期性或季节性特征。

企业定位：关注拟上市企业的自身定位及竞争优势，是否拥有领先行业的技术和产品；是否具备稳定的客户群体；在财务指标上与同行业可比公司是否存在较大差异。

综上所述，企业上市是一个复杂且精细的过程，涉及法律、财务和业务等多个层面的深度考量。法律要点主要关注企业的独立性、同业竞争、股东出资及资金流水的合规性，确保企业运营规范，避免潜在的法律风险；财务要点则聚焦于收入确认、成本核算、毛利率、研发费用及股份支付等方面，保障财务数据的真实性和准确性，为投资者提供可靠的决策依据；业务要点则关注企业所属行业的发展趋势、企业的市场定位及竞争优势，以评估其长期增长潜力和盈利能力。

案例：迈瑞医疗——私有化回归 A 股，借助境内资本市场实现高质量发展

迈瑞医疗是全球领先的医疗器械及解决方案供应商，主营业务覆盖生命信息与支持、体外诊断、医学影像三大领域，产品远销190多个国家及地区。2023年，迈瑞医疗实现收入约350亿元，净利润约116亿元，利润年均复合增速26.5%。

一、早期远赴美股上市，发展壮大后私有化回归 A 股，重塑市场价值，促进长远发展

迈瑞医疗早年由于营收规模小，业务模式尚处于发展阶段，曾于 2006 年 9 月在美国纽交所上市，成为中国首家在美上市的医疗设备企业。其美股发行募资约 2.7 亿美元，为全球化扩张提供了关键资金。赴美上市十年，迈瑞医疗国际知名度大幅提升，并通过多笔并购显著增强了核心竞争力和全球影响力，业务发展取得长足进步。然而，由于中美资本市场的估值体系差异，导致迈瑞医疗在美股市场未能得到相应的估值认可，其估值水平长期低于境内同行。与之相比，国内医疗器械行业方兴未艾，资本市场蓬勃发展，科技创新企业在国内可获得更多支持，也更有利于长远发展。因此迈瑞医疗于 2016 年 3 月完成私有化退市，私有化估值约 33 亿美元，折合人民币约 230 亿元。

迈瑞医疗私有化交易规模约 24.6 亿美元，由实际控制人李西廷、徐航与时任总经理成明和发起，其以银团贷款 20.5 亿美元、迈瑞国际自有资金 4.1 亿美元完成收购其他股东股权。私有化后，李西廷、徐航、成明和以分红资金通过新持股主体向迈瑞医疗增资，并将其原持有的迈瑞医疗股权转让给新增股东，完成境外上市架构拆除及股权调整。此外，为满足境内上市要求，迈瑞医疗收购了原由迈瑞国际持有的与医疗器械经营相关的境内外子公司股权及相关业务、资产、负债，完成业务重组，消除同业竞争。

相关工作完成后，迈瑞医疗于 2017 年 5 月申报中小板上市，后因无形资产占净资产比例超过了当时的中小板上市规定，于 2018 年 2 月撤回中小板上市申请，同年 3 月转报创业板。迈瑞医疗境内上市审核进程较快，主要审核关注点包括历史沿革与实控人认定、销售模式与收入确认、成本费用核算、关联交易等情况。公司于 2018 年 9 月取得上市批文，2018 年 10 月挂牌上市，总募资额约 59.3 亿元，是当时创业板最大规模 IPO。迈瑞医疗境内上市发行前估值约 534 亿元，大幅高于私有化估值 230 亿元，市场价值得到重塑，为公司长远发展争取到了更广阔的空间。

二、坚持"创新＋并购＋全球化"高质量发展，成为 A 股生物医药领域最大市值公司

2018—2024 年一季度末，迈瑞医疗累计实现净利润 474 亿元，累计分红 248 亿元，公司业绩稳定增长且持续回报股东，树立了积极正面的市场形象，促进企业价值同步增

长。目前迈瑞医疗市值约 3500 亿元，是 A 股生物医药领域最大市值公司，也是仅次于宁德时代的创业板市值第二大公司。

迈瑞医疗在产业领域和资本市场获得巨大成功，得益于始终坚持"创新＋并购＋全球化"的高质量发展道路。创新方面，迈瑞医疗在中国、美国、芬兰、德国设有十二大研发中心，2023 年研发投入约 38 亿元，占营业收入的 10.8%，2023 年末研发人员超 4400 名，累计授权发明专利 2226 件。公司通过技术创新和融合创新，紧贴临床需求，初步完成了"设备＋IT+AI"的智能医疗生态系统搭建，可为医疗机构提供全院级数智化整体解决方案，助力全球医疗机构提升整体诊疗能力。此外，迈瑞医疗生命信息与支持领域的监护仪、麻醉机、呼吸机、除颤仪业务，体外诊断领域的血球业务，以及医学影像领域的超声业务在全球市场的占有率均位列前三，国内市场占有率均为第一。

并购方面，迈瑞医疗通过多笔国内外并购，持续加强核心技术、营销平台和供应链平台能力，并在新业务拓展上获得极大提升。2021 年，迈瑞医疗收购了全球知名的 IVD 原材料公司海肽生物，实现了在化学发光原材料领域核心技术的自主可控。2023 年，迈瑞医疗收购了 DiaSys Diagnostic Systems GmbH 公司，大幅增强了体外诊断业务在海外本地化生产、仓储、物流、服务的能力。2024 年，迈瑞医疗以"协议转让＋表决权委托"方式收购了科创板上市公司惠泰医疗控制权，快速布局心血管领域细分赛道。未来公司仍将依托外延式并购，不断探索全新业务领域，寻找规模更大、长期且可持续的增长空间，同时加快海外市场的本地化运营平台建设。

全球化方面，迈瑞医疗已在约 40 个国家设立 62 家境外子公司，形成了庞大的全球化研发、营销及服务网络。公司产品销往 190 多个国家和地区，在海外 41 个国家和地区部署了直属服务团队，成为美国、英国、意大利、西班牙、德国、法国等国家的领先医疗机构的长期合作伙伴。得益于在海外持续的高端客户群突破和加快推动本地化平台建设，迈瑞医疗 2023 年海外业务持续快速增长，发展中国家增长超过 20%，海外体外诊断产线连续两年复合增速超过 30%，目前海外业务收入占比近四成。未来公司将进一步夯实全球研发、销售、制造、用服一体化平台，调配全球范围内的优质资源，融合境外公司的创新能力以及境内的工程实现优势，深入推进全球化平台发展。

迈瑞医疗的成功发展是优质科技创新企业利用国内资本市场做大做强，同时企业价值在国内资本市场被充分实现和认可,两者相互促进的一个缩影,这为其他科技创新企业的发展提供了宝贵借鉴参考。国内资本市场需要更多科技创新企业参与,也将为其提供更多有力的政策支持、资本支持和金融服务,最终实现企业高质量发展与资本市场高质量发展的长久共赢。

10.4 本章小结

经过对境内外上市路径的详细梳理和考量因素的深入剖析,不难发现每一条上市路径都有其独特的优势和挑战,而企业则需根据自身的发展阶段、行业特点、财务状况等多方面因素作出最符合自身利益的决策。同时,也可以看到一个成功的上市企业,其业务模式必定是清晰、稳定且可持续的。通过对商业模式画布的深入解析,可以更好地理解企业的盈利机制、价值创造过程和市场竞争优势,从而为企业上市提供有力支撑。除此之外,企业还需要充分了解并遵循相关法规和流程,确保在法律、财务和业务等多个方面的真实、准确和完整。

展望未来,随着资本市场的进一步开放和完善,相信会有更多的中国企业选择上市,并借助资本市场的力量实现跨越式发展,也期待这些企业能够在上市过程中不断完善自身治理结构、提升业务竞争力、增强风险防控能力,为投资者创造更大的价值。

思考题

1. 对中国企业而言,有哪些上市路径?各条路径适合什么类型的企业?
2. 企业选择上市路径需要考虑的因素有哪些?
3. 作为技术经理人,为什么要梳理企业的商业模式?一般企业的商业模式包含哪些方面?
4. 企业上市包括哪几个阶段?各阶段的主要工作是什么?
5. 企业上市过程中审核关注的要点有哪些?这些要点与非上市企业的标准有什么不同?

参考文献

[1]布莱恩·考克斯,杰夫·福修. 量子宇宙[M]. 上海:上海科学技术文献出版社,2021.

[2]陈林. 安徽技术经纪人培训教程[M]. 合肥:中国科学技术大学出版社,2023.

[3]陈明媛,刘运华. 促进科技成果转化的知识产权金融服务创新发展研究[J]. 科学管理研究,2023,41(4):125-133.

[4]陈锬. 论成本控制在企业管理中的重要性[J]. 财经问题研究,2016(S2):74-78.

[5]陈晓萍,徐淑英,樊景立. 组织与管理研究的实证方法[M]. 北京:北京大学出版社,2008.

[6]陈宇翱,潘建伟. 量子飞跃:从量子基础到量子信息科技[M]. 合肥:中国科学技术大学出版社,2020.

[7]成晓建. 技术经纪人培训教程[M]. 上海:同济大学出版社,2018.

[8]程惠芳. 民营企业投融资与风险管理[M]. 北京:中国社会科学出版社,2004.

[9]程新生,王向前. 技术并购与再创新——来自中国上市公司的证据[J]. 中国工业经济,2023(4):156-173.

[10]单伟建. 金钱博弈[M]. 北京:中信出版集团,2022.

[11]邓小明,马连芳,张虹. 全国农业技术经理人培训教程[M]. 北京:中国农业科学技术出版社,2022.

[12]国家发展和改革委员会创新和高技术发展司,国家发展和改革委员会创新驱动发展中心(数字经济研究发展中心),中国生物工程学会. 中国生物经济发展报告2023[M]. 北京:科学出版社,2023.

[13]国家科技评估中心,中国科技评估与成果管理研究会. 科技成果转化工作指南[M]. 北京:北京理工大学出版社,2021.

[14] 国家科技评估中心，中国科技评估与成果管理研究会. 科技评估方法与实务[M]. 北京：北京理工大学出版社，2019.

[15] 国家知识产权局. 中国知识产权运营年度报告（2020年）[M]. 北京：知识产权出版社，2021.

[16] 韩宝山. 技术并购与创新：文献综述及研究展望[J]. 经济管理，2017，39（9）：195-208.

[17] 何春丽. 全过程视角下的企业技术并购与整合控制研究[J]. 科学管理研究，2018，36（5）：82-85.

[18] 黄宇峰. 我国中小型企业的结构性困境及对策研究[M]. 成都：西南财经大学出版社，2010.

[19] 廖连中. 企业融资[M]. 北京：清华大学出版社，2017.

[20] 刘澄，谢文静，刘畅，等. 中国情境下知识产权证券化风险分散机制研究——一个多案例比较分析[J]. 科技进步与对策，2023，40（11）：51-59.

[21] 刘晖. 技术经纪人培训教程[M]. 北京：兵器工业出版社，2021.

[22] 刘焰，庄婉婷，吴泽萍. 企业技术产权价值评估指标的选择——基于高科技企业技术并购溢价的实证研究[J]. 华南师范大学学报（社会科学版），2018（1）：126-138，191.

[23] 马群刚，王保平. 非主动发光显示技术[M]. 北京：电子工业出版社，2022.

[24] 马群刚，王保平. 主动发光显示技术[M]. 北京：电子工业出版社，2021.

[25] 史硕博，王禹博，乔玮博，等. 第三代生物炼制的挑战与机遇[J]. 科学通报，2023，68（19）：2489-2503.

[26] 斯蒂芬·安德里奥尔. 技术尽职调查：服务于首席信息官、风险投资者、技术供应商的最佳实践[M]. 技术尽职调查专题组，译. 北京：科学技术文献出版社，2021.

[27] 孙久文. 区域经济学[M]. 北京：首都经济贸易大学出版社，2024.

[28] 孙磊，吴寿仁. 科技成果转化从入门到高手[M]. 北京：中国宇航出版社，2021.

[29] 谭天伟. 生物产业发展战略研究（2035）[M]. 北京：科学出版社，2021.

[30] 汤鹏翔，杨晓非，姜令红. 技术经理人从业导论[M]. 北京：北京航空航天大学出版社，2021.

[31] 天津市高新技术成果转化中心. 技术经理人实务教程[M]. 天津：天津大学出版社，2020.

[32] 田朋飞. Micro-LED显示技术[M]. 上海：上海交通大学出版社，2021.

[33] 王海芸，曹爱红. 立法视角下职务科技成果所有权规定模式对比研究[J]. 科技进

步与对策，2022：1-8.

［34］王坤峰，苟超，段艳杰，等. 生成式对抗网络 GAN 的研究进展与展望［J］. 自动化学报，2017，43（3）：321-332.

［35］王倩，任曙明，韩月琪. 产品相似是技术并购的"福音"吗——基于资源编排视角［J］. 科技进步与对策，2022，39（16）：39-47.

［36］王宛秋，高雅，王芳. 高技术制造企业生产链位置与技术并购创新绩效关系研究［J］. 科技进步与对策，2022，39（8）：99-109.

［37］王瑶琪. 论项目管理对投资效益的支持作用［J］. 中央财经大学学报，2001（1）：56-59.

［38］吴寿仁. 科技成果转化操作实务［M］. 上海：上海科学普及出版社，2016.

［39］吴寿仁. 科技成果转化疑解［M］. 上海：上海科学普及出版社，2018.

［40］吴寿仁. 科技成果转化政策导读［M］. 上海：上海交通大学出版社，2019.

［41］吴寿仁. 科技成果转移转化案例解析［M］. 上海：上海科学普及出版社，2020.

［42］吴瑕，千玉锦. 中小企业融资案例与实务指引. 第 2 版［M］. 北京：机械工业出版社，2015.

［43］吴晓波. 大败局［M］. 杭州：浙江人民出版社，2019.

［44］夏春阳，刘光顺，张怡，等. 技术经纪实训教程［M］. 南京：东南大学出版社，2015.

［45］肖克峰，阮航. 科技成果转化理论与实务［M］. 北京：知识产权出版社，2021.

［46］徐芳，李晓轩. 科技评价改革十年评述［J］. 中国科学院院刊，2022，37（5）：603-612.

［47］阎海峰，王墨林，王启虎. 东道国知识产权保护对中国企业跨国技术并购的影响研究——制度逻辑的调节作用［J］. 软科学，2023，37（3）：40-46.

［48］于开乐，王铁民. 基于并购的开放式创新对企业自主创新的影响——南汽并购罗孚经验及一般启示［J］. 管理世界，2008（4）：150-159，166.

［49］张丁，张静园. 高校职务科技成果权属改革难点与对策研究［J］. 科技管理研究，2023，43（1）：36-42.

［50］张婷，李梦茹. 知识产权证券化：模式、典例与机制优化［J］. 财会通讯，2023（10）：11-18.

［51］张先治，池国华. 企业价值评估［M］. 大连：东北财经大学出版社，2020.

［52］张晓凌，陈彦. 技术经纪人培训教程［M］. 北京：知识产权出版社，2023.

[53]张新,刘博. 科技型中小企业投融资理论与实务[M]. 长春:吉林出版集团有限责任公司,2011.

[54]张雁,陈琦,姜昊. 数字技术冲击、治理模式与企业转型升级[J]. 兰州大学学报(社会科学版),2023,51(2):35-44.

[55]张媛媛,曾艳,王钦宏. 合成生物制造进展[J]. 合成生物学,2021,2(2):145-160.

[56]赵昌文. 中小型高科技企业:信用与融资[M]. 成都:西南财经大学出版社,2004.

[57]赵东升. 私募股权基金法律实务大全:募集·融资·企业改造·上市[M]. 上海:上海社会科学院出版社,2011.

[58]赵晓东. 科技金融与知识产权协同促进新质生产力发展研究[J]. 知识产权,2024(5):114-126.

[59]郑鲁英. 知识产权基金的中国实践及其发展应对[J]. 管理现代化,2021,41(4):1-5.

[60]中国科技成果管理研究会,国家科技评估中心,中国科学技术信息研究所. 中国科技成果转化年度报告2018(高等院校与科研院所篇)[M]. 北京:科学技术文献出版社,2019.

[61]中国科技成果管理研究会,国家科技评估中心,中国科学技术信息研究所. 中国科技成果转化年度报告2019(高等院校与科研院所篇)[M]. 北京:科学技术文献出版社,2020.

[62]中国科技评估与成果管理研究会,国家科技评估中心,中国科学技术信息研究所. 中国科技成果转化年度报告2020(高等院校与科研院所篇)[M]. 北京:科学技术文献出版社,2021.

[63]中国科技评估与成果管理研究会,国家科技评估中心,中国科学技术信息研究所. 中国科技成果转化年度报告2021(高等院校与科研院所篇)[M]. 北京:科学技术文献出版社,2022.

[64]中国科技评估与成果管理研究会,科技部科技评估中心,中国科学技术信息研究所. 中国科技成果转化年度报告2022(高等院校与科研院所篇)[M]. 北京:科学技术文献出版社,2023.

[65]中国证券投资基金业协会. 私募股权基金[M]. 北京:中国金融出版社,2017.

[66]Abbott A F,Spulber D F. Antitrust merger policy and innovation competition[J]. Journal of Business and Technology Law,2024,19(2):265-330.

[67]Andtfolk M,Nyholm L,Eide H,et al. Humanoid robots in the care of older

persons: A scoping review [J]. Assistive Technology, 2022, 34 (5): 518-526.

[68] Guan Taorui. Investors' perspective on intellectual property financing [J]. Seton Hall Law Review, 2023, 54 (2): 439-504.

[69] Manne G A, Bowman S, Auer D. Technology mergers and the market of corporate control [J]. Missouri Law Review, 2021, 86 (4): 1047-1170.

[70] Michael L. Shuler, Fikret Kargi, Matthew DeLisa. Bioprocess Engineering: Basic Concepts [M]. 3rd Edition. London: Pearson, 2017.

[71] Peter F. Stanbury, Allan Whitaker, Stephen J. Hall. Principles of Fermentation Technology [M]. 3rd Edition. Oxford: Butterworth-Heinemann, 2016.

[72] Regibeau Pierre, Rockett K E. Mergers and Innovation [J]. Antitrust Bulletin, 2019, 64 (1): 31-53.

[73] Tong YC, Liu HT, Zhang ZT, et al. Advancements in Humanoid Robots: A Comprehensive Review and Future Prospects [J]. IEEE-CAA Journal of Automatica Sinica, 2024, 11 (2): 301-328.

后 记

本教材由中国科技评估与成果管理研究会和科技部科技评估中心组织编写，以《中华人民共和国职业分类大典（2022年版）》中"技术经理人"职业定义和《技术经理人能力评价规范》团体标准为依据，以技术转移基础知识与成果转化流程为主线进行编写。本教材包括10个章节，系统梳理了高级技术经理人在知识水平需重点关注的科技成果转化相关政策、知识产权资本化、未来产业发展态势等相关内容，并着重介绍技术经理人在科技成果转化投后管理如尽职调查、初创企业管理、股权架构设计与激励机制、项目投后管理、技术并购、股权融资与估值、企业商业模式与上市规划相关流程等。

参与本教材的编写人员如下：

第1章：张丁、武思宏、鲁露

第2章：楼仙英、梁玲玲

第3章：于薇、张昊、陈华雄、王健、梁琴琴、孟浩、刘乾、秦晴、孙慧娄、张丁、佘雨来

第4章：安明、陶鹏、刘斯达

第5章：王凯、邢战雷、张思芮

第6章：安明、王晓津、李沐谦

第7章：王凯、王海栋、尹晓雪、程凡

第8章：楼仙英、李思敏

第9章：安明、杨川、王晓津、曾津国

第10章：张冠峰、张静园

全书由武思宏、鲁露统稿。

在教材编写过程中成立了总体专家组和专题专家组。总体组专家有清华大学技术转移研究院院长王燕、北京大学产业技术研究院院长姚卫浩、北京理工大学技术转移中心主任陈柏强和中国国有资本风险投资基金董事总经理张春鹏；专题组专家有上海市科学学研究所副所长吴寿仁（成果转化政策法规专题组）、知识产权出版社有限责任公司总经理助理吕荣波（知识产权专题组）、深交所副主任研究员王晓津（科技金融专题组）、科技部科技评估中心科技成果与技术评估部部长武思宏（科技成果评价专题组和技术发展态势专题组）以及北京市君合（深圳）律师事务所合伙人安明（企业发展与公司治理专题组）等，在此向以上专家致以诚挚谢意。此外，教材编写过程中还得到了中共中央党校（国家行政学院）教授张国玉，清华五道口金融学院科创金融研究中心中级研究专员刘罗瑞，大湾区科技创新服务中心有限公司首席技术转移官吴凯，技术转移研究院行业平台创始人肜豪峰，《科技成果管理与研究》杂志执行主编杨秀娟、编辑王丽英等多位专家的大力支持，在此表示衷心感谢。

本教材在编辑出版过程中，得到了中国科学技术出版社的大力帮助，感谢出版社各位领导支持，感谢韩颖主任的细心编辑、勘校。本教材还参考了许多同行专家的研究成果，在这里一并表示谢意。

在此，我们对所有参与本教材编写工作的领导、专家、编写人员以及业内同仁表示诚挚的感谢。本教材难免有疏漏之处，还望各位专家、同仁及广大读者不吝指正，以匡正悖谬、补苴罅漏。

编写组
2024 年 11 月